供电企业
廉洁风险防控手册

GONGDIAN QIYE LIANJIE FENGXIAN FANGKONG SHOUCE

国网浙江省电力有限公司舟山供电公司　组编

图书在版编目（CIP）数据

供电企业廉洁风险防控手册 / 国网浙江省电力有限公司舟山供电公司组编. —北京：中国电力出版社，2022.11

ISBN 978-7-5198-7096-6

Ⅰ. ①供… Ⅱ. ①国… Ⅲ. ①供电–工业企业–廉政建设–舟山–手册 Ⅳ. ①D630.9-62②F426.61-62

中国版本图书馆 CIP 数据核字（2022）第 184044 号

出版发行：中国电力出版社
地　　址：北京市东城区北京站西街 19 号（邮政编码 100005）
网　　址：http://www.cepp.sgcc.com.cn
责任编辑：孙世通（010-63412326）　柳　璐
责任校对：黄　蓓　常燕昆
装帧设计：赵丽媛
责任印制：钱兴根

印　　刷：三河市万龙印装有限公司
版　　次：2022 年 11 月第一版
印　　次：2022 年 11 月北京第一次印刷
开　　本：787 毫米×1092 毫米　16 开本
印　　张：22.75
字　　数：384 千字
定　　价：130.00 元

编 写 组

组 长 王 广 梁帅伟

副组长 徐 顺 胡平海 杨天福 胡贤斌 孙琪斌 沈世均

成 员 叶 帆 于健健 万云飞 张诗婵 许 琤 蔡裕华 陈依娜 朱 茂 王 伟 刘 东 方 驰 乐思晓 徐蓓蓓 毕 莘 王建波 唐艳红 吴易科 余 伟 林燕红 王 宁

前言

党的十九大以来，以习近平同志为核心的党中央坚定不移推进全面从严治党，将“构建一体推进不敢腐、不能腐、不想腐体制机制”作为坚持和完善党和国家监督体系的重要内容，积极推进国家治理体系和治理能力现代化，反腐败斗争取得压倒性胜利并全面巩固。对于供电企业，深化廉洁风险防控是巩固不敢腐成果的重要载体，是构建不能腐体制机制的重要抓手，是把监督挺在前面、深化“两个责任”的重要举措。

国网浙江省电力有限公司舟山供电公司（简称国网舟山供电公司）贯彻落实国家电网有限公司制定的“五防三控”工作目标，从日常监督上持续发力，在“未病”先防上积极作为，全面排查廉洁风险，加强对廉洁风险定性定量辨识，制定有效的防控措施。通过坚持党对企业的领导、保障科学民主决策、以党风带行风，防范重大决策和作风形象风险；通过聚焦人财物关键业务、“关键少数”、重要岗位突出权力制约核心，防范关键业务和重要岗位廉洁风险；通过排查和梳理“小微权力”廉洁风险表现形式，制定有效措施，防范违纪违法风险。同时，国网舟山供电公司纪委提出了深入落实防控责任、实施风险动态防控、强化失责问责追究、落实“三个区分开来”等新的要求，促进完善不能腐体制机制建设，为公司持续健康发展提供坚强保障。

为了使干部员工深刻领会廉洁风险防控的内涵，运用廉洁风险防控理念和方法，更有效地发现和纠正苗头性、倾向性问题，我们在国家电网有限公司廉洁风险防控体系的基础上，结合地市供电企业的特点，以国网舟山供电公司为模板，编写了《供电企业廉洁风险防控手册》，作为深化廉洁风险防控工作的工具书。本书对防控重点实现“清单化”管理，紧紧围绕作风形象、重大决策、重点领域、重要岗位、“小微权力”管控等方面易发腐败的薄弱环节，为各单位靶向聚焦、精准防控明确了目标。依托25项廉洁风险行为表象明确了党内监督在抓早抓小方面的作用，为供电企业实施廉洁风险的标准化、立体化防控提供了参照。

广大干部员工要充分认识在新形势下深化廉洁风险防控工作的重要意义，认真领会把监督挺在前面、“上医治未病”的深刻内涵，积极排查风险、综合施治、防患未然。要坚持以机制创新和内部控制为基础，发挥企业内控、部门管控、纪检部门监督、上下游岗位制约及信息化手段的作用，堵塞管理漏洞，减少不廉洁行为发生的可能。要进一步发挥党内监督的优势，运用好25项廉洁风险行为表象，积极实践“四种形态”，特别是第一种形态，及时咬耳扯袖、红脸出汗，把风险隐患消除在萌芽状态。要借助协同监督平台，对重要廉洁风险实行项目制管理、系统施治、重点防控。

本书以《国家电网有限公司廉洁风险防控工作手册》为参照，既遵循国家电网有限公司廉洁风险防控的基本理念和方法，又结合国网舟山供电公司实际将防控重点细化到岗位，建立标准化防控模板。希望各单位以手册为指引，不断创新实践新形势下廉洁风险防控的方式方法，加快推进不能腐体制机制建设，为企业健康稳定发展注入“清廉因子”。

因经验不足，本书还存在不少缺憾。廉洁风险防控工作需要常抓常新、与时俱进，我们将在日后的工作中不断完善，也敬请各位在使用过程中提出宝贵意见。

编者

2022年9月

目 录

第四章 重点岗位廉洁风险

第一章

廉洁风险的定义和特点

第一节 廉洁风险的定义

廉洁风险，是指党员干部在执行工作任务或日常生活中发生不廉行为的可能性，主要是指公务人员凭借所拥有的权力在执行公务过程中出现谋求私利等行为的可能性。从狭义上讲，是指违反廉洁纪律的可能性；从广义上讲，是指违反党的政治纪律、组织纪律、廉洁纪律、群众纪律、工作纪律和生活纪律等六项纪律的可能性。

第二节 廉洁风险的特点

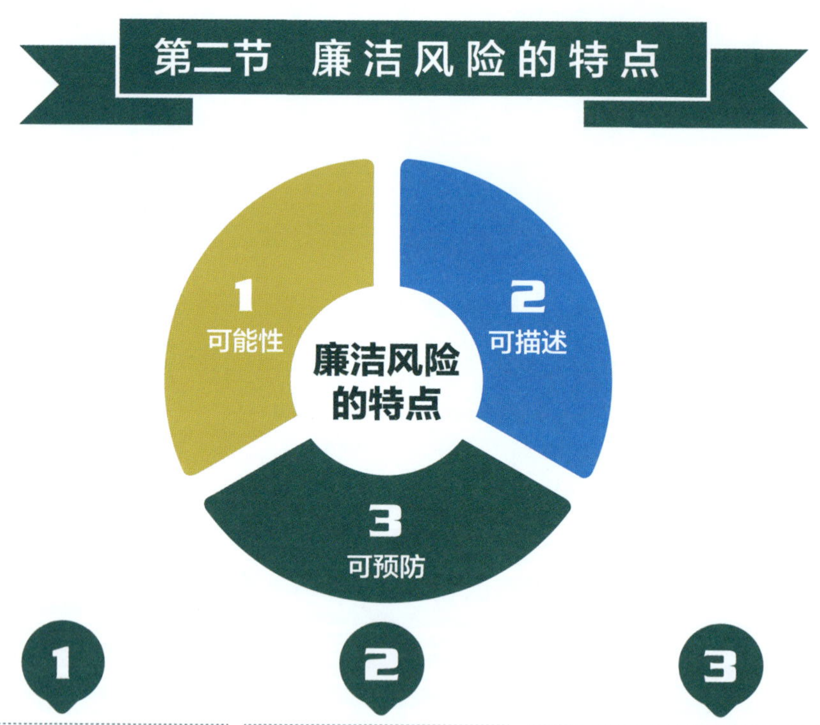

1. 廉洁风险不是明确的腐败问题，而是腐败行为发生的条件，是存在的隐患，是一种可能性。一般分为思想道德风险（动机）、制度机制风险（机会）、履行职责风险（权力）。

2. 廉洁风险是可描述的。其表现形式可以是思想作风方面的，也可以是制度缺失、监督不力方面的。

3. 廉洁风险是可预防的，只要综合施策，减少腐败行为发生的条件，就会降低廉洁风险发生的可能。如通过经常性的教育减少不廉洁行为的动机；通过健全制度、完善流程减少不廉洁行为的机会；通过加强权力监督管控，促进公正履责，减少权力滥用的可能等。

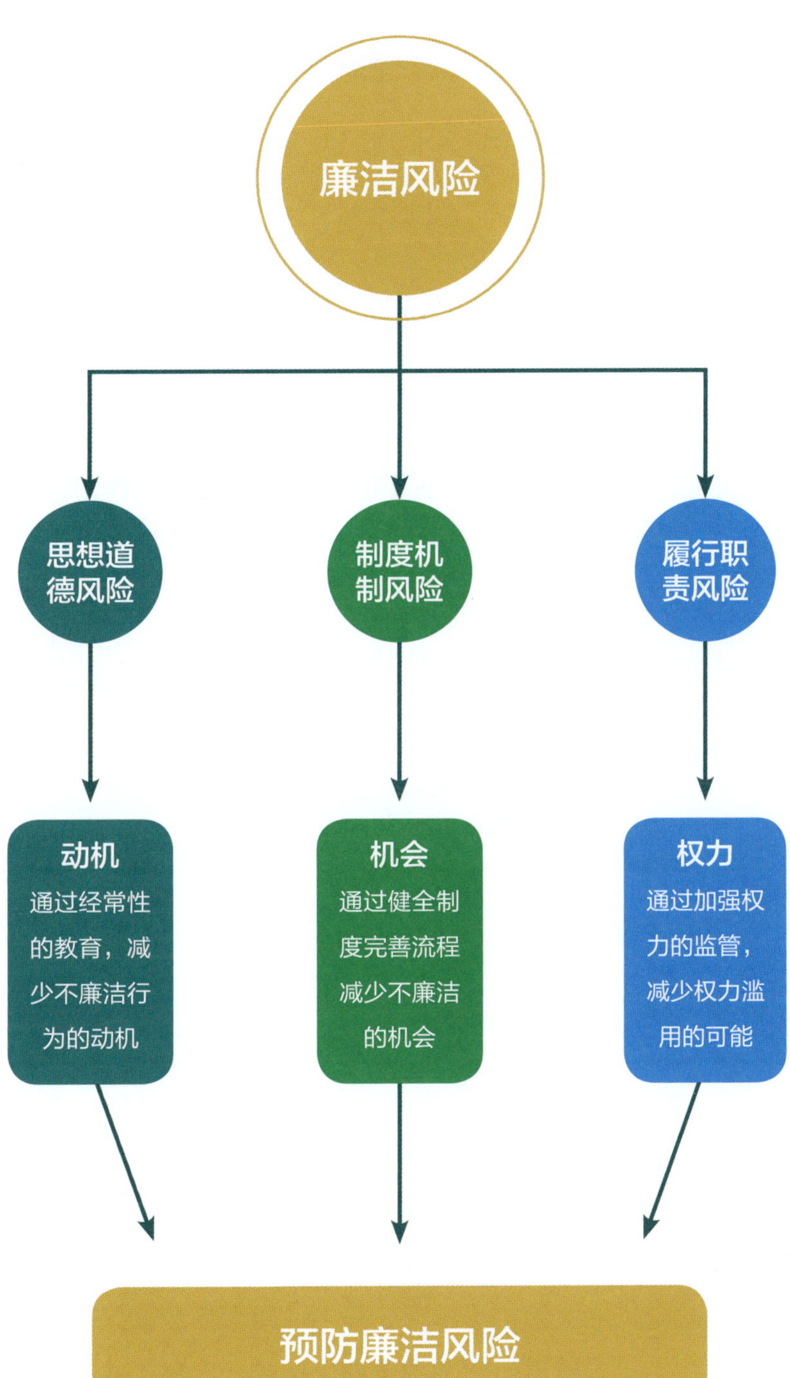
廉洁风险
思想道德风险
制度机制风险
履行职责风险
动机
通过经常性的教育，减少不廉洁行为的动机
机会
通过健全制度完善流程减少不廉洁的机会
权力
通过加强权力的监管，减少权力滥用的可能
预防廉洁风险

第三节　廉洁风险与全面风险的关系

廉洁风险与其他风险相互依存，可以突出重点，联合防控。

全面风险包括战略风险、运营风险、财务风险、市场风险、法律风险等。廉洁风险是全面风险的组成部分，它被作为“运营风险”纳入公司全面风险管理体系。廉洁风险与其他风险相互依存，廉洁风险聚焦全面风险中制度管控的薄弱环节，聚焦权力滥用等滋生腐败的可能，聚焦“四风”等边缘腐败或腐败表象。与全面风险管理相比，前者更关注效率和效益，后者更关注干部员工以权谋私不规范的行为或行为表象。

第二章

廉洁风险防控工作机制和目标

第一节　廉洁风险防控责任体系

为明确和落实责任，国家电网有限公司将廉洁风险防控机制建设作为党风廉政建设“两个责任”的重要内容,纳入各单位党风廉政建设责任制考核，与企业负责人业绩考核挂钩。设立廉洁风险防控四级责任防线：

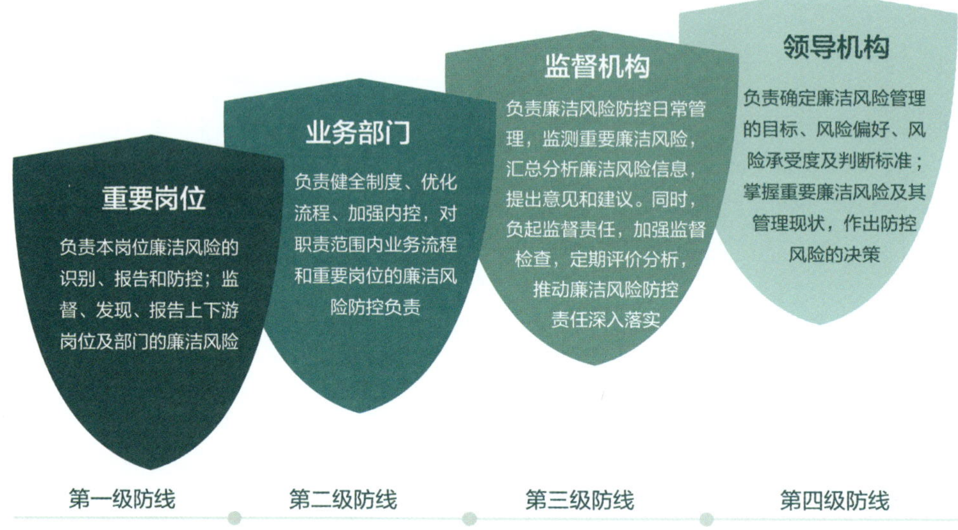

1. 重要岗位作为第一级防线，负责本岗位廉洁风险的识别、报告和防控，并监督、报告上下游岗位及部门的廉洁风险。

2. 业务部门作为第二级防线，负责健全制度，优化流程，加强内控，并对职责范围内业务流程和重要岗位的廉洁风险防控负责。各单位业务部门应建立廉洁风险季度排查、年度分析制度，结合实际动态补充完善本单位廉洁风险防控模板内容。

3. 监督机构作为第三级防线，负责廉洁风险防控日常管理，监测重要廉洁风险，汇总分析廉洁风险信息，提出意见和建议。同时，负起监督责任，加强监督检查，定期评价分析，推动廉洁风险防控责任深入落实。向单位党委会（党组会）汇报，研究制定防控措施，并将其作为“两个责任”的重要内容；对重要廉洁风险，认真研究、系统施治，以协同监督专项监督方式重点推进。同时，充分运用 SG-ERP、运营监测（控）系统及业务信息系统，加强对廉洁风险涉及关键业务和相关指标的在线监控，提升预警预控能力。

4

领导机构作为第四级防线，负责确定廉洁风险管理的目标、风险偏好、风险承受度及判断标准；掌握重要廉洁风险及其管理现状，作出防控风险的决策。其中，主要领导负总责，将廉洁风险防控任务分解到分管领导、业务部门和重要岗位；研究确定本单位存在的主要廉洁风险，定期听取廉洁风险排查和防控情况的汇报。分管领导承担分管领域的廉洁风险防控责任，组织分管部门开展廉洁风险排查，推进协同监督项目实施，协调解决工作中的困难和问题，对潜在廉洁风险做到心中有数、防控有方。

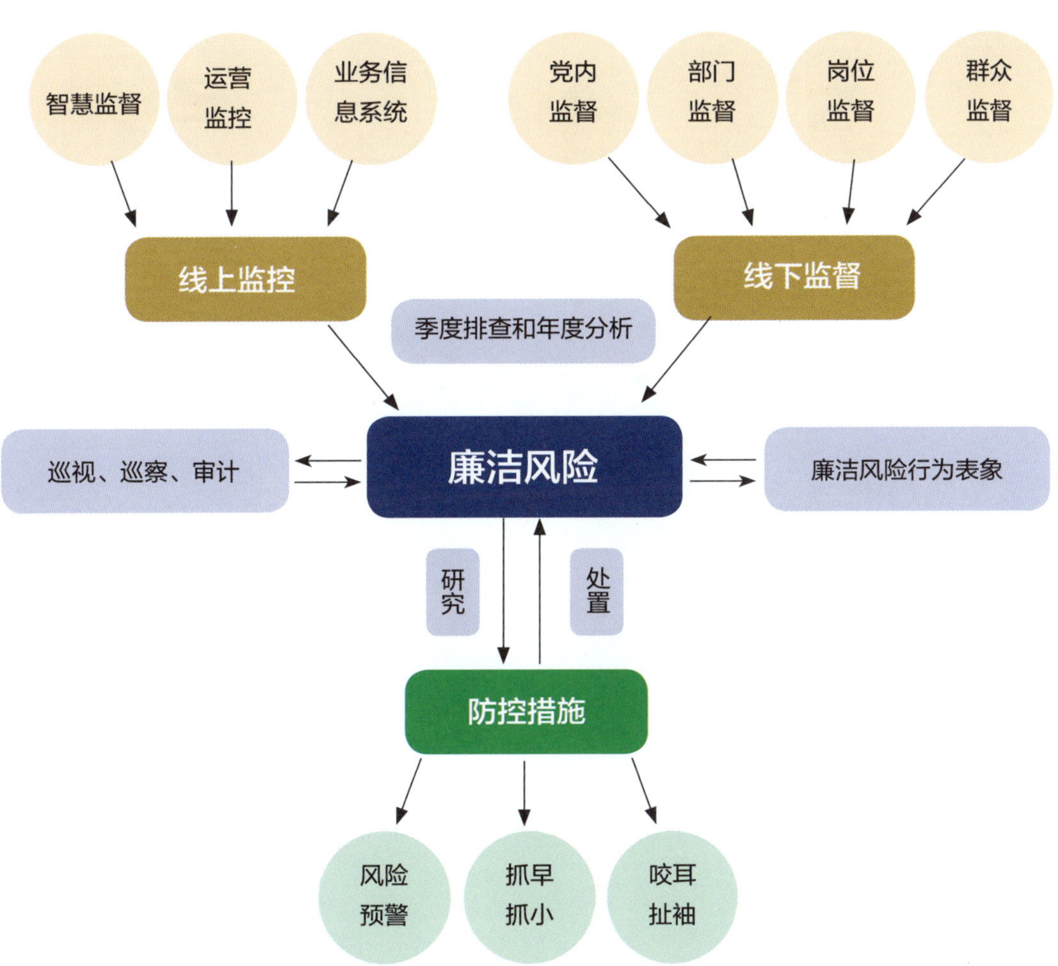

第二节　廉洁风险防控工作流程

1 风险识别

以岗位为基础、以部门为单位、以流程为依托，定期、不定期地收集廉洁风险初始信息，并进行筛选、提炼、分类、组合，为进行风险评估创造条件。各单位、各部门每月结合重点工作对次月廉洁风险进行排查，采取定期集中识别和不定期动态收集的方式识别廉洁风险。每年应进行一次集中风险识别，同时重视通过对关键业务流程的实时监控和信访案件预警系统动态收集风险信息,保证风险信息和数据的持续更新。在风险识别过程中，要把握廉洁风险依存于业务风险、又具有自身规律的特点，找准廉洁风险与业务风险的结合点。

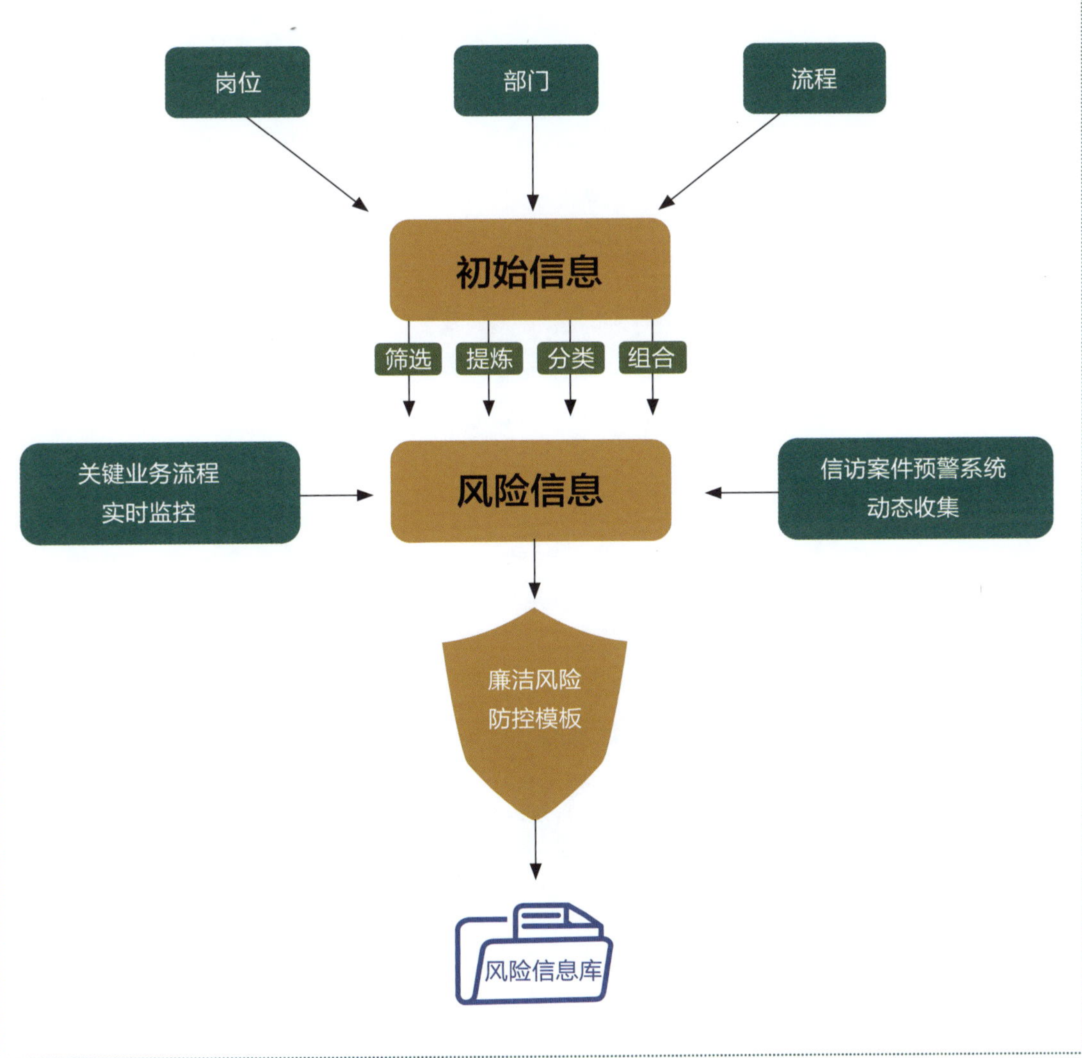

2 风险评估

采用定性（问卷调查、集体讨论、专家咨询等）或定量（统计推论、数据分析等）的方式，对识别出的廉洁风险按照发生的概率、造成的后果两个维度进行评估，划分风险等级（分为“极小”“较小”“中等”“较大”“极大”五级，风险大小 = 该风险发生的概率 × 该风险发生的后果），为确定廉洁风险的管控次序和防控策略提供依据。

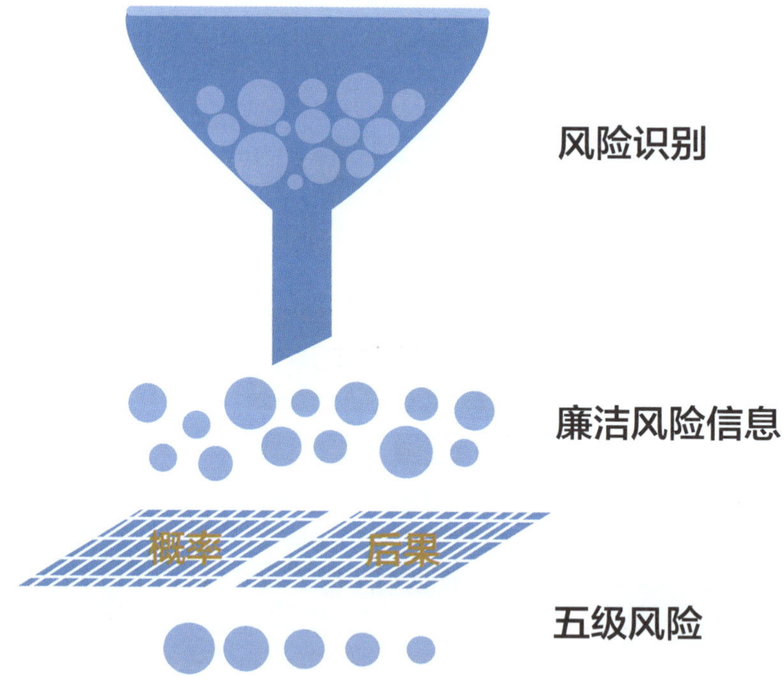

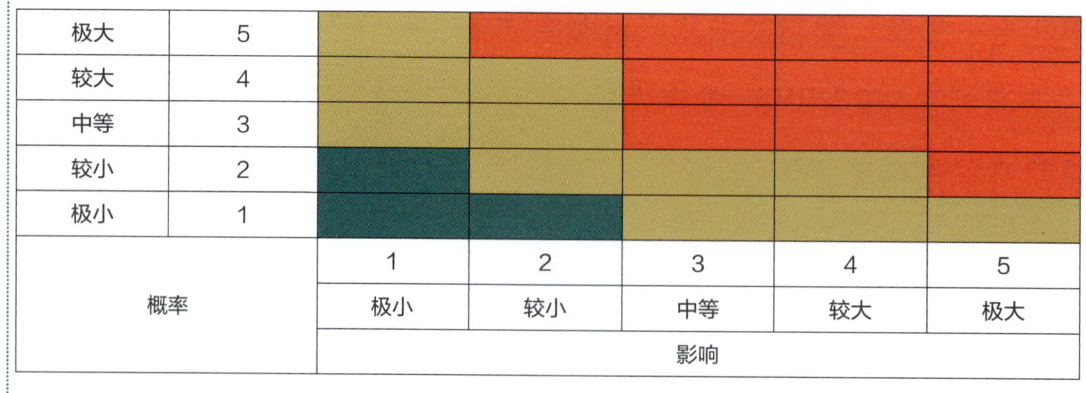

极大	5					
较大	4					
中等	3					
较小	2					
极小	1					
概率		1	2	3	4	5
		极小	较小	中等	较大	极大
		影响				

绿区：可承受　　黄区：需关注　　红区：需防控

3 风险控制

风险控制是对识别评估出的廉洁风险，按级别制定风险管理策略，提出和实施风险管理解决方案。风险控制分为风险承担、风险规避、风险降低和风险转移四类控制方法。

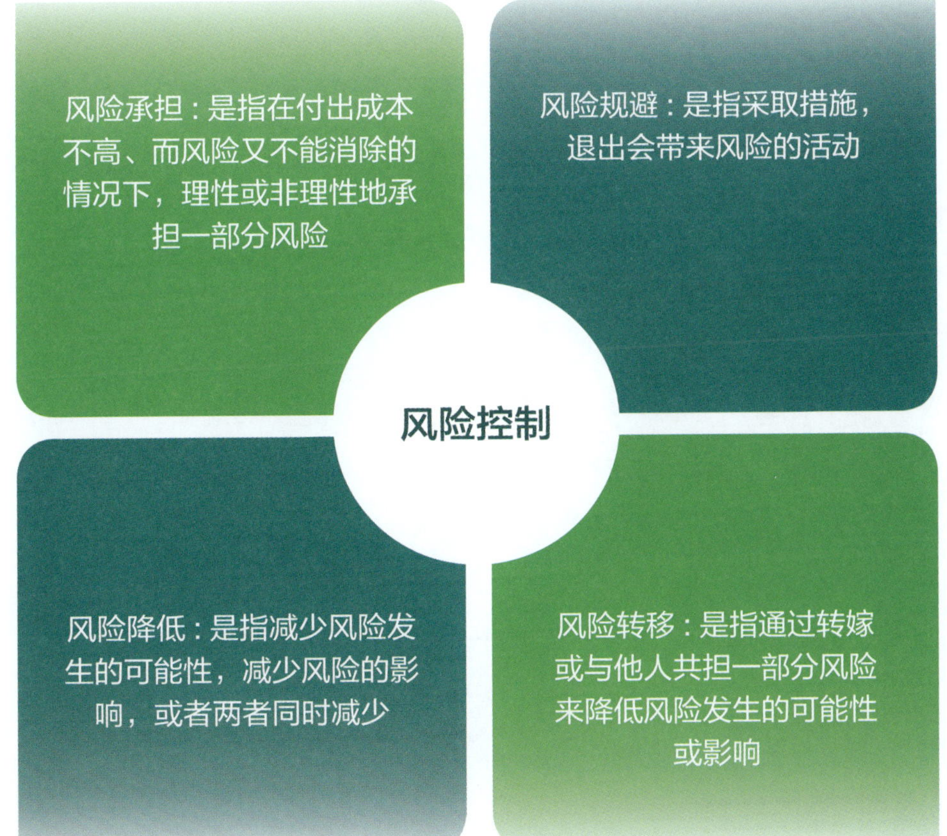

4 风险报告

风险报告是指将重要廉洁风险防控情况作为重要内容，向公司纪委报告。公司按照分层分类管控原则和“岗位一部门一单位一上级归口专业部门及廉洁风险管理机构”的次序，建立廉洁风险信息逐级报告机制；以部门为单位，建立横向沟通机制，实现岗位、业务廉洁风险信息共享,形成防控合力。下一级部门或单位定期将风险评估的结果及职责范围内无法化解的风险信息及时向上级部门或单位报告。建立突发风险即时报告制度和廉洁风险年报制度。健全连接上下级、各部门和各单位的风险管理信息渠道，确保风险报告及反馈及时、准确、完整、安全。

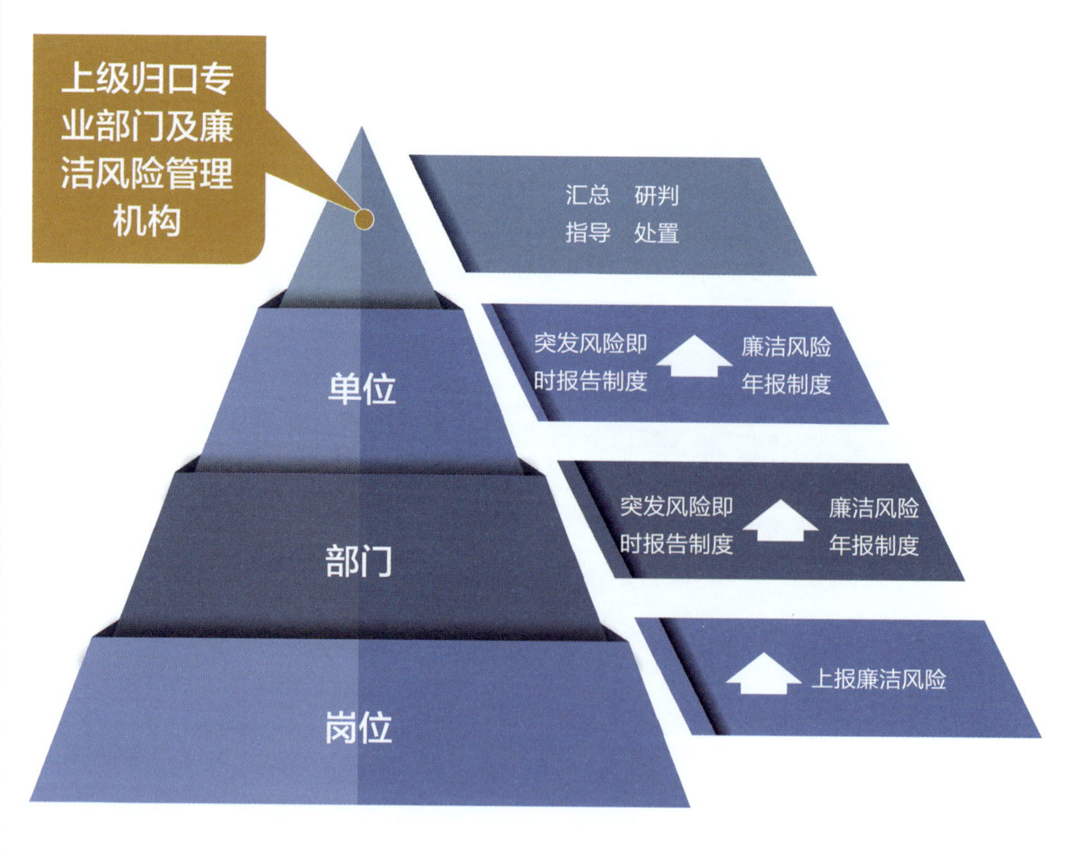

5 监督改进

监督改进是指业务部门、监督机构按职责分工对每一项廉洁风险的防控流程特别是风险管理策略、解决方案实施情况及其有效性进行监督、检验，确保防控有效。业务部门对职责范围内每一项廉洁风险防控流程执行情况及防控成效负责，纪检部门对重大风险及启动预警（红区范围）风险的防控过程和效果进行监督。建立各单位、部门自我评价与上级机关检查、抽查相结合的考核评价体系，对廉洁风险的实施情况及有效进行检查、检验并作出评价（包括廉洁风险总体目标完成情况、基本流程执行情况，廉洁风险文化培育情况、廉洁风险管理体系建设情况），发现缺陷，持续改进。

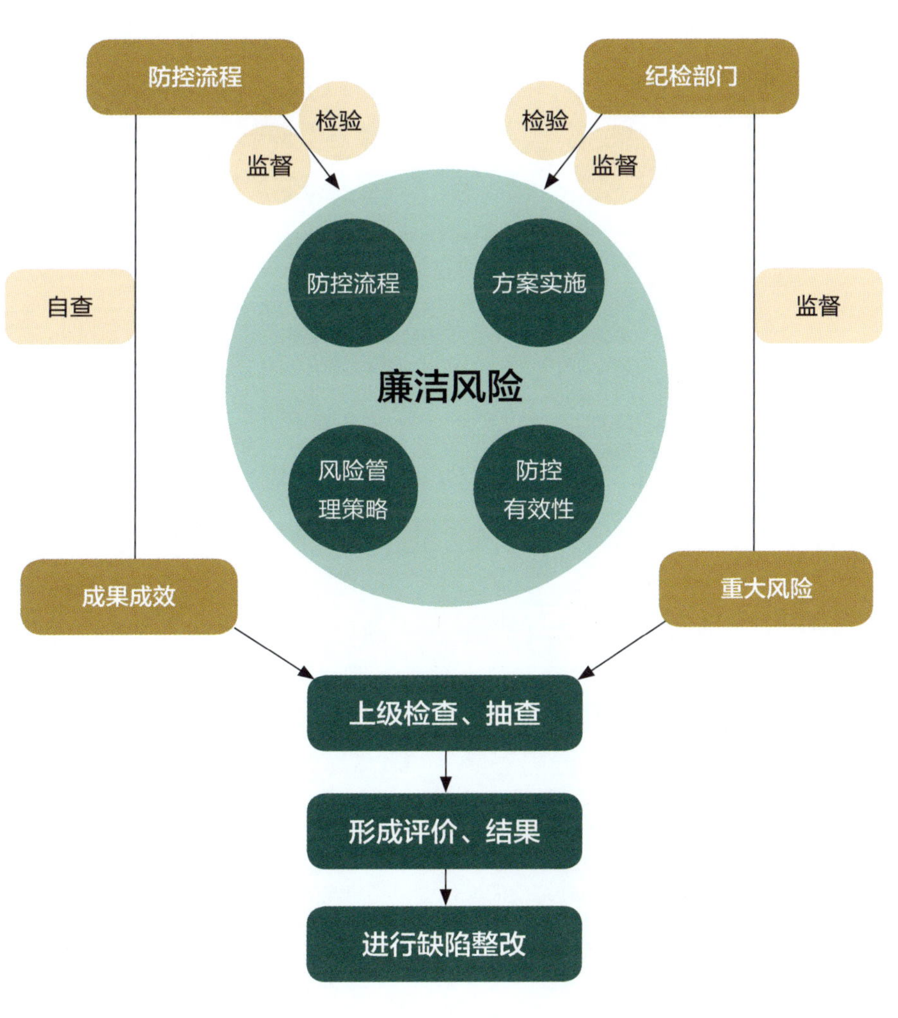

第三节　实施廉洁风险项目制管理

廉洁风险防控机制与协同监督机制相辅相成、相互促进，内容上相互补充，实践上相互依托，共同作为廉政管控体系的车之双轮，为“不能腐”体制机制构建提供重要支撑。

廉洁风险防控机制对各类廉洁风险系统排查、分级管理、重点防控，为协同监督项目的确定、开展提供了载体，使得协同监督抓手更具体、目标更精准。协同监督机制依据廉洁风险排查成果，研究确定协同监督重点，压实党风廉政建设“两个责任”，通过项目制管理推进实施，丰富了廉洁风险综合防控的手段，促进廉洁风险有效防控、落实落细。

实施廉洁风险项目制管理，围绕廉洁风险确定项目，主要通过选题立项、项目启动、组织实施、整改落实、成果应用等五个环节组织开展，引导领导班子成员认真落实主体责任和“一岗双责”，促进廉洁风险防控质量提升。

选题立项

年初各职能部门按照要求排查廉洁风险，填写项目征集表。党委召开会议研究主要廉洁风险，明确协同监督重点，确定本单位A类和B类项目。对于日常工作中发现的重大党风廉政问题或主要廉洁风险，实施风险异动管控，经审核后及时确定为协同监督项目

项目启动

下发立项通知书，成立项目组，组织培训宣贯。项目组根据项目涉及的主要廉洁风险，撰写工作方案

组织实施

项目组依据工作方案开展监督检查，认真查找存在的主要问题和薄弱环节。针对发现的突出问题进行分析，下达意见书

整改落实

落实意见要求，细化整改措施，认真整改落实，在规定时间内向项目组提交整改报告。项目组加强整改落实情况的跟踪督导，对整改完成情况进行评估，确保整改质量和效果

成果应用

项目实施完成后，各项目组整理总结报告、自评材料和相关过程资料，申报优秀项目。加强成果应用，共享工作信息，协同职能部门解决突出问题。完善制度流程，防控廉洁风险，形成长效机制

1　2　3　4　5

第四节 “五防三控”的主要内容

随着全面从严治党向纵深推进，新形势下一些新的廉洁风险逐步凸显；同时，随着公司依法从严治企的深入推进，制度的笼子越扎越紧，监督管控越来越严，一部分廉洁风险已经发生了转移和变化。为满足新形势下深化廉洁风险防控工作的要求，公司坚持“五防三控”基本框架，突出权力制约核心，对“作风形象风险、重大决策风险、业务廉洁风险、岗位廉洁风险、违纪违法风险”五个方面的防控内容进行了优化和完善，内容更加聚焦，防控更加立体。准确把握新形势下深化廉洁风险防控机制的主要内容。

（一）贯彻管党治党新要求

坚持党对企业的领导，保障科学民主决策。

“重大决策风险”聚焦决策机制不健全 、决策内容不合规、决策准备不充分、决策过程不民主、决策执行不到位等隐患，坚持加强党的领导和完善公司治理相统一，进一步突出企业党组织的领导核心和政治核心作用及把方向、管大局、保落实的政治责任;明确各级纪检部门的监督责任和决策管理部门、决策执行部门的工作职责。围绕决策机制、决策内容、决策准备、决策过程、决策执行设置14个防控点，超前防范违规决策、擅自决策、变通执行重大决策等问题的发生。

坚持以党风带行风，严防损害群众利益的作风问题。

“作风形象风险”贯彻中央八项规定精神，落实公司党组新修订的改进作风30条实施细则和优质服务“三个十条”规定，聚焦重部署轻落实、业绩指标不实，脱离实际、漠视群众利益，履职待遇超标、缺乏责任担当，“三公”管理不严格、福利发放不合规等“四风”隐患，以及客户工程办理、故障抢修、电力调度、电力交易、客户投诉处理等工作中损害群众利益的不正之风，设置21个防控点，超前防范、坚决纠正“四风”和损害群众利益的问题。

落实"三个区分开来"要求，保护干事创业积极性。

在廉洁风险防控工作中，要避免怕担风险而裹足不前、怕犯错误而不愿担当的倾向。既要坚持"风险事项不可为""防控措施必须为"的刚性要求,也要明确"制度依据可以为"的政策界限和制度遵循。要认真贯彻驻国务院国资委纪检组《关于中央企业纪检工作贯彻落实习近平总书记"三个区分开来"重要思想的指导意见》，处理好责任追究和容错纠错之间的关系，对渎职失责、不作为、不担当导致风险转化为有重大影响的违纪违法问题或重大经济损失的严肃问责，对出于公心、大胆探索、先行先试而引发的风险和问题要区别对待，为担当者担当、为负责者负责、为干事者撑腰。

（二）突出权力制约核心

聚焦人财物关键业务，有效规范权力运行。干部人事领域突出体现党管干部原则，规范提名考察程序，落实个人有关事项报告规定、"凡提四必" 和轮岗交流制度等方面要求;财务资产领域聚焦资金管理、对外担保捐赠、资产处置、产权交易等关键业务;招标采购领域聚焦招标方式和策略确定、评标管理人员和评标专家管理、供应商管理、非招标采购管控等关键业务;营销服务领域聚焦抄表收费、客户工程管理、用电检查、电费电价管理、计量管理等关键业务;生产建设领域聚焦工程变更、前期费使用、工程分包、工程验收、工程结算、废旧物资管理等关键业务。产业单位突出市场营销管理，科研教培板块突出项目立项和外委、科研教育经费使用，金融企业突出信贷审批、股权投资与资产管理，国际业务突出海外项目并购、绿地项目建设等方面的潜在廉洁风险防控。

突出"关键少数"和重点岗位，落实抓早抓小要求。"岗位廉洁风险"将领导班子、中层管理人员、关键岗位、一线服务人员确定为重点岗位，从自律能力、制度缺陷、流程缺陷、职责缺陷、外部因素五个维度评估共性风险，落实权力制衡、部门管控、上下游岗位监控及风险事项报告处置的措施。同时，依据《中国共产党纪律处分条例》《关于新形势下党内政治生活的若干准则》,总结各单位惩治和预防腐败的经验，提炼和归纳25项党员干部廉洁风险行为表象，并建立典型"小微权力"廉洁风险库，为落实抓早抓小要求，实践"四种形态"特别是第一种形态，加强廉洁风险的经常提示和及时预警提供参照和依据。

（三）筑牢纪律法律防线

树立底线思维，发挥警示作用。违纪违法行为是廉洁风险防控的底线，也是坚持问题导向、动态防控廉洁风险的"风向标"。国网舟山供电公司纪委在每月发布的廉洁风险预警单中，通报与电力系统关联度较大的违纪违法案例，并选取国家电网系统"四违"典型案例，深度剖析已发问题中致使权力失控的思想动机、情节手段和管控漏洞，定期分析、动态更新，作为党员领导干部反躬自省、业务部门加强管控、监督部门加强监督的参考实例。

第五节 "五防三控"的目标

（一）总体目标

在供电企业建成以岗位为点、以流程为线、以制度为面、具有"五防三控"功能的廉洁风险防控机制，使之成为构建不能腐机制的重要体和途径，进一步提升党风廉政建设的规范化、精益化、科学化水平。

"在控"
是过程和手段

防控
"作风形象风险"
坚持以党风带行风，严防损害群众利益的作风问题

"可控"
是前提和基础

防控
"重大决策风险"
坚持党对企业的领导，保障科学民主决策

总体目标

建成以岗位为点、以流程为线、以制度为面、具有"五防三控"功能的廉洁风险防控机制，使之成为国家电网"三化三有"特色惩防体系融入企业管理的重要载体和途径，进一步提升公司反腐倡廉建设的规范化、精益化、科学化水平，为公司科学发展提供更有力的保障

防控
"业务廉洁风险"
聚焦人财物关键业务，有效规范权力运行

防控
"违纪违法风险"
树立底线思维，发挥警示作用

防控
"岗位廉洁风险"
突出"关键少数"和重点岗位，落实抓早抓小要求

"能控"
是成效和能力

（二）主体目标

开展廉洁风险防控工作以实施“五防”为主体目标，重点防范以下五大类廉洁风险。

（三）程度目标

开展廉洁风险防控机制建设以实现“**三控**”为程度目标，即实现廉洁风险的可控、在控、能控。

“**可控**”是前提和基础。树立“廉洁风险可以控制”的理念，通过廉洁风险信息收集和评估，把需要防范的廉洁风险量化为具体防控指标，落实控制责任和要求。

“**在控**”是过程和手段。采取自我管控、部门内控、流程监控等方式特别是借助信息化手段，对潜在风险因素实施动态监控、实时预警。

“**能控**”是成效和能力。通过划分风险等级，落实应对策略，把廉洁风险控制在可以承受的范围之内。

第三章 廉洁风险防控重点

第一节　党员干部廉洁风险行为表象

1 放松党性修养。党内学习不认真，连续两次及以上无故缺席党内集中学习，或未完成规定的学习任务。

2 对“一岗双责”消极应付。责任书、承诺书签订后不制定落实措施，走形式、走过场。述责述廉文过饰非。

3 在大是大非问题上没有立场、没有态度、无动于衷、置身事外。在错误言行面前不抵制，明哲保身、当老好人。

4 不按组织程序发表自己的反对意见。当面不说、背后乱说，会上不说、会后乱说。在不同场合或一定范围发布与中央决策和上级部署相悖的言论，或散布歪曲事实的小道消息。

5 对中央决策和上级部署阳奉阴违。合意的执行、不合意的不执行，口是心非、自行其是。

6 搞封建迷信活动。供奉神像出门问吉日，办公桌椅摆放看风水，求子升迁拜神佛。

7 搞小山头、小圈子、小团伙以个人名义收“徒弟”、拜“恩师”，拉私人关系、培植个人势力，排挤同志，破坏团结。

8 弄虚作假、虚报浮夸。在同业对标指标评先创优、工作报表、工作报告等工作中隐瞒实情，报喜不报忧、欺下瞒上。

9 在基层和群众面前自以为是、盛气凌人。不认真了解基层情况，调研走过场、哗众取宠，检查工作蜻蜓点水、雨过地皮湿。

10 把分管工作、分管领域和部门当作“私人领地”。搞独断专行，听不进不同意见，拒不整改存在的问题。

11 不担当、不作为。新官不理旧事，对职工群众正当诉求消极应付推诿扯皮。

12 “三会一课”不认真、不严肃、表面化、形式化、娱乐化、庸俗化。批评与自我批评不严肃，把自我批评变成自我表扬，把相互批评变为相互吹棒。

13 向组织伸手要职务、要名誉要待遇，向组织讨价还价、不服从组织安排或到新的岗位后泄私愤、发牢骚，不安心工作。

14 对通过正常渠道反映问题的职工群众擅自进行追查，或采取调离工作岗位、降格使用等惩罚措施。

15 打听组织人事、招标采购、投资经营、改革改制、纪律审查等属于内部事项或工作秘密商业秘密等信息。

16 在后备干部推荐、干部选拔任用、纪律审查及招标采购工程承包、工程验收、电费回收、违章用电处理、客户工程方案审批、资产处置等工作中打招呼、递条子、讲人情。

17 领导干部、重要岗位员工亲友在其管理或服务范围联系相关业务。

18 社交圈、生活圈、朋友圈复杂。与供应商、管理和服务对象交往过密，一起聚会、旅游、向对方借货、委托理财等。

19 玩物丧志。沉溺于打麻将、网络游戏、奢侈品收藏等，上班打瞌睡、精力不集中。

20 行踪神秘。离开工作岗位或工作所在地未按规定请假或报告。经常在工作时间请假外出或非工作时间联系不上。

支出与收入不符。经常涉足高消费娱乐场所。超出收入水平购买豪华汽车、高档住宅，经常更换穿戴名牌服饰、佩戴贵重名表、使用贵重名包等。

对协同监督、监察审计、巡视巡察发现的问题整改不到位，未及时堵塞漏洞，监控权力。

未排查分管领域及重要岗位的廉洁风险，未制定切实可行的防控措施。

未按要求落实党务公开、企务公开及个人应报告或公开的事项，逃避监督。

故意跳转工作审批审核环节变通执行强制性规定。

第二节 作风形象风险

1. 党 风 方 面

序号	风险名称	工作环节	风险点描述	涉及领域	易发岗位	防控措施	防控部门
1	重部署、轻落实风险	发文	以文件贯彻文件，以会议贯彻会议，重部署、轻落实	纠正“四风”形式主义	领导干部	（1）严格控制发文数量，对本部部门及所属下级单位实行年度发文计划管理。 （2）按照“确有必要、注重实效”的原则，严格把关，进一步精简文件简报，没有实质内容、可发可不发的文件一律不发	各部门
		会议计划管理	以文件贯彻文件，以会议贯彻会议，重部署、轻落实	纠正“四风”形式主义	领导干部	（1）加强会议计划管理，严格控制会议数量，能不开的不开，能合并的合并。 （2）坚持开短会、讲短话，力戒空话、套话	各部门
2	指标、业绩不实	对标评价	在报告工作、指标完成、同业对标等工作中，报喜不报忧，指标、业绩不实	纠正“四风”形式主义	领导干部	（1）建立督导考核机制，定期总结评估对标工作开展情况，确保对标工作规范有效开展。 （2）对于指标弄虚作假、审核把关不严的行为，给予通报批评、取消评选标杆单位资格等处罚措施	各部门
		评先评优	在报告工作、指标完成、同业对标等工作中，报喜不报忧，指标、业绩不实	纠正“四风”形式主义	领导干部	对先进典型事迹的真实性、准确性进行认真审查。对于隐瞒事实、弄虚作假的，一经发现严肃查处，并视情节轻重追究有关人员的责任	各部门

续表

序号	风险名称	工作环节	风险点描述	涉及领域	易发岗位	防控措施	防控部门
3	脱离群众、漠视群众利益	调研项目管理	调查研究走过场。不解决实际问题，没有形成有价值的调研报告或建议	纠正“四风”官僚主义	领导干部	（1）坚持领导干部调查研究、定期接待群众来访、同干部群众谈心、群众满意度测评等制度。 （2）深入基层、深入一线，多同职工群众座谈，多商量讨论，多解剖典型，注重到发展水平相对较低、矛盾比较集中的单位研究问题、解决困难、指导工作。调研结束后认真撰写调研报告，对相关意见、建议和发现的问题尽快研究，在1个月内予以答复或解决	各部门
		来访接待管理	解决群众利益诉求渠道不通畅。未严格执行接待日制度，未按规定畅通信访受理渠道	纠正“四风”官僚主义	领导干部	向社会和企业内部公布信访通信地址、电子信箱、投诉电话、来访接待时间和地点等信息及查询信访事项处理进展情况的方式	各部门
4	对群众利益诉求消极应付，推诿扯皮	纪检监察信访举报管理	① 落实信访受理、交办、转送、督办要求不严；② 以超出业务范围为由不予受理	纠正“四风”官僚主义	领导干部	（1）构建标准化的信访和维护稳定工作评价体系，综合评价所属单位信访工作开展情况。 （2）收到来信或接待来访，须进行登记，对属于本单位职权范围内的信访事项，应当受理，不得推诿、敷衍、拖延；对不属于本单位职权范围内的信访事项，告知信访人向有管理权限的单位提出	行政办公部门、纪检部门
			问题线索方面：① 将上级督办的问题线索交下级办理；② 核查不到位			（1）下级纪检部门对上级督办的党风廉政问题线索不得转办，必须由接收督办函单位纪检部门直接组织查办。 （2）以事实清楚、证据确凿、定性准确、处理恰当、手续完备、程序合规为标准规范开展纪律审查工作，保护当事人的民主权利	各部门

续表

序号	风险名称	工作环节	风险点描述	涉及领域	易发岗位	防控措施	防控部门
4	对群众利益诉求消极应付，推诿扯皮	来访接待管理	解决群众利益诉求渠道不通畅。未严格执行接待日制度，未按规定畅通信访受理渠道	纠正“四风”官僚主义	领导干部	向社会和企业内部公布信访通信地址、电子信箱、投诉电话、来访接待时间和地点等信息及查询信访事项处理进展情况的方式	各部门
5	超标准执行履职待遇	办公用房管理	变通执行或擅自提高干部履职待遇标准	纠正“四风”享乐主义	领导干部	（1）严格执行办公室（含休息室、卫生间）使用面积标准：地市公司级单位主要企业负责人30平方米，其他企业负责人18平方米；县公司级单位企业负责人18平方米。 （2）对企业负责人各项履职待遇、业务支出实行预算管理；将企业负责人履职待遇、业务支出及预算执行情况纳入企业负责人经济责任审计和巡视巡察工作范围，加强监督考核问责	后勤部
		公务用车配置管理	变通执行或擅自提高干部履职待遇标准	纠正“四风”享乐主义	领导干部	（1）严格执行公务用车标准：地市公司级及以下单位可为本单位企业负责人配备排气量1.8升（含）以下、购车价格（不含购置税等）18万元以内的轿车；公务用车不得以任何方式换用、借用、占用所属单位或者其他利益关联单位、个人的车辆。 （2）对企业负责人各项履职待遇、业务支出实行预算管理；将企业负责人履职待遇、业务支出及预算执行情况纳入企业负责人经济责任审计和巡视巡察工作范围，加强监督考核问责	后勤部

续表

序号	风险名称	工作环节	风险点描述	涉及领域	易发岗位	防控措施	防控部门
5	超标准执行履职待遇	企业负责人薪酬管理	变通执行或擅自提高干部履职待遇标准	纠正“四风”享乐主义	领导干部	（1）严格执行通信费限额标准：地市公司级及以下单位企业负责人每人每月400元。 （2）对企业负责人各项履职待遇、业务支出实行预算管理；将企业负责人履职待遇、业务支出及预算执行情况纳入企业负责人经济责任审计和巡视巡察工作范围，加强监督考核问责	人力资源部
6	缺乏责任担当	经济责任审计管理和党风廉政建设责任制考核	① 新官不理旧事，解决历史遗留问题不积极（含上届离任审计问题）；② 对巡视巡察、审计、依法治企检查等发现问题未在期限内完成整改	纠正“四风”享乐主义	领导干部	（1）被审计单位主要负责人是审计成果运用的第一责任人，负责本单位审计成果运用的领导工作。 （2）对审计移送处理事项认真核实，分清责任，采取措施进行整改和处理。对审计揭示的问题进行认真分析和研究，健全机制，完善制度，规范流程，加强管理，杜绝类似问题重复发生。 （3）对不按审计意见整改或整改不到位的单位，责令限期执行，并以适当方式在一定范围内通报。对重大违规问题屡查屡犯的单位，严肃追究单位主要负责人和有关领导班子成员的责任。 （4）巡视巡察结果和整改落实情况纳入被巡视巡察单位年度企业负责人业绩考核，并作为干部考核评价、选拔任用、奖励惩处和对干部进行调整、免职等组织处理的重要依据	各部门

续表

序号	风险名称	工作环节	风险点描述	涉及领域	易发岗位	防控措施	防控部门
7	小型基建项目超规模	小型基建项目前期管理和小型基建工程施工管理	① 新官不理旧事，解决历史遗留问题不积极（含上届离任审计问题）；② 对巡视巡察、审计、依法治企检查等发现问题未在期限内完成整改	纠正“四风”奢靡之风	企业负责人、后勤部门负责人、小型基建管理专责	（1）严格执行年度小型基建项目投资计划。 （2）严格控制投资规模和工程造价，禁止擅自扩大建筑规模和提高建设标准。 （3）建筑规模或投资规模超原下达计划10%及以上列入计划超过2年未开工建设、限上项目变更建设地点的项目，须重新履行审批程序。 （4）建筑规模或投资规模超原下达计划10%及以上的项目单位，两年内不得上报新开工小型基建项目。 （5）加强审计监督、检查考核，存在超规模的小型基建项目纳入公司企业负责人业绩考核	后勤部门
8	“三公”管理不严格	公务（外事）接待管理	公务接待不规范，商务、外事接待超标准	纠正“四风”奢靡之风	领导干部，办公室、后勤或综合部门负责人，秘书，接待管理及综合管理专责	（1）严格执行公务接待标准：① 以不超过当地党委政府的接待费用标准，制定本单位接待费用具体标准，并连同依据报上级单位备案，严格接待审批控制，无公函的公务活动和来访人员一律不予接待；② 加强接待费用管理，将接待经费全部纳入预算管理，单独列示，合理限定接待费预算总额；③ 加强监督检查，坚决纠正超标准、范围接待问题。 （2）严格执行外事接待标准：① 外宾日常伙食标准为，正、副部长，国际组织和企业、机构负责人级每人每天500元，其他人员每人每天300元；② 外宾在华期间，宴请不得超过2次，公司领导出面举办的宴请，每人每次600元，公司助理总师、顾问、总部各部门正（副）主任和各分部、各单位领导班子成员（含享受同等待遇人员）出面举办的宴请，每人每次300元，冷餐、酒会、茶会分别为每人每次150元、100元、60元；③ 外宾用车应根据实际安排，除少数重要外宾乘坐小轿车外，其他外宾可视人数安排巴士或小轿车	各部门

续表

序号	风险名称	工作环节	风险点描述	涉及领域	易发岗位	防控措施	防控部门
8	“三公”管理不严格	公务用车、生产用车使用管理	公务用车、生产服务用车管理不到位	纠正“四风”奢靡之风	办公室、后勤或综合部门负责人，秘书，接待管理及综合管理专责	严格执行车辆管理要求：① 保持公司车辆清理整顿工作成果；② 严格路单制度，严格车辆定点存放、节假日封存制度；③ 加装GPS定位装置，充分利用车辆管理信息系统，加强车辆管理使用的全过程监督管控	行政办公部门
		因公出国（境）管理	因公出国不规范	纠正“四风”奢靡之风	领导干部，办公室、后勤或综合部门负责人，秘书，接待管理及综合管理专责	严格执行因公出国要求：① 落实项目审批、人员审查要求；② 不得擅自延长在外停留时间，不得绕道旅行或以过境名义变相增加出访国家和时间。因公出国（境）团组不得超过6人；一次出访不得超过3个国家（地区），不超过10天；出访2个国家（地区）不超过8天；出访1个国家（地区）不超5天	行政办公部门
9	会议组织超规模、超标准	会议管理	未经审批在外部宾馆酒店召开会议	纠正“四风”奢靡之风	办公室或综合部门负责人、会议管理专责	优先选择本单位办公楼内部会议室或定点会议场所。因特殊情况，确需在系统外会议场所召开的，应选择当地党委政府定点范围内的会议场所，并履行相关报批手续	行政办公部门
			擅自扩大会议规模、天数	纠正“四风”奢靡之风	办公室或综合部门负责人、会议管理专责	加强会议计划和审批管理，严格控制会议数量、规模、规格、分类标准及参会人数，降低费用支出	行政办公部门
			会议费使用不规范、列支与会议无关的其他费用	纠正“四风”奢靡之风	办公室或综合部门负责人、会议管理专责	会议费用开支范围包括会议住宿费、伙食费、会议室租金、交通费、文件印刷费、医药费等	行政办公部门

续表

序号	风险名称	工作环节	风险点描述	涉及领域	易发岗位	防控措施	防控部门
10	培训费用列支超范围、超标准	培训班管理	超范围、超公司标准、超预算列支培训要用	纠正“四风”奢靡之风	人资部负责人、培训管理专责	严格审查培训内容及项目费用标准	人资部
			培训期间安排与学习无关的活动	纠正“四风”奢靡之风	人资部负责人、培训管理专责	严格“七不一禁”，培训期间不安排会餐聚餐、不安排合影留念、不安排接送站、不制作背景板、不摆放花草和水果茶点、不配置洗漱用品、不组织营业性娱乐和健身活动，严禁以任何名义组织旅游和发放纪念品等	人资部
			学员相互宴请	纠正“四风”奢靡之风	参加培训人员	严格落实培训管理及作风建设要求，加强培训期间学员学习、作风纪律的管理、监督和考核	人资部
			系统外培训理由支撑不足	纠正“四风”奢靡之风	人资部负责人、培训管理专责	对本单位人员参加系统外培训活动事项进行严格审批管控	人资部
11	福利管理不规范	疗养费实施管理	超范围列支疗养费，以旅游代替职工疗养	纠正“四风”奢靡之风	企业负责人、人资部负责人及福利管理人员、财务部负责人及预算管理人员、后勤部负责人	（1）福利项目实施程序公开、过程规范的原则。 （2）实际业务发生前，具体实施部门根据年度福利计划和福利支出业务预算，制订具体业务实施方案和经费计划，经人力资源管理部门审核，履行内部管理程序后实施。 （3）业务实施期间，具体实施部门组织实施业务方案和经费计划，及时建立完善福利项目专项实施台账，维护福利项目实施信息，确保信息完整准确。 （4）业务实施后，具体实施部门应及时确认福利项目经费使用事项，维护福利项目实际发生信息。福利项目经费经人力资源管理部门审核后，按照公司管理规定，财务部门办理费用报销、支付等手续，并提供相关财务信息	人资部、后勤部、工会

续表

序号	风险名称	工作环节	风险点描述	涉及领域	易发岗位	防控措施	防控部门
11	福利管理不规范	食堂经费实施管理	超范围列支食堂经费，在食堂经费中列支超市卡等费用	纠正“四风”奢靡之风	企业负责人、人资部负责人及福利管理人员、财务部负责人及预算管理人员、后勤部负责人	（1）福利项目实施程序公开、过程规范的原则。 （2）实际业务发生前，具体实施部门根据年度福利计划和福利支出业务预算，制订具体业务实施方案和经费计划，经人力资源管理部门审核，履行内部管理程序后实施。 （3）业务实施期间，具体实施部门组织实施业务方案和经费计划，及时建立完善福利项目专项实施台账，维护福利项目实施信息，确保信息完整准确。 （4）业务实施后，具体实施部门应及时确认福利项目经费使用事项，维护福利项目实际发生信息。福利项目经费经人力资源管理部门审核后，按照公司管理规定，财务部门办理费用报销、支付等手续，并提供相关财务信息	人资部、后勤部、工会
		工会经费管理	在工会经费中列支福利费	纠正“四风”奢靡之风	企业负责人、人资部负责人及福利管理人员、财务部负责人及预算管理人员、后勤部负责人	工会经费应当全部用来为职工服务和开展工会活动。支出包括：① 为会员及其他职开展教育、文体、宣传等活动产生的支出；② 用于维护职工权益的支出；③ 培训工会干部、加强自身建设及开展业务工作发生的各项支出；④ 工会从事建设工程、设备工具购置、大型修缮和信息网络购建而发生的支出	人资部、后勤部、工会

2. 行　风　方　面

序号	风险名称	工作环节	风险点描述	涉及领域	易发岗位	防控措施	防控部门
1	客户工程项目受理、办理不规范	客户工程管理	① 向客户指定系统内单位或利益关系人单位承揽设计、施工；② 在供电方案制定、审核等环节吃拿卡要；③ 外部工程招标采购及工程分包不规范；④ 未按规定时间完成受理、方案审核、验收送电工作	行风建设	领导干部、营销专业分管领导、业扩专业部门负责人、业扩管理专职	（1）严格执行落实“三不指定”各项工作要求： 1）公示业扩报装服务流程、收费标准、合格施工及设计单位名录等信息。 2）加强宣传，转变思想观念，适应售电市场改革的新形势。 3）对相关问题责任人严肃问责。 （2）依据公司业扩供电方案编制有关规定和技术标准要求，根据现场勘察结果、电网规划、用电需求及当地供电条件等因素，经过技术经济比较、与客户协商一致后，拟定供电方案。供电方案变更应严格履行审批程序。 （3）严格按照国家、行业技术标准和公司规定，组织开展竣工验收工作，一次性出具书面整改意见，帮助客户落实整改措施，严禁执行差别化验收标准，整改完毕并经验收合格后，在规定时限内完成送电。 （4）严格按照国家、行业技术标准和公司规定，按规定时间完成受理、方案审核、验收送电工作	营销部门、运检部门

续表

序号	风险名称	工作环节	风险点描述	涉及领域	易发岗位	防控措施	防控部门
2	故障抢修质量不高	故障抢修管理	① 到达故障现场超时限，在工单传递上推诿扯皮；② 刁难客户，吃拿卡要	行风建设	配电抢修人员	（1）严格执行24小时电力故障保修服务，供电抢修人员到达现场的时间一般不超过：城区范围45分钟；农村地区90分钟；特殊边远地区2小时。 （2）强化营销、调控、运检各专业间的业务协同，完善客户故障报修制度，理顺服务流程，加快抢修速度。健全抢修服务客户满意度调查监控机制。加强明察暗访、举报查处和通报曝光，坚决纠正行业不正之风	运检部门
3	违规并网或拖延并网	“三公”调度管理	① 并入的电厂不符合条件；② 拖延符合条件的电厂并网，或违规要求接入系统由电网投资	行风建设	分管领导、计划部门负责人、调度部门负责人	（1）符合国家产业政策和环保政策，并且符合国家标准、行业标准和有关规定的发电厂提出申请要求并网运行的，有关调度机构应当为其提供调度服务。 （2）各级调度机构应当依据并网调度协议，由并网发电厂及时编制新建发电设备的启动并网调试调度方案，积极安排新机组的试验、调试和试运行。各级调度机构应建立问询答复制度，对并网发电厂提出的问询必须在10个工作日内予以答复	调控部门

续表

序号	风险名称	工作环节	风险点描述	涉及领域	易发岗位	防控措施	防控部门
4	调度计划制定与执行不严	“三公”调度管理	① 有关水电、风电等清洁能源消纳计划安排不合理；② 调度计划调整未按要求履行审批手续	行风建设	分管领导、计划部门负责人、调度部门负责人	（1）调度计划要满足电源资源特性限制。火电、水电、核电等发电机组按照等效容量（考虑等效可用系数和强迫停运率）纳入电力电量平衡；风电、光伏等间歇式电源按照预测电量纳入电量平衡；水电、燃机等受电量约束，以及火电机组燃煤不足时，应按照可调电量纳入电量平衡。 （2）停电计划调整规定如下： 1）年度调度计划下达后，原则上不得进行跨月调整；月度计划下达后，原则上不得进行跨周调整。客观原因导致停电计划需要进行上述调整时，申请调整单位提前报相关调控部门批准。 2）未列入年、月度调度计划，在实际运行中发现对电网安全运行影响较大的缺陷，运维单位汇报运检部门并确认后，向调控部门提交临时停电申请	调控部门
5	电力交易规则制定不严	电力交易管理	① 市场主体准入标准不统一；② 市场主体之间电力交易自主选择要求不明确	行风建设	企业负责人、分管领导、电力交易中心负责人、相关专责	（1）按照接入电压等级、能耗水平、排放水平、产业政策以及区域差别化政策等确定并公布可参与直接交易的发电企业、售电主体以及用户准入标准。准入标准确定后，公布发电企业和售电主体目录，进入目录的发电企业、售电主体和用户可到交易机构注册成为市场交易主体。 （2）对符合准入标准的发电企业、售电主体和用户赋予自主选择权	电力交易部门
6	电力交易利益相关方关系处置不当	电力市场规范管理	① 未能公开透明组织交易或强制交易；② 超出职责定位倾向性指定交易对象	行风建设	企业负责人、分管领导、电力交易中心负责人、相关专责	（1）交易之前有明确的办法和规则，尊重市场主体意愿，平等对待市场主体。 （2）电力交易机构主要负责市场交易平台的建设、运营和管理，负责市场交易组织，提供结算依据和服务，负责市场主体注册和响应管理，披露和发布市场信息等	电力交易部门

续表

序号	风险名称	工作环节	风险点描述	涉及领域	易发岗位	防控措施	防控部门
7	供电营业所管理不规范	供电营业所管理	① 客户工程项目业务受理不规范，落实“一口对外”要求不严。② 辖区内运维项目分配不规范：超职责范围承揽辖区内项目；中选施工单位集中。③ 停送电等工作不规范，漠视群众利益	行风建设	所长、副所长、业务受理、抄表员、抢修人员	（1）统一受理客户用电申请，承办业扩报装具体业务，并按照统一标准对外答复客户。 （2）加强相关运维项目分配的监督检查，督促严格执行公司招标活动管理办法、非招标方式采购活动管理办法等制度要求。 （3）严格按照相关要求开展计划、临时停电等工作，并及时送电	营销部门、运检部门、纪检部门
8	投诉举报处置不及时	投诉举报管理	公布95598服务热线以外的渠道受理投诉举报	行风建设	所长、副所长、业务受理、抄表员、抢修人员	各单位不再单独设立投诉举报电话，充分利用95598供电服务热线、24小时受理投诉举报	营销部门、运检部门、调控部门、纪检部门
9	投诉举报处置不规范	投诉举报管理	① 工单派发不及时；② 调查超时限；③ 实名举报答复超时	行风建设	服务管理专责、行风专责、95598远程工作站座席员、工单承办单位相关人员	（1）按照95598客户服务业务管理时限要求，及时派发工单，响应客户诉求。 （2）收到转办行风投诉举报件后，承办部门（单位）在一个工作日内联系投诉举报人，并在5个工作日内将调查处理结果报纪检部门。纪检部门在7个工作日内核定承办部门（单位）的处理结果，并采取电话、复信、走访等形式答复投诉举报人。 （3）严格按照规定在时限范围内进行实名举报答复	营销部门、运检部门、调控部门、纪检部门

第三节　重大决策风险

序号	风险名称	工作环节	风险点描述	涉及领域	易发岗位	防控措施	防控部门
1	决策机制不完善	决策机制建设	未制定本单位"三重一大"决策实施细则、党组织议事规则等相关制度	"三重一大"决策程序	各级领导班子、决策管理部门负责人	根据本单位实际制定并完善"三重一大"决策相关制度，明确决策主要事项	各级领导班子，办公室、人资部、财务部等决策管理部门，纪委办等决策监督部门
2	决策内容不规范	决策内容	决策内容偏离新发展理念、国有企业改革与电力体制改革方向，违背公司党委重大决策部署	"三重一大"决策程序	各级领导班子	严格执行党组织议事规则、总经理工作规则等规章制度，严格履行决策程序，落实民主集中制	各级领导班子，办公室、纪检部门等决策监督部门
3	集体违规决策	决策内容	未严格执行本单位"三重一大"决策程序和各专业配套管理办法	"三重一大"决策程序	各级领导班子	落实党委（总支、支部）议事规则和决策程序，坚决反对和防止独断专行或各自为政，坚决反对和防止以领导班子集体名义集体违规。建立上级组织在作出同下级组织有关的重大决策前征求下级组织意见的制度	各级领导班子，办公室、纪检部门等决策监督部门

续表

序号	风险名称	工作环节	风险点描述	涉及领域	易发岗位	防控措施	防控部门
4	未严格执行重大问题请示报告机制	决策内容	涉及全局性的重大事项或作出的重大决定未报告	“三重一大”决策程序	各级领导班子	严格执行重大事项请示报告制度，研究涉及公司全局的重大事项或作出重大决定要及时向公司党委报告	各级领导班子，办公室、纪检部门等决策监督部门
			执行上级重要决定未按要求进行专题报告	“三重一大”决策程序	各级领导班子	执行上级党委重要决定的要专题报告	各级领导班子，办公室、纪检部门等决策监督部门
			突发性重大问题和工作中的重大问题报告不及时	“三重一大”决策程序	各级领导班子	遇有突发性重大问题或工作中的重大问题要及时报告	办公室，纪检部门等决策监督部门
5	研究论证不规范	决策准备	重大投资、预算外资金使用等有关事项前期研究论证不到位	“三重一大”决策程序	决策提出部门负责人	（1）重大项目安排要按照公司综合计划、预算及相关专业管理制度，严格可研论证、评审及批复管理，重大项目安排事项包括：基建重大项目，技改大修重大项目，营销投入重大项目，信息化建设重大项目，科技研发重大项目，管理咨询重大项目，合同能源管理类重大节能项目，境内工程总承包重大项目，高风险投资项目，法律法规、行政规章、公司规章制度规定的其他重大项目安排事项。 （2）大额度资金运作事项要事先由财务部门进行论证和风险评估。大额度资金运作事项主要包括：① 融资、担保事项；② 预算外应急资金安排。 （3）研究论证应经过必要的程序，相关事项按照公司相关规章制度执行	决策提出部门、决策论证部门

续表

序号	风险名称	工作环节	风险点描述	涉及领域	易发岗位	防控措施	防控部门
6	征求职工意见不充分	决策准备	涉及改革发展等事关职工利益的重大问题，事先未充分征求职工群众的意见和建议	“三重一大”决策程序	决策提出部门负责人	研究决定企业改制以及经营管理方面的重大问题、涉及职工切身利益的重大事项，制定重要的规章制度，应当通过职工代表大会或者其他形式听取职工的意见和建议。职代会行使职权应当包括：① 听取和审议公司经营方针、长远规划、生产经营与管理的重大决策方案，提出意见和建议；② 听取和审议公司工作报告；③ 听取和审议公司年度综合计划、财务预算和审计工作报告；④ 审议通过公司经济责任制、改革改制等方案以及其他重要规章制度；⑤ 审议决定涉及公司系统职工切身利益方面的重大事项；⑥ 评议、监督公司高级管理人员，提出奖惩建议；⑦ 依照法律、法规规定，经公司与公司工会协商确定需要由职代会行使的其他权利	决策提出部门、决策论证部门
7	重要人事任命未发挥党组织领导及把关作用	决策准备	未坚持正确用人导向和干部选拔任用程序	“三重一大”决策程序	各级领导班子、纪检部门及组织人事部门	坚决纠正唯票、唯分、唯生产总值、唯年龄等取人偏向，坚决克服由少数人在少数人中选人的偏向。选人用人必须强化党组织的领导和把关作用，落实干部任用工作纪实制度，确保每个环节都规范操作	各级领导班子、决策监督部门
			纪委（纪检组织）参与干部提拔前期酝酿不充分	“三重一大”决策程序	各级领导班子、纪检部门及组织人事部门	党委（总支、支部）在向上级党组织推荐报送拟提拔或进一步使用的人选时，要认真负责地对人选廉洁自律情况提出结论性意见，实行党委书记、纪委书记（纪检委员）在意见上签字制度	各级领导班子、决策监督部门

续表

序号	风险名称	工作环节	风险点描述	涉及领域	易发岗位	防控措施	防控部门
7	重要人事任命未发挥党组织领导及把关作用	决策准备	干部考察时听取纪检部门意见不充分	“三重一大”决策程序	各级领导班子、纪检部门及组织人事部门	前移审核关口，做到动议即审，该核早核。对发现问题影响使用的，及时中止选拔任用程序；疑点没有排除、问题没有查清的，不得提交会议讨论或使用	各级领导班子、决策监督部门
			纪检部门廉政审核不实	“三重一大”决策程序	各级领导班子、纪检部门及组织人事部门	严把干部选拔任用“党风廉洁意见回复”关，综合日常工作中掌握的情况，加强分析研判，实事求是评价干部廉洁情况，防止“带病提拔”	各级领导班子、决策监督部门
			对封官许愿、跑风漏气、打招呼、递条子等行为处理不坚决	“三重一大”决策程序	各级领导班子、纪检部门及组织人事部门	坚持党的干部标准，树立正确选人用人导向，严格执行干部选拔任用工作规定，建立健全党的领导干部插手干预重大事项记录制度	各级领导班子、决策监督部门
8	决策前酝酿沟通不到位	决策准备	领导班子之间事先沟通不充分	“三重一大”决策程序	各级领导班子、决策管理及提出部门负责人	（1）经理班子研究“三重一大”事项时，应事先与本级党组织沟通，听取意见。 （2）决策事项应当由办公室或有关职能部门提前告知所有参与决策人员，并提供相关材料，必要时可事先听取反馈意见	各级领导班子、决策管理部门、决策提出部门
9	个别人或少数人决策重大事项	决策过程	参与决策人数不符合规定	“三重一大”决策程序	各级领导班子	会议符合应到会人数的三分之二及以上方可召开；党委（总支、支部）会议须有半数（含）以上班子成员到会方可召开，讨论决定干部问题时，必须有三分之二（含）以上班子成员到会；党委（总支、支部）书记因故不能主持会议的，会议不讨论有关干部问题	各级领导班子、决策监督部门

续表

序号	风险名称	工作环节	风险点描述	涉及领域	易发岗位	防控措施	防控部门
9	个别人或少数人决策重大事项	决策过程	以传阅、会签等形式代替集体决策	“三重一大”决策程序	各级领导班子	（1）党委（总支、支部）、经理班子应以会议的形式，对职责权限内的“三重一大”事项作出集体决策；党委（总支、支部）领导同志要把自己当成班子中平等的一员，充分发扬民主，严格程序决策、按规矩办事，注意听取不同意见，正确对待数人意见，不能搞一言堂甚至家长制。 （2）党委（总支、支部）议事要严格遵守“集体领导、民主集中、个别酝酿、会议决定”的原则，实行集体议事，并以会议表决形式体现党组集体的意志，原则上不得以传阅、会签或个别征求意见等形式代替集体议事和会议表决	各级领导班子、决策监督部门
10	末严格落实民主集中制原则	决策过程	主要领导末位表态执行不到位	“三重一大”决策程序	各级领导班子	（1）与会人员要充分讨论并分别发表意见，主要负责人应对最后发表结论性意见；若存在严重分歧，一般应当推迟作出决定。 （2）会议决定的事项、过程、参与人及其意见、结论等内容，应当完整、详细记录并存档备查	各级领导班子、决策监督部门
			末严格落实少数服从多数原则，个别人或少数人说了算	“三重一大”决策程序	各级领导班子	（1）在充分讨论的基础上，按照少数服从多数的原则，经应出席会议的领导班子成员半数以上同意，形成集体决议。 （2）会议决定的事项、过程、参与人及其意见、结论等内容，应当完整、详细记录并存档备查	各级领导班子、决策监督部门

续表

序号	风险名称	工作环节	风险点描述	涉及领域	易发岗位	防控措施	防控部门
11	会议记录不完整	决策过程	会议记录内容不规范，没有形成具有可追溯性的文字依据	“三重一大”决策程序	决策管理部门负责人	（1）严格执行领导班子议事制度和程序性措施，对集体讨论事项，每个班子成员必须亮明态度并记录在案，切实解决集体决策难以追责问题。 （2）指定专人进行决策过程记录，并明确职责要求。 （3）会议记录做到真实、完整、详细，内容包括会议决定的事项、过程、参与人及其意见、结论等项目；会议记录应当存档备查	决策管理部门、决策监督部门
12	变通执行上级及本级集体决策	决策执行	合意的执行、不合意的不执行	“三重一大”决策程序	决策执行部门负责人	（1）参与决策的个人对集体决策有不同意见，可以保留或者向上级反映，但在没有作出新的决策前，不得擅自变更或者拒绝执行。 （2）进入经理班子的党委（总支、支部）成员，应当贯彻党组织的意见或决定	决策执行部门、决策监督部门
13	有关决策的重大调整处置不规范	决策执行	对于决策过程中的重大调整，未按规定请示报告或重新履行决策程序	“三重一大”决策程序	各级领导班子、决策管理部门负责人	如遇特殊情况需对决策内容作重大调整，应当重新按规定履行决策程序	各级领导班子、决策执行部门、决策监督部门
14	决策执行监督检查不到位	决策执行	重大决策执行情况应用不全面	“三重一大”决策程序	决策监督部门负责人、决策执行部门负责人	（1）组织人事部门应将决策制度执行情况作为对“四好”领导班子、领导班子成员考察、考核的重要内容以及任免的重要依据。 （2）审计部门应将决策制度执行情况作为经济责任审计的重要内容和经济责任履行情况审计评价的重要依据。	决策监督部门

续表

序号	风险名称	工作环节	风险点描述	涉及领域	易发岗位	防控措施	防控部门
14	决策执行监督检查不到位	决策执行	重大决策执行情况应用不全面	三重一大”决策程序	决策监督部门负责人、决策执行部门负责人	（3）纪检部门应加强对同级党委（总支、支部）履行职责、行使权力情况的监督，把决策制度执行情况作为党风廉政建设责任制年度考核的重要内容	决策监督部门
			问题处置不及时	“三重一大”决策程序	决策监督部门负责人、决策执行部门负责人	各级领导干部违反“三重一大“决策制度的，应当视情况给予责任追究。对于违反决策制度获取的不正当经济利益或给企业造成经济损失的，应当责令清退或承担相应经济赔偿责任	决策监督部门

第四节　典型“小微权力”廉洁风险

序号	风险名称	专业领域	表现形式	防控措施
1	泄露客户用电工程相关信息	营销服务	收受其他施工和设备材料供应单位的好处，利用职权在客户用电工程项目洽谈环节，泄露用户信息给竞争单位，造成公司业务量流失，从而导致市场占有率持续下滑	（1）组织重点岗位人员签订三指定承诺书和保密承诺书，让重点岗位人员知责明责。 （2）严格执行岗位交流机制，降低信息泄露风险概率。 （3）制定《关于进一步加强高压业扩竣工验收管理工作的通知》，规范验收流程，强化客户侧管理，降低用户设备入网隐患。 （4）严格按照《国家电网有限公司营销服务“十项承诺”（试行）》规范客户信息收集应用，保护客户信息，准确维护客户基础信息，加强对外泄露客户个人信息及商业秘密的单位、个人的责任追究

续表

序号	风险名称	专业领域	表现形式	防控措施
2	不按规定抄录、上传数据，违规篡改电费电量	营销服务	员工利用职务之便少计电量，造成用户电费少交，从中谋取私利	（1）加强职工廉政教育，经常性在班前会10分钟进行职业教育，使员工在潜意识中形成廉洁自律的思想，减少不廉洁行为的发生。 （2）建立监督机制，对核抄电量进行抽查，对数据值较大用户进行重点核查监控
3	获得电力执行不到位	营销服务	对于用电报装容量160千伏及以下实行“三零”服务的用户未采取低压方式接入电网，增加用户投资，为设计、施工、安装单位谋取不正当利益	（1）严格执行《全面提升“获得电力”服务水平持续优化用电营商环境的意见》（发改能源规〔2020〕1479号），加强对供电答复资料审核。 （2）加强“三指定”资料检查，加大回访力度，核实用户实际申请意愿
4	未履行告知义务，向客户收取额外费用，增加客户成本	营销服务	自立收费名目或擅自更改收费金额，未按规定取消临时接电费、终端费及表计校验费等	（1）加强业务费收取项目宣贯学习，建立回访机制。 （2）对于变更客户业务费的情况，严格按照文件要求收取高可靠性费用，取消临时接电费、校验费等，对于特殊用户业务费如变更时需履行审批手续
5	违约用电等处罚未按标准执行	营销服务	对用户违约用电等处理随意性大，处理窃电、违约用电时收受客户好处，擅自降低违约费用收取标准	（1）依靠营销系统数据作为处理依据，避免人为调整补收参数。 （2）针对窃电、违约用电等业务，严格履行分级审批制度。 （3）窃电、违约用电现场取证拍摄音视频资料留档备查。 （4）加强员工廉洁文化教育，加强警示教育和谈话提醒。 （5）定期岗位轮换和业务调整

续表

序号	风险名称	专业领域	表现形式	防控措施
6	客户经理与施工单位存在业务绑定现象	营销服务	同一客户经理，在过去两年均与同一承包施工单位存在高集中度，过去一年内各供电区域业扩市场占有率超过50%的施工单位（非集体企业），承包业扩工程相关联的客户经理，日常受理该施工单位业务量比例与受理该供电区域内业扩工程的业务量比例的差值（即集中度）超过50%，从中牟利	（1）实时监控各供电区域外部施工单位市场占有率和客户经理承接各施工单位业扩工程项目集中度，及时发现苗头。 （2）加强监督管理，强化警示教育和谈话提醒教育，适时对关键岗位进行轮换和业务调整。 （3）组织重点岗位人员签订三指定承诺书，让重点岗位人员知责明责。 （4）加强“三指定”资料检查，加大回访力度，核实用户实际申请意愿
7	电力柜台收费人员违规套现	营销服务	电力柜台收费人员在现金收费业务中，借助柜收刷卡方式用自己的信用卡给用户缴费，从而实现信用卡套现。可表现为电力柜台收费人员的同一张信用卡或同一人的几张信用卡每月有多次向不相关的电费账户缴费的记录	（1）依托营销业务系统、银联商务网上服务系统等信息化系统，将缴费次数、刷卡次数、刷卡金额等作为用户异常缴费的识别特征，不定期抽查柜台收费信息。 （2）加强职工廉洁从业教育
8	计量设备厂家质量评价不公正、不客观	营销服务	营销服务中心（计量中心）负责电能表及终端质量监督及故障统计工作，该工作评价将作为下一年度计量设备招标工作的重要参考项，故计量设备厂家质量评价工作必须有效、公正、客观。该工作可能出现因员工“吃拿卡扣”造成的不合理、不真实的评价，进而影响招标的公正	（1）形成廉洁教育制度，经常性地开展廉洁教育和职业道德教育，使员工在潜意识中形成廉洁自律的思想，减少不廉洁行为的发生。 （2）建立监督机制，对廉政危险点处加强监督力度，制定多人相互制约的工作流程，杜绝小微风险

续表

序号	风险名称	专业领域	表现形式	防控措施
9	预收电费结转无限制	营销服务	互转资金存在监控不到位，转出、转入用户资格审核存在缺失，没有转出（入）资金验证；审批无层级，无资金额度大小限制，有且只有一次审核过程，可能造成用户资金随意流转，致使存在侵占的可能性；销户预收资金退还无时限限制导致用户资金到账缓慢	（1）根据资金大小增加审批层次，逐级审批增加管控能力。 （2）增加验证手续，用户提出预收流转，提供身份验证或短信验证码认证，并提供相应纸质审批资料用于归档，以便后期核查。 （3）销户后预收资金规定处理时限，销户归档后五个工作日内完成预收退费或者互转，避免资金退费不到位
10	计量差错未及时退补	营销服务	基层营销工作人员对电压电流及接线异常、计量装置误差超差、计量装置故障处理异常等情况隐瞒不报、谎报或故意迟延不报，未及时发起退补流程，造成供电企业财产损失	（1）每月通过用电信息采集系统导出计量异常清单，由各单位开展现场核查，避免计量装置异常处置不及时。 （2）制定计量装置异常退补规范，建立分级审批机制，确保电费退补规范
11	多计或少计核抄电量	营销服务	员工因私少计电量，造成用户电费少交，从中牟利	（1）加强职工廉政教育，经常性在班前会10分钟进行职业教育，使员工在潜意识中形成廉洁自律的思想，减少不廉洁行为的发生。 （2）建立监督机制，对核抄电量进行抽查，对数据值较大用户进行重点核查监控
12	隐蔽工程验收把关不严	生产建设	收受外包单位的好处，擅自利用职权在项目工程特别是隐蔽工程验收环节，放宽降低验收标准，甚至不履行验收手续，导致工程质量及工程量失控，实际施工与设计存在出入	（1）编制配网项目质量管控实施方案，将隐蔽工程验收及关键节点旁站质量监督列入公司月度绩效管理。 （2）对涉及的土建施工隐蔽工程要求监理单位、业主单位、施工单位现场测量验收并留有影像资料。施工单位对隐蔽工程施工排定计划表上交业主和建设管理单位，业主、监理、施工按工程提交隐蔽工程旁站记录及影像资料，对未按要求执行的月度绩效扣罚。

续表

序号	风险名称	专业领域	表现形式	防控措施
12	隐蔽工程验收把关不严	生产建设	收受外包单位的好处，擅自利用职权在项目工程特别是隐蔽工程验收环节，放宽降低验收标准，甚至不履行验收手续，导致工程质量及工程量失控，实际施工与设计存在出入	（3）严格按照工程验收相关管理办法执行，建设管理单位已竣工投产项目，组织现场质量检查抽查工作。 （4）建立责任追究制度，发生问题严格落实每个签字人员的责任，并与绩效挂钩。同时，严格执行外包单位管理、考核和退出管理办法，对弄虚作假、偷工减料、以不正当手段谋取利益等行为严肃处理。 （5）定期施行岗位交流，降低风险概率
13	工程资金支付金额、进度与合同约定不一致，且缺少充分依据	生产建设	无故拖延或者拒绝按照合同约定执行支付款项，接受施工方好处后，允许不合规款项支付或者超比例支付情况发生	（1）严格按照预算水平控制费用支出，审核费用支出合理性、手续完备性、票据真实性。 （2）规范工程款支付审批流程，对工程款支付比例进行核实确认，规定业务处理时限。 （3）严格考核未按规定和合同约定支付工程款项情况
14	结算工程量与现场实际不符	生产建设	由于工程领域多元性、专业性强，增大了监管难度，在部分工程审核上把关不严。结算单位项目负责人未到现场核实项目内容，带队验收工程项目时流于形式，未能发现套取工程量或不符合工程要求等问题，造成资金流失	（1）对项目流程进行梳理和优化，落实专人对项目开展进行工程全过程管控。 （2）将项目实施与个人绩效进行挂钩，有效促进项目实施正确性
15	工程签证审核和结算不规范	生产建设	工程变更签证管理不规范，工程量、单价审核不严，导致工程量虚高，对分包结算工程量的审核不够准确，计价依据未充分参照分包合同约定方式进行结算，从中牟利	（1）加强工程量现场复核，审价单位建立复审机制、经营管理部建立分包结算抽查核对机制。 （2）严格贯彻落实《工程设计变更与现场签证实施细则》相关规定,强化对签证办理过程的监控、监督措施。 （3）完善分包签证管理制度，加强对分包签证的审核、审计

续表

序号	风险名称	专业领域	表现形式	防控措施
16	供应商履约能力核实不准确	招标采购	部分供应商缺乏诚信、夸大产能，在合同签订后可能存在无法按合同及时供货情况，需要履约专职与供应商联系，甚至延伸至供应商生产车间等场所进行核实。由于该岗位和供应商长期接触，存在接受供应商宴请、收受礼品等行为的廉洁风险，从而影响核实的准确性	（1）开展从业人员廉洁自律教育，组织签订廉洁从业承诺书，时刻警示该岗位从业人员。 （2）明确岗位轮岗时限，严格开展轮岗交流，健全制度机制，细化工作流程，并严格问责考核
17	对二、三级智能表库的运行维护厂家管理不规范	招标采购	利用职务之便虚假评价设备运行情况、厂家运维服务质量，蓄意增加智能表库的维护保养费用，向厂家人员吃拿卡要	（1）做好项目开竣工报告、施工结算书、监理日志、施工合同、资金支付凭证等基础管理工作。 （2）实行层级评价审核制度，结合年度厂家实际运维情况，从智能表库运行情况、运维及时率、运维质量、运维服务态度四个方面进行评价，做到公平公开公正
18	废旧物资及工程余料未应退尽退	招标采购	对分包工程材料领用和废旧物资处置未按规定制度进行全面管控，导致材料余量放大、废旧物资退库不实，从中牟利	（1）严格执行工程招标采购流程，工程物资需由项目各级管理人员层层审核。 （2）在工程结束后，组织纪检、工程技术部、物资部等相关部门联合开展废旧物资回收检查。 （3）强化工地物资储备管理，落实专门场地，常态化开展检查，做到“工完料尽场地清”。 （4）废旧物资处理过程及处理结果需公开，并需有项目现场管理人员、物资管理人员、施工队伍人员共同参加处理

续表

序号	风险名称	专业领域	表现形式	防控措施
19	员工出差虚开住宿发票	财务资产	员工出差过程中通过虚开住宿费发票的方式谋取额外的报销费用	修订完善《差旅费管理办法》，建立分层分级管控机制：班组长或部门负责人加强审核把关，员工选择住宿地时必须优先选择在携程网等平台可查询到的宾馆；财务部门加强专业审核，对出现异常情况或金额较大、时间较长的住宿费发票通过平台或直接电话联系宾馆进行核实；纪检机构定期抽查管控，严肃责任追究
20	到货物资的出库入库环节监督不到位	物资管理	到货物资质量参差不齐，到货物资抽检存在漏洞，缺少环节监督，个人将多余库存物资私设账外小仓库或利用职权不经请示外借库存物资，私自处理、出售废旧物资，从中谋取私利	（1）加强对现场到货物资抽检监督，组织抽检人员对入库物资和到施工现场的物资，按照规定比例进行抽检、送检，与检测方办理交接手续，监督人员全程进行现场监督。 （2）定期实施盘点制度，对过期、报废物资及时进行清理，以确保库存物资的质量。 （3）加强采购物资出库及运输管控，强化出库环节的审核监督，督促供应商重视运输包装，加强对运输方案的审核，重视加强库存物资转运、配送过程的安全管控
21	信息领域废旧物资管理不到位	物资管理	随着国家电网信息化深入发展和业务拓展规模达到新高度，对办公计算机需求量逐年递增，但对废旧计算机的管理存在薄弱环节，可能存在少报应报废数量，私自变卖谋利的风险	（1）根据计算机随运行年限增加运行速度下降特点，通过合理有效调配，将超期服役计算机按照不同岗位需求进行重新再分配以满足不同实际岗位需求。 （2）加强对拆除废旧计算机的监督管理，列出拆除清单，报废废旧计算机时，及时对应收数量、报废数量进行核实。 （3）对实施报废流程的岗位人员加强廉洁教育，提高拒腐防变能力

续表

序号	风险名称	专业领域	表现形式	防控措施
22	物业设施设备零星维修管理不规范	综合管理	过程管控不到位或缺失现场维修支撑材料，零星维修时实际安装配件与结算不一致，通过虚造维修内容而虚增结算费用，擅自处理具有回收价值的废旧物资	（1）完善物业零星维修管理流程，加强对维修过程的现场监督和验收，确保维修质量达标。 （2）设施设备维修前后状态要通过照片、视频等方式留档对比，清晰记录所更换配件的型号等关键信息和参数，并作为费用结算的依据。 （3）对更换的具有回收价值的配件一律回收入库并规范办理相关手续后统一处置
23	公务用车、生产用车管理不规范	综合管理	车辆维修及油料管理不到位，单车油料费超标，虚列维修项目，公车私用、私车公养、套取资金，购买私人物品	（1）利用国家电网统一车辆管理平台数据，按照单车油料核算标准审核车辆月百公里油耗，严格单车油料核算。 （2）车辆维修纳入年度招标，完善车辆维修台账、对车辆保修流程全过程监督，严格维修鉴定小组鉴定审核，对较大的拆换件要进行回收审查，维修费报销附保修审批单、材料及费用清单。 （3）据实派车，用车辆管理平台不定期 GPS 检查，加强车辆管理使用的全过程监督管控

第四章

重点岗位廉洁风险

第一节 本部部门重要岗位廉洁风险

1. 办公室（党委办公室）

岗位名称	**总经理助理兼办公室主任**	风险星级	四星
序号	重点廉洁风险	涉及领域	主要防控措施
1	擅自扩大招待范围、招待标准、会议规模及会议标准，违反八项规定	党风和作风建设	严格按照国家电网有限公司通用制度执行接待，严禁私自扩大会务、接待规模
2	三公经费审核把关不严，超标准发生	党风和作风建设	（1）严格执行会议管理办法、接待工作管理等有关制度要求，向各部门、单位明确经费使用标准，做好费用前置审批、报销把关。 （2）认真贯彻落实中央八项规定精神，严格执行公务用车、办公用房、因公出国（境）等方面制度，依托内部审计、检查团队进行不定期核查

岗位名称	**副主任**	风险星级	四星
序号	重点廉洁风险	涉及领域	主要防控措施
1	未经领导审批同意或未按照文件分发范围私自扩大阅知范围，或私自出借、违规处理文件	综合管理	（1）严格按照国家电网有限公司保密管理工作要求，做好公文的收发、保存、销毁等工作。 （2）办文工作按照“运行规范、优质高效”的原则，严把文件起草和发文关口，全面规范审批程序，按时快速履行发文程序
2	收受项目参建单位好处，在审核接收项目档案时降低要求	党风和作风建设	审核接收档案时严格按照制度标准规范，做好把关工作

岗位名称	**五级职员**	风险星级	三星
序号	重点廉洁风险	涉及领域	主要防控措施
1	擅自扩大招待范围、招待标准、会议规模及会议标准，违反八项规定	党风和作风建设	严格按照国家电网有限公司通用制度执行接待，严禁私自扩大会务、接待规模
2	未经领导审批同意或未按照文件分发范围私自扩大阅知范围，或私自出借、违规处理文件	综合管理	（1）严格按照国家电网有限公司保密管理工作要求，做好公文的收发、保存、销毁等工作。 （2）办文工作按照“运行规范、优质高效”的原则，严把文件起草和发文关口，全面规范审批程序，按时快速履行发文程序
3	对合同条款审核把关不严，造成企业损失	综合管理	（1）严格执行法律法规及上级文件要求。 （2）加强合同审核管理水平，加大培训力度，严格遵守国家法律法规及国家电网有限公司合同管理相关制度

岗位名称	**档案管理专职**	风险星级	三星
序号	重点廉洁风险	涉及领域	主要防控措施
1	收受项目参建单位好处，在审核接收项目档案时降低要求	党风和作风建设	审核档案时严格按照制度标准规范检查，履行材料退回整改及加扣分，有依有据做好把关工作
2	制定档案工作考核细则不合理，影响考核的公正性	综合管理	制定档案考核细则严格按照各单位实际情况，责任领导做好把关工作。 每次检查档案工作时由不同专职进行轮换
3	违反档案管理规定，私自将档案借出、借阅，给单位带来不利影响，或未按规定保管文档资料，导致资料丢失、损毁、泄密	综合管理	严格按档案管理规定保管、出借档案，严格按档案密级管理涉密档案

岗位名称	**党务专职**	风险星级	三星
序号	重点廉洁风险	涉及领域	主要防控措施
1	未经领导审批同意或未按照文件分发范围私自扩大阅知范围，或私自出借导致信息外泄	综合管理	（1）严格按照国家电网有限公司保密管理工作要求，做好公文的收发、保存、销毁等工作。（2）办文工作按照“运行规范、优质高效”的原则，严把文件起草和发文关口，全面规范审批程序，按时快速履行发文程序
2	未按要求和程序接访处置信访人员，造成一定影响	综合管理	严格按照新修订的《信访工作条例》文件要求，履行接访程序，做好风险预警和隐患排查

2. 发展部策划部

岗位名称	**主任、副主任**	风险星级	四星
序号	重点廉洁风险	涉及领域	主要防控措施
1	向有关人员透露公司规划选址选线路径方案	生产建设	严格按照公司保密制度规定，遵守职业操守，联合政府相关职能部门做好站址廊道保护
2	在组织电网发展系列规划编制过程中，质量监督过程把关不严	生产建设	根据省公司电网规划编制要求，对规划编制情况实时跟踪，引导规划编制符合质量监督过程、符合政府规划布局
3	规划设计、可研未按规定执行相关管理要求	生产建设	对规划设计、可研等严格审核把关，按照国家、电力行业标准等相关规定完成项目批复

岗位名称	**主网规划专职**	风险星级	三星
序号	重点廉洁风险	涉及领域	主要防控措施
1	向有关人员透露主网规划选址选线路径方案	生产建设	严格按照公司保密制度规定，遵守职业操守，联合政府相关职能部门做好站址廊道保护
2	在组织主网发展系列规划编制过程中，质量监督过程把关不严	生产建设	根据省公司电网规划编制要求，对规划编制情况实时跟踪，引导规划编制符合质量监督过程、符合政府规划布局
3	主网规划设计未按规定执行相关技术管理要求	生产建设	对规划设计等严格审核把关，按照国家、电力行业标准等相关规定完成项目批复

岗位名称	**配网规划专职**	风险星级	三星
序号	重点廉洁风险	涉及领域	主要防控措施
1	向有关人员透露配网规划选址选线路径方案	生产建设	严格按照公司保密制度规定，遵守职业操守，联合政府相关职能部门做好站址廊道保护
2	在组织配网发展系列规划编制过程中，质量监督过程把关不严	生产建设	根据省公司配电网规划编制要求，对规划编制情况实时跟踪，引导规划编制符合质量监督过程、符合政府规划布局
3	配网规划设计、配网可研未按规定执行相关技术管理要求	生产建设	对规划设计、可研等严格审核把关，按照国家、电力行业标准等相关规定完成项目批复

岗位名称	**前期管理专职**	风险星级	三星
序号	重点廉洁风险	涉及领域	主要防控措施
1	向有关人员透露主网规划选址选线路径方案	生产建设	严格按照公司保密制度规定，遵守职业操守，联合政府相关职能部门做好站址廊道保护
2	项目前期流程管控不严	生产建设	建立项目前期全流程管控机制，协调建设等专业管理环节，加强项目前期流程的审核把关
3	主网可研未按规定执行相关技术管理要求	生产建设	对可研等严格审核把关，按照国家、电力行业标准等相关规定完成项目批复

岗位名称	**新能源接入专职**	风险星级	三星
序号	重点廉洁风险	涉及领域	主要防控措施
1	向有关人员透露新能源规划选址选线路径方案	生产建设	严格按照公司保密制度规定，遵守职业操守，联合政府相关职能部门做好站址廊道保护
2	在组织新能源接入系统评审过程中，质量监督过程把关不严	生产建设	根据省公司电网接入系统相关要求，对接入方案评审情况实时跟踪，引导接入方案符合质量监督过程、符合政府规划布局

3. 人力资源部（党委组织部）

岗位名称	**主任**	风险星级	四星
序号	重点廉洁风险	涉及领域	主要防控措施
1	干部考察流于形式	人力资源	（1）严格执行任前就考察对象的党风廉政情况书面征求纪检监察部门意见工作制度防控部门意见工作制度。 （2）严格执行回避制度，全面记录谈话内容；完善计票和监督工作流程；考察组集体审核、评议考察报告，并签署意见。 （3）领导人员考察工作中所形成的资料和材料按规定存档备查。 （4）严格执行领导人员考察任用程序，真正做到领导人员提拔人选的档案“凡提必审”，个人有关事项报告“凡提必核”纪检监察意见“凡提必听”，线索具体的信访举报“凡提必查”
2	领导人员讨论决定与任职不合规	人力资源	（1）严禁以总经理办公会、党政联席会取代党组、党委会研究领导人员问题。 （2）讨论决定领导人员任免事项，必须有三分之二以上党组、党委成员到会。 （3）讨论决定领导人员任免事项，必须保证与会成员有足够时间听取情况介绍、充分发表意见；在充分讨论的基础上，采取口头表决、举手表决或者无记名投票等方式进行表决，以应到会成员超过半数同意形成决定；严格执行主要领导末位表态制度。 （4）提拔任职的领导人员，必须实行一年的试用期。试用期满必须严格履行考核程序

岗位名称	**副主任**	风险星级	三星
序号	重点廉洁风险	涉及领域	主要防控措施
1	违反薪酬分配和绩效考核制度，擅自更改绩效考核数据或相关人员的工资、奖金金额	人力资源	（1）认真执行劳动工资和劳动保障方面法律、法规及规章制度，根据相关文件精神和上级指示，制定、修改职工工薪管理方案，并组织实施和检查落实情况。 （2）严格执行上级薪酬管理办法，严格落实薪酬计发有依据、有交叉审核、有审批的相关规定

续表

岗位名称	**副主任**	风险星级	三星
序号	重点廉洁风险	涉及领域	主要防控措施
2	轮岗制度执行不到位，关键岗位人员未按规定年限交流轮换或交流不彻底	人力资源	（1）严格执行《国网浙江省电力有限公司关键岗位人员交流管理办法》(浙电规〔2020〕2号)的通知要求，按规范实行岗位轮换。 （2）纪检部门落实再监督职能

岗位名称	**五级职员**	风险星级	三星
序号	重点廉洁风险	涉及领域	主要防控措施
1	教育培训费列支不规范	人力资源	加强教育培训的组织和实施，明确费用报销流程，严格执行国家电网有限公司教育培训费定额标准，确保培训费用列支合理合规

岗位名称	**人才评价管理专职**	风险星级	三星
序号	重点廉洁风险	涉及领域	主要防控措施
1	人才选拔不规范，选拔过程中对材料核查不严、选拔程序不规范、未执行公示、回避制度	人力资源	（1）加强组织管理，按照文件要求严格审查参选职工的基本条件和业绩条件。 （2）加强对各类人才评价选拔的过程监督，完善信息化管理手段。 （3）严格选拔程序，确保公开、公平、公正

岗位名称	**社会保险管理专职**	风险星级	三星
序号	重点廉洁风险	涉及领域	主要防控措施
1	未能及时为员工参加各项社会保险及其他保障；缴纳基数计算错误，损害职工权益；审核不严格	人力资源	（1）认真核实人员变动情况，及时做好人员参保调整工作。 （2）每年的缴费基数必须由职工本人签字确认。 （3）严格审核员工各类保障
2	接受供应商宴请或其他物资馈赠	党风和作风建设	（1）组织相关人员签订廉洁自律承诺书。 （2）进行廉政教育和廉政谈心谈话

岗位名称	**教育培训专职**	风险星级	三星
序号	重点廉洁风险	涉及领域	主要防控措施
1	培训费用报销审核把关不严	财务资产	（1）加强组织领导，规范报销工作流程，建立国网舟山供电公司内培班台账归档、费用报销事项制度。 （2）加强监督，定期开展回头看工作

岗位名称	**员工管理专职**	风险星级	三星
序号	重点廉洁风险	涉及领域	主要防控措施
1	不严格执行录用计划，擅自超范围、超标准录入毕业生	人力资源	（1）严格执行录用标准及资格信息审查。 （2）严格执行上级员工入口管理相关实施办法，落实毕业生录用计划
2	未制定新进员工分配原则或方案，视亲疏安排工作岗位	人力资源	（1）严格按规定编制、审核和上报毕业生招聘计划，防止指向性明显的计划。 （2）严格按规定组织人员入职分配

岗位名称	**领导人员管理专职**	风险星级	三星
序号	重点廉洁风险	涉及领域	主要防控措施
1	领导人员动议推荐不合规	人力资源	（1）严禁动议提名不符合任职条件的领导人员。 （2）严格行任公示规定。 （3）规范受理公示期投诉举报，及时反馈处理结果

岗位名称	**绩效管理专职**	风险星级	三星
序号	重点廉洁风险	涉及领域	主要防控措施
1	未严格按考评标准执行，考核松紧度不一	人力资源	加强内部管控，同时建立绩效考核公示、申诉制度

岗位名称	**薪酬管理专职**	风险星级	三星
序号	重点廉洁风险	涉及领域	主要防控措施
1	职工的调资工作不按照规章制度进行	人力资源	保持细致、严谨作风。坚持原则，严格按工作流程、规章制度办事
2	在职工考勤及违反劳动纪律处理不公正	人力资源	（1）严格遵守《中华人民共和国劳动法》及有关劳动人事规章制度，秉公办事，严格按照有关规定进行办理，不徇私情，不谋私利。 （2）坚持原则，严格按工作流程、规章制度办事

4. 财 务 资 产 部

岗位名称	**财务部主任**	风险星级	五星
序号	重点廉洁风险	涉及领域	主要防控措施
1	违反决策和审批程序支出预算外资金或超权限批准资金支出	财务资产	（1）严格按照预算批准的付款项目、额度及时间安排资金支出，对于确需追加支付的未列入预算的资金，履行相关预算调整程序后办理支付。 （2）不定期开展专项检查
2	未履行决策和审批程序对外担保、捐赠、出借资金	财务资产	（1）严格按规定履行对外担保、捐赠、出借资金相关决策审批程序。 （2）严格审批所属单位的超比例担保事项，规范担保决策、审批流程。 （3）非经总部同意，不将输电费收益权、电费收益权进行质押

岗位名称	**财务部副主任**	风险星级	五星
序号	重点廉洁风险	涉及领域	主要防控措施
1	违反决策和审批程序支出预算外资金或超权限批准资金支出	财务资产	（1）严格按照预算批准的付款项目、额度及时间安排资金支出，对于确需追加支付的未列入预算的资金，履行相关预算调整程序后办理支付。 （2）不定期开展专项检查
2	主管或负责工作流程中的风险预控不到位	财务资产	（1）严格执行相关规章制度。 （2）定期对费用核算、工程资产、电费电价、税务管理等工作开展检查

岗位名称	**经营组组长**	风险星级	四星
序号	重点廉洁风险	涉及领域	主要防控措施
1	实际资金收支与月度现金流量预算安排有差异	财务资产	（1）严格按照月度现金流量预算组织资金收支，控制支付风险。 （2）增强资金保障能力，提高资金使用效率。 （3）月度绩效进行考评

岗位名称	**核算组组长**	风险星级	四星
序号	重点廉洁风险	涉及领域	主要防控措施
1	费用报销审核不到位	财务资产	严格按相关规章制度开展费用报销审核工作
2	备用金审批程序不规范、借支理由不充分	财务资产	严格履行审批手续，按照“一事一借，清旧借新”的原则办理借款，原则上一个月之内办理报销或还款，一般不跨年
3	变通列支福利性、工资性支出	财务资产	（1）严格福利费开支范围，规范福利费核算。 （2）定期开展福利费支出合规性检查

岗位名称	**工程组组长**	风险星级	四星
序号	重点廉洁风险	涉及领域	主要防控措施
1	资产报废、出租、转让程序不规范、不合理	财务资产	（1）对公司资产的出租、转让等行为按规定进行资产评估，确保价格的公允性。 （2）协同物资部门做好报废资产的统一管理和处置
2	工程业务审核把关不严	财务资产	（1）严格按照工程财务资产相关规章制度，提升工程核算的规范性。 （2）严格执行项目竣工决算审计制度，及时发现项目管理过程中存在的廉洁风险点

岗位名称	**综合组组长**	风险星级	三星
序号	重点廉洁风险	涉及领域	主要防控措施
1	财务稽核不深入，风险防控不到位	财务资产	（1）严格落实相关制度规定。 （2）利用大数据平台，常态化开展内控自查自纠。 （3）不定期开展专项检查

岗位名称	**电费电价管理**	风险星级	三星
序号	重点廉洁风险	涉及领域	主要防控措施
1	电费及业务费退费不规范	财务资产	（1）严格落实相关制度规定。 （2）不定期开展自查自纠工作

岗位名称	**成本费用管理**	风险星级	三星
序号	重点廉洁风险	涉及领域	主要防控措施
1	差旅费管理不规范	财务资产	（1）严格执行《国家电网有限公司差旅费管理办法》。 （2）定期开展检查，尤其是电子附件管理，确保差旅费报销附件的完整性、规范性
2	专家费发放不规范	财务资产	（1）重点检查专家费发放标准，不超支发放。 （2）参照《国家电网公司原始凭证管理办法》对专家费凭证附件进行检查
3	业务外委不规范	财务资产	（1）强化合同审核，认真审核合同金额、使用税率、组价依据、结算方法等要素，确保合同合法合规。 （2）严格执行《国家电网有限公司会计基础管理办法》[国网（财/2）350—2018]，规范核算外委费用

岗位名称	**税务薪酬管理**	风险星级	三星
序号	重点廉洁风险	涉及领域	主要防控措施
1	各项税费列支不规范	财务资产	（1）严格落实相关制度规定。 （2）利用大数据平台，常态化开展税务自查。 （3）不定期开展专项检查

岗位名称	**资产产权管理**	风险星级	三星
序号	重点廉洁风险	涉及领域	主要防控措施
1	合同管理审核把关不严，出现合同倒签等不规范行为	综合管理	（1）强化合同审核，认真审核合同金额、使用税率、组价依据、结算方法及签订时间等要素，对不符合要求的一律回退修改。 （2）应用大数据技术，不定期开展合同倒签核查工作

续表

岗位名称	**资产产权管理**	风险星级	三星
序号	重点廉洁风险	涉及领域	主要防控措施
2	资产出租、转让程序不规范、不合理，导致出租、转让价格过低或无偿占用等情况	财务资产	（1）企业产权、固定资产对外转让等按规定进行资产评估、合理定价。 （2）归口物资部门统一处置已报废固定资产，应采取公开拍卖出售
3	工程业务审核不严格	财务资产	（1）严格通过信息化系统管理公司项目，并及时备案和核准。 （2）严格执行项目竣工决算审计，及时发现项目管理过程中存在的廉洁风险点

岗位名称	**物资及培训管理**	风险星级	三星
序号	重点廉洁风险	涉及领域	主要防控措施
1	培训费审核把关不严	财务资产	（1）严格落实相关制度规定。 （2）不定期开展培训费专项检查

岗位名称	**主网项目管理**	风险星级	三星
序号	重点廉洁风险	涉及领域	主要防控措施
1	未严格按合同约定支付资金	财务资产	（1）严格落实相关制度规定。 （2）不定期开展项目资金专项检查
2	工程结决算依据不充分	生产建设	加强工程结算审批管理，严格按规章制度执行

岗位名称	**配网管理**	风险星级	三星
序号	重点廉洁风险	涉及领域	主要防控措施
1	未严格按合同约定支付资金	财务资产	（1）严格落实相关制度规定。 （2）不定期开展项目资金专项检查
2	工程结决算依据不充分	生产建设	加强工程结算审批管理，严格按规章制度执行

岗位名称	**现金管理**	风险星级	三星
序号	重点廉洁风险	涉及领域	主要防控措施
1	资金支付手续不齐全	财务资产	严格检查资金支付各要素是否齐全
2	不相容岗位未分离	财务资产	严格执行回避制度，资金管理不相容岗位按规定分离

岗位名称	**资金管理**	风险星级	三星
序号	重点廉洁风险	涉及领域	主要防控措施
1	超安全备用额度留存资金	财务资产	（1）严格执行收支两条线管理。 （2）利用大数据平台，合理预测资金收支。 （3）强化资金预算收支预测考核。 （4）深入学习相关制度规定并严格落实
2	未经批准在金融机构开立单位银行账户	财务资产	严格落实银行账户管控标准，严控开户范围和开户数量，加强本单位及所属单位银行账户审批备案管理

岗位名称	**综合管理**	风险星级	三星
序号	重点廉洁风险	涉及领域	主要防控措施
1	资金二次审核把关不严	财务资产	严格遵守财务纪律，认真开展资金支付审核

5. 运 维 检 修 部

岗位名称	**运维检修部主任、副主任**	风险星级	五星
序号	重点廉洁风险	涉及领域	主要防控措施
1	合同签订审核不规范	综合管理	（1）加大对合同管理的监督、检查和考核力度，引导业务人员依法合规开展工作，推动合同签订规范管理。 （2）强化合同管理的法律意识和风险意识，提高合同的审核把关能力。 （3）加强工程项目全过程的监督检查。 （4）加强工程建设、招投标等重点领域监督，防范领导干部干预、插手工程项目等问题

续表

岗位名称	**运维检修部主任、副主任**	风险星级	五星
序号	重点廉洁风险	涉及领域	主要防控措施
2	项目招标采购、执行管控不严	招标采购	(1)切实落实“三重一大”“一岗双责”有关工作要求，不违反规定干预物资采购、项目管理等方面事项。 (2)严格执行招投标有关规定，杜绝应招未招、指定供应商等违反纪律事件发生
3	工程验收管理不规范，规避工程缺陷，降低验收标准	生产建设	(1)加强对所辖工程验收管理工作的监督、检查、指导、考核。 (2)认真执行国家电网有限公司质量制度、标准，编制年度基建质量管理工作策划方案并组织落实。 (3)强化施工过程管理，加强对隐蔽工程及施工各阶段验收等关键环节的质量管控
4	竣工验收把关不严，未依规核减多报工程量	生产建设	(1)提高员工业务素质，培育员工设计审图能力，确保工程初设规模与实际工程量吻合，同时避免外施单位虚报变更工程和扩大工程量。 (2)竣工资料严格进行现场核对，履行相关验收程序。 (3)建立责任追究制，发生问题，严格按照每个环节的签字人员追究相应责任，并与绩效挂钩，情节严重者，报公司纪委备案处理

岗位名称	**工器具、仪器仪表及生产车辆管理**	风险星级	四星
序号	重点廉洁风险	涉及领域	主要防控措施
1	工器具、施工设备私自出借，牟取私利	物资管理	(1)严格根据工作内容，加强工器具领用合理性检查。 (2)完善工器具使用管理，建立工器具使用台账，录入工器具管控系统，定时核实工器具归还情况

续表

岗位名称	**工器具、仪器仪表及生产车辆管理**	风险星级	四星
序号	重点廉洁风险	涉及领域	主要防控措施
2	生产车辆用车管理不严，存在“公车私用、私车公养、违规入禁”，不按车辆管理流程办理出车手续等情况	党风和作风建设	（1）加强运行使用管理，按照集中管理、统一调度的原则，严格生产用车和公务用车使用界限，规范派车审批流程，严格执行带工单出行，严禁将企业用车配备到个人或部门，严禁未经审批出车、违规停放、违规接送领导上下班、公车私用等。 （2）加强车辆信息化管控，推广应用公司统一车辆管理平台，实现生产车辆购置、租赁、运行、费用、处置、监督管理全过程规范管理，严禁私自拆除或拔下车载终端设备，加强运行维护，确保在线监控，强化台账数据维护，及时更新车辆信息

岗位名称	**大修项目管理专职**	风险星级	五星
序号	重点廉洁风险	涉及领域	主要防控措施
1	物资到货验收不严	生产建设	严把物资到货验收关，做到账实一致
2	对项目过程管控不严	生产建设	（1）加强工程费用使用情况的稽核和监督检查。 （2）加强对所辖工程验收管理工作的监督、检查、指导、考核
3	授权采购事前审批和事后审查不严	招标采购	做好事前审批和事后审查，明确授权采购业务流程，确保授权采购工作可控

岗位名称	**配电自动化专职**	风险星级	四星
序号	重点廉洁风险	涉及领域	主要防控措施
1	物资到货验收不严	生产建设	严把物资到货验收关，做到账实一致
2	工程验收把关不严，规避工程缺陷、降低验收标准	生产建设	加强对所辖工程验收管理工作的监督、检查、指导、考核

岗位名称	**变电运维专职**	风险星级	四星
序号	重点廉洁风险	涉及领域	主要防控措施
1	工程验收管理不规范，规避工程缺陷，降低验收标准	生产建设	（1）加强对所辖工程验收管理工作的监督、检查、指导、考核。 （2）认真执行国家电网有限公司质量制度、标准，编制年度基建质量管理工作策划方案并组织落实。 （3）强化施工过程管理，加强对隐蔽工程及施工各阶段验收等关键环节的质量管控

岗位名称	**柔直运维检修管理专职**	风险星级	四星
序号	重点廉洁风险	涉及领域	主要防控措施
1	合同签订审核不规范	综合管理	（1）加大对合同管理的监督、检查和考核力度，引导业务人员依法合规开展工作，推动合同签订规范管理。 （2）强化合同管理的法律意识和风险意识，提高合同的审核把关能力。 （3）加强工程项目全过程的监督检查
2	工程签证管控不严，现场变更无相关手续	生产建设	（1）设计变更文件应说明工程名称、变更的卷册号及图号、变更原因、变更提出方、变更内容、变更工程量及费用变化金额，并附变更图纸。 （2）涉及费用变化的设计变更，必须附有变更工程量清单和变更费用计算书。对于工程量签字不全的，不规范的，结算审价不予通过。 （3）对于未经审批进行现场设计变更的将严肃考核

岗位名称	**工程技经专职**	风险星级	四星
序号	重点廉洁风险	涉及领域	主要防控措施
1	运检项目费用支出不规范，从中牟取私利	生产建设	（1）加强监督，对不能严格按规章制度办事的责任人，依法依纪追究相关责任。 （2）落实国网公司、省公司运检项目管理要求，结合实际情况制定项目经费、合同结算等管理指导文件，规范管理流程。 （3）认真核对费用支出实际，利用 SAP 和财务系统加强费用支出监控

岗位名称	**工程技经专职**	风险星级	四星
序号	重点廉洁风险	涉及领域	主要防控措施
2	结算工作量与实际不符	生产建设	（1）严格以工程实际工作量为基准，以合同结算条款为依据进行工程结算，并做好检查验收记录，发现问题及时向上级部门反映。 （2）建立责任追究制度，发生问题，严格落实负责人员的责任，并且与绩效挂钩
3	工程签证管控不严，设计变更与现场签证手续不规范	生产建设	（1）设计变更文件应说明工程名称、变更的卷册号及图号、变更原因、变更提出方、变更内容、变更工程量及费用变化金额，并附变更图纸。 （2）现场签证应详细说明工程名称、签证事项内容，并附相关施工措施方案、纪要或协议、支付凭证、照片、示意图、工程量及签证费用计算书等支撑性材料。 （3）设计变更与现场签证未按规定履行审批手续，其增加的费用不得纳入工程结算

岗位名称	**输电运检专职**	风险星级	四星
序号	重点廉洁风险	涉及领域	主要防控措施
1	工程验收管理不规范，规避工程缺陷，降低验收标准	生产建设	（1）加强对所辖工程验收管理工作的监督、检查、指导、考核。 （2）认真执行国家电网有限公司质量制度、标准，编制年度基建质量管理工作策划方案并组织落实。 （3）强化施工过程管理，加强对隐蔽工程及施工各阶段验收等关键环节的质量管控
2	工程签证管控不严，现场变更无相关手续	生产建设	（1）设计变更文件应说明工程名称、变更的卷册号及图号、变更原因、变更提出方、变更内容、变更工程量及费用变化金额，并附变更图纸。 （2）涉及费用变化的设计变更，必须附有变更工程量清单和变更费用计算书。对于工程量签字不全的，不规范的，结算审价不予通过。 （3）对于未经审批进行现场设计变更的将严肃考核

续表

岗位名称	**输电运检专职**	风险星级	四星
序号	重点廉洁风险	涉及领域	主要防控措施
3	竣工验收把关不严，未依规核减多报工程量	生产建设	（1）提高员工业务素质，培育员工设计审图能力，确保工程初设规模与实际工程量吻合，同时避免外施单位虚报变更工程和扩大工程量。 （2）竣工资料严格进行现场核对，履行相关验收程序。 （3）建立责任追究制，发生问题，严格按照每个环节的签字人员追究相应责任，并与绩效挂钩，情节严重者，报公司纪委备案处理

岗位名称	**运检绩效及综合管理专职**	风险星级	三星
序号	重点廉洁风险	涉及领域	主要防控措施
1	电网实物资产管理不到位，资产出租、转让程序不规范、不合理，导致出租、转让价格明显偏低	财务资产	（1）加强电网实物资产管理及相关培训，规范电网资产退役再利用操作流程。 （2）企业产权、固定资产对外转让等按规定进行资产评估、合理定价

岗位名称	**配网运行抢修专职**	风险星级	四星
序号	重点廉洁风险	涉及领域	主要防控措施
1	每月对两区两县配网运行抢修对标考核时弄虚作假	生产建设	引入供电服务指挥中心负责对标数据的抽取，并将数据、申诉材料、加分材料等全过程资料下发两区两县公司核对和互相监督，实现全过程透明化、可视化，消除人为干扰风险
2	运维管理中设备故障管理不严，未按要求对疑似设备质量引发故障问题进行分析、送检，未对责任供应商进行追责处理	生产建设	强化现场设备故障管理，严格要求运行人员做好设备故障管理，对疑似设备质量问题引发配网故障安排送专业机构检测，并根据检测结果做好供应商的约谈和追责

岗位名称	**检修管理专职**	风险星级	四星
序号	重点廉洁风险	涉及领域	主要防控措施
1	工程验收管理不规范，规避工程缺陷，降低验收标准	生产建设	（1）加强对所辖工程验收管理工作的监督、检查、指导、考核。 （2）认真执行国家电网有限公司质量制度、标准，编制年度基建质量管理工作策划方案并组织落实。 （3）强化施工过程管理，加强对隐蔽工程及施工各阶段验收等关键环节的质量管控

岗位名称	**技改项目管理专职**	风险星级	五星
序号	重点廉洁风险	涉及领域	主要防控措施
1	工程验收管理不规范，规避工程缺陷，降低验收标准	生产建设	（1）加强对所辖工程验收管理工作的监督、检查、指导、考核。 （2）认真执行国家电网有限公司质量制度、标准，编制年度基建质量管理工作策划方案并组织落实。 （3）强化施工过程管理，加强对隐蔽工程及施工各阶段验收等关键环节的质量管控

6. 市场营销部（农电工作部）

岗位名称	**市场营销部主任**	风险星级	五星
序号	重点廉洁风险	涉及领域	主要防控措施
1	利用职务之便为客户受电工程供电方案答复、竣工验收、营销项目招投标、有序用电方案编制等环节提供便利	营销服务	严格按照国家有关规定、行业标准及相关的管理办法开展各项工作
2	擅自为客户减免高可靠性供电费、电费违约金等	营销服务	加强用户高可靠性供电费用管理，电费违约金管理，定期开展业务费收取准确性核查
3	违规插手并网电厂接入	营销服务	加强对并网电厂的日常管理，严格执行国家电价政策，不得变相降低电厂上网电价标准
4	擅利用职务之便，违规窃取客户资料等手段谋取私利	营销服务	严格按照《国家电网有限公司供电服务“十项承诺”（试行）》规范客户信息收集应用，保护客户信息，准确维护客户基础信息

岗位名称	**市场营销部副主任**	风险星级	五星
序号	重点廉洁风险	涉及领域	主要防控措施
1	利用职务之便为客户受电工程供电方案答复、竣工验收、营销项目招投标、有序用电方案编制等环节提供便利	营销服务	严格按照国家有关规定、行业标准及相关的管理办法开展各项工作
2	擅自为客户减免高可靠性供电费、电费违约金等	营销服务	加强用户高可靠性供电费用管理，电费违约金管理，定期开展业务费收取准确性核查
3	不按规定结算并网电厂电量、电费	营销服务	按照与非统调电厂的结算关系及时签订购售合同，杜绝无合同购电。签订购售电合同可采用年度合同或长期合同加补充协议的形式
4	违规延长临时用电期限	营销服务	严格拟写并签订临时供用电合同，临时用电期限除经供电企业准许外，一般不得超过六个月，逾期不办理延期或永久性正式用电手续的，供电企业应终止供电
5	利用职务之便，违规窃取客户资料等手段谋取私利	营销服务	严格按照《国家电网有限公司供电服务“十项承诺”（试行）》规范客户信息收集应用，保护客户信息，准确维护客户基础信息

岗位名称	**营业业务管理岗位**	风险星级	五星
序号	重点廉洁风险	涉及领域	主要防控措施
1	多头受理、业扩报装流程各环节间缺乏有效监督制约	营销服务	受理阶段，严格客户房屋或土地合法使用证明、身份证明、产权证明等资料审查，杜绝多头受理情况
2	利用他人户号为客户办理新装用电业务	营销服务	加大营配贯通数据运用，利用营销 2.0 后台数据库稽查和信息化手段，清理冗余数据，逐步消除有户无表、有表无户现象
3	泄露客户用电工程相关信息	营销服务	加强对外泄露客户个人信息及商业秘密的单位、个人的责任追究
4	放宽或提高验收标准，未组织竣工验收或验收不合格就送电	营销服务	严格按照技术要求开展竣工验收： （1）竣工检验时，应按照国家、电力行业标准、规程和客户竣工报验资料，对受电工程进行全面检验。对于发现缺陷的，应以受电工程竣工检验意见单形式一次性告知客户，复验合格后方可接电。

续表

岗位名称	**营业业务管理岗位**	风险星级	五星
序号	重点廉洁风险	涉及领域	主要防控措施
4	放宽或提高验收标准，未组织竣工验收或验收不合格就送电	营销服务	（2）验收重点项目应为：线路架设或电缆敷设；高、低压盘（柜）及二次接线检验；继电保护装置及其定值；配电室建设及接地检验；变压器及开关试验；环网柜、电缆分支箱检验；中间检查记录；电力设备入网交接试验记录；运行规章及入网工作人员资质检验；安全措施检验等
5	不按规定确定、收取、退还临时接电费或违约	营销服务	强化 SG186 系统监控功能，实现对临时用电客户全程在线监控，严防业务线下流转
6	违规延长临时用电期限	营销服务	严格拟写并签订临时供用电合同，临时用电期限除经供电企业准许外，一般不得超过六个月，逾期不办理延期或永久性正式用电手续的，供电企业应终止供电
7	不按规定装设电能设计装置	营销服务	强化临时接电费、违约金的收支管控。加强员工管理，廉洁教育，一经发现从严从重处理；规范电费抄核流程，市场化用户不允许手工录入电量，核算员特别注意各类电量异常原因
8	供电公司员工与售电公司勾结，当月故意造成电量差错，造成虚假电量帮助售电公司逃避月度电量偏差考核	营销服务	市场化用户电量电费退补需详细描述原因，提供现场照片，用户、售电公司书面同意方可发起

岗位名称	**需求侧管理、地方电厂管理岗位**	风险星级	五星
序号	重点廉洁风险	涉及领域	主要防控措施
1	违规插手并网电厂接入	营销服务	加强对并网电厂的日常管理，严格执行国家电价政策，不得变相降低电厂上网电价标准
2	不按规定结算并网电厂电量、电费	营销服务	按照与非统调电厂的结算关系及时签订购售合同，杜绝无合同购电。签订购售电合同可采用年度合同或长期合同加补充协议的形式

续表

岗位名称	**需求侧管理、地方电厂管理岗位**	风险星级	五星
序号	重点廉洁风险	涉及领域	主要防控措施
3	可调节负荷资源普查不准确，普查对象不符合要求，可参与调节的用户及相关设备未纳入普查范围、不适合参与的用户被纳入普查，用户可调节设备信息普查漏填、错填，未真实填写	营销服务	严格按照《电力需求响应工作规范（试行）》相关要求，根据不同用户的负荷性质，用电设备调控方式、策略、时间等，构建精准的用户可调节负荷普查信息
4	可调节负荷资源库建设管控不到位，可调节负荷资源库建设的负荷量不足，未达到当地最大负荷 5%以上的要求	营销服务	可调节负荷资源池负荷量要符合《电力需求响应工作两年行动计划》相关要求
5	补贴计算发放管理不到位，需求响应结束后，未人工校核系统计算出现的偏差；补贴结果公示、发放未及时告知用户	营销服务	需求响应终端设备应符合质量标准和技术规范，应在方案编制、安装施工、设备联调、验收等环节由有资质的专业人员参与和实施，保障工程质量可靠
6	优先保障和重点限制用户管理不严格，方案编制时未将重要用户和保障用户剔除	营销服务	方案编制应充分考虑所有用户性质，并进行分类。重要用户、民生相关用户优先保障，排在有序用电最后一级或者剔除

岗位名称	**“互联网+”、客户服务管理岗位**	风险星级	三星
序号	重点廉洁风险	涉及领域	主要防控措施
1	“首问负责制”落实不到位，未及时为客户提供准确的联系人、联系电话和地址，未快速衔接，存在互相推诿、搪塞和怠慢的现象，导致客户“多头跑”	营销服务	（1）积极培育服务理念，树立全员服务、主动服务意识，对客户的诉求不推诿、不拒绝，真心实意为客户着想。 （2）严格按照《国家电网有限公司供电服务“十项承诺”（试行）》规范客户信息收集应用，保护客户信息，准确维护客户基础信息

岗位名称	**“互联网+”、 客户服务管理岗位**	风险星级	三星
序号	重点廉洁风险	涉及领域	主要防控措施
2	擅自变更或泄露客户信息，擅自变更客户信息，导致客户基础信息不准确，引发各类服务通知错发；违规泄露客户电量电费、联系信息等客户资料；利用职务之便，违规窃取客户资料，通过积分套现等手段谋取私利	营销服务	严格按照《国家电网有限公司供电服务“十项承诺”（试行）》规范客户信息收集应用，保护客户信息，准确维护客户基础信息

岗位名称	**稽查、综合管理岗位**	风险星级	五星
序号	重点廉洁风险	涉及领域	主要防控措施
1	利用职务之便，透露客户信息，从中捞取好处	营销服务	严守公司保密制度，按照公司保密要求做好客户信息保密，不向外泄露客户信息
2	开展稽查过程过程中对发现的问题为客户提供便利，未按要求进行整改	营销服务	加强反腐倡廉教育和遵章守纪教育，提高拒腐防变意识和能力，自觉践行廉洁从业各项规定

岗位名称	**营销项目、 智能用电管理岗位**	风险星级	五星
序号	重点廉洁风险	涉及领域	主要防控措施
1	项目提资不准确，提资阶段数据未按照实际情况、实际需求进行提报	营销服务	加强项目提资过程的内部审核把关，落实编报及审核责任
2	可研评审不到位，可研评审中未对项目必要性、建设方案可行性、效益分析进行把关，未按照估算定额、公司投资负面清单等约束条件进行控制	营销服务	项目后评价过程中发现的因评审不到位引起的问题及时总结，避免后续评审过程中出现类似问题;对于未落实场地等关键要素的项目不应组织初步设计评审

续表

岗位名称	**营销项目、智能用电管理岗位**	风险星级	五星
序号	重点廉洁风险	涉及领域	主要防控措施
3	擅自超出项目概算，营销项目在实施过程中擅自超出项目概算（预算）10%时，未按照初步设计评审程序重新进行评审；项目未按规定程序完成项目评审、批复即开展招标采购等项目实质性的工作	营销服务	加强实施过程中的成本跟踪和分析，及时提出成本控制策略；客观原因造成的超概，及时向项目初设（实施方案）批复单位提请评审
4	中标通知书发出后30日内未完成合同签订	营销服务	合同管理部门跟踪合同及时签订情况
5	合同中约定的应由甲方供应的物资擅自改变为由乙方供应	营销服务	合同缔结过程中充分考虑甲方物资供应能力，合理确定乙供物资范围
6	工程废旧物资未退库或退还数量不足。废旧物资擅自挪作他用	营销服务	加强物资技术鉴定，废旧物资进行报废审批；合同中对项目废旧物资管理进行约定

岗位名称	**综合能源服务、用电检查、农电管理岗位**	风险星级	三星
序号	重点廉洁风险	涉及领域	主要防控措施
1	对客户违约用电、窃电等行为失察未及时处理，或处置不规范	营销服务	严格处理违约用电、窃电行为
2	泄露反窃电检查时间、路线等信息	营销服务	综合运用线上、线下手段开展营销稽查，严格执行保密制度。充分发挥运营监控系统功能，及时发现异常变动
3	综合能源项目管理，施工界面、安全职责不明确，工程验收标准不明确	营销服务	建立相关施工界面、安全职责协议书，建立工程质量管控标准
4	合同条款中，未明确约定综合能源项目产权分界点，造成运维界面不清晰	营销服务	梳理合同模板，在合同里明确约定综合能源项目产权分界点，及合同各方运维责任

岗位名称	**营销安全管理岗位**	风险星级	三星
序号	重点廉洁风险	涉及领域	主要防控措施
1	现场安全检查过程中利用职务之便向被检查单位吃拿卡要	营销服务	严格按照公司员工“十个”不准工作要求开展各项工作
2	未按要求对现场检查过程中发现的安全问题进行处理，从中捞取好处	营销服务	加强反腐倡廉教育和遵章守纪教育，提高拒腐防变意识和能力，自觉践行廉洁从业各项规定

岗位名称	**综合事务管理岗位**	风险星级	三星
序号	重点廉洁风险	涉及领域	主要防控措施
1	利用职务之便，透露客户信息，从中捞取好处	营销服务	严守公司保密制度，按照公司保密要求做好客户信息保密，不向外泄露客户信息
2	违规收取客户礼品	营销服务	加强反腐倡廉教育和遵章守纪教育，提高拒腐防变意识和能力，自觉践行廉洁从业各项规定

岗位名称	**计量、用电信息采集管理岗位**	风险星级	五星
序号	重点廉洁风险	涉及领域	主要防控措施
1	不按规定轮换和更换计量装置	营销服务	加强计量装置轮换管理，充分利用用电信息采集系统的监控手段，及时发现处理异常问题；按公司技术标准要求，分别在电能表运行后第1年、第3年、第5年、第8年开展定期抽样检测，对有可能引起反映或有可能存在批量质量隐患的到货批次，应缩短抽检间隔，加大抽样比例。对巡检、抽样中发现的故障电能表，必须在24小时内更换
2	违规改变计量装置接线方式、变比等	营销服务	加强采集系统建设，防止电能表底度被篡改
3	违规处理计量差错事件	营销服务	严格执行计量差错处理审批程序
4	擅自更改SG186系统数据	营销服务	加强各级单位计量技术机构建设、业务指导和运行监督管理

续表

岗位名称	**计量、用电信息采集管理岗位**	风险星级	五星
序号	重点廉洁风险	涉及领域	主要防控措施
5	计量资产拆回处置未做留库处理	营销服务	满足留库要求后及时开展设备分拣
6	拆回智能电能表退库未及时开展设备分选，未正确分选出具备检测条件的拆回电能表	营销服务	（1）通过集中抽样或本地抽样方式核查确保与市（县）测试项目相同情况下分拣结论的一致性。 （2）按要求对电能表实行待校验、待修理、待赔付、待报废四种分类处置
7	未对分拣计量资产开展抽样鉴定核查，未对申请报废资产进行技术鉴定核查	营销服务	分拣检测合格及返厂维修合格后，应经装用前检定合格后可安装再利用
8	分拣检测合格及返厂维修合格电能表利旧前未进行装用前检定工作	营销服务	技术鉴定为不可利旧的资产应明确报废处置方式。并确保处置后营销业务系统、ERP 系统账、卡、物信息一致

7. 安全监察部（保卫部）

岗位名称	**安监部主任**	风险星级	四星
序号	重点廉洁风险	涉及领域	主要防控措施
1	安全工器具和消防设施等采购、入库、出库环节管理不严	招标采购	（1）切实落实“三重一大”“一岗双责”有关工作要求，不违反规定干预物资采购、项目管理等方面事项。 （2）严格执行招投标有关规定，杜绝应招未招、指定供应商等违反纪律事件发生。 （3）加强法律审核把关，避免出现法律纠纷
2	在进行事故调查过程中收受事故责任单位或当事人的钱物或宴请，影响调查的公正性	党风和作风建设	严禁单人进行现场安全督查
3	安全稽查工作中查处、考核违章行为或事故调查时，因人情往来影响稽查结果	生产建设	（1）安全稽查中应由 2 人以上共同进行。 （2）严格按照安全稽查相关管理办法执行，并做好检查验收记录。 （3）建立责任追究制度，发生问题严格落实每个签字人员的责任，并与绩效挂钩

续表

岗位名称	**安监部主任**	风险星级	四星
序号	重点廉洁风险	涉及领域	主要防控措施
4	未执行回避制度，与投标人违规接触	招标采购	（1）严格执行回避制度，与投标人有利害关系的人不得进入相关项目的评标委员会，已经进入的应当更换。 （2）切实落实“三重一大”“一岗双责”有关工作要求，不违反规定干预物资采购、项目管理等方面事项。 （3）严格执行招投标有关规定，杜绝应招未招、指定供应商等违反纪律事件发生

岗位名称	**安监部副主任**	风险星级	四星
序号	重点廉洁风险	涉及领域	主要防控措施
1	安全工器具和消防设施等采购、入库、出库环节管理不严	招标采购	（1）切实落实“三重一大”“一岗双责”有关工作要求，不违反规定干预物资采购、项目管理等方面事项。 （2）严格执行招投标有关规定，杜绝应招未招、指定供应商等违反纪律事件发生。 （3）加强法律审核把关，避免出现法律纠纷
2	在进行事故调查过程中收受事故责任单位或当事人的钱物或宴请，影响调查的公正性	党风和作风建设	严禁单人进行现场安全督查
3	安全稽查工作中查处、考核违章行为或事故调查时，因人情往来影响稽查结果	生产建设	（1）安全稽查中应由2人以上共同进行。 （2）严格按照安全稽查相关管理办法执行，并做好检查验收记录。 （3）建立责任追究制度，发生问题严格落实每个签字人员的责任，并与绩效挂钩
4	未执行回避制度，与投标人违规接触	招标采购	（1）严格执行回避制度，与投标人有利害关系的人不得进入相关项目的评标委员会，已经进入的应当更换。 （2）切实落实“三重一大”“一岗双责”有关工作要求，不违反规定干预物资采购、项目管理等方面事项。 （3）严格执行招投标有关规定，杜绝应招未招、指定供应商等违反纪律事件发生

岗位名称	**变电专职**	风险星级	三星
序号	重点廉洁风险	涉及领域	主要防控措施
1	违规使用印章，产生负面影响	党风和作风建设	（1）严格执行印章管理制度，加强信访、保密管理，制定印章管理制度确保不发生负面影响事件。 （2）开展问题排查治理，对发现的问题进行清单式销号管理
2	安全稽查工作中查处、考核违章行为或事故调查时，因人情往来影响稽查结果	生产建设	（1）安全稽查中应由 2 人以上共同进行。 （2）严格按照安全稽查相关管理办法执行，并做好检查验收记录。 （3）建立责任追究制度，发生问题严格落实每个签字人员的责任，并与绩效挂钩

岗位名称	**配网及稽查专职**	风险星级	三星
序号	重点廉洁风险	涉及领域	主要防控措施
1	安全稽查工作中查处、考核违章行为或事故调查时，因人情往来影响稽查结果	生产建设	（1）安全稽查中应由 2 人以上共同进行。 （2）严格按照安全稽查相关管理办法执行，并做好检查验收记录。 （3）建立责任追究制度，发生问题严格落实每个签字人员的责任，并与绩效挂钩
2	假借反违章稽查，故意扰乱正常作业进程，牟取私利	生产建设	（1）实行各类安全稽查痕迹化管理和安全事件问责制度，严肃查处利用职务之便扰乱正常作业，设卡寻租行为。 （2）加强安全稽查人员廉洁教育、警示教育

岗位名称	**综合安全监督专职**	风险星级	三星
序号	重点廉洁风险	涉及领域	主要防控措施
1	服务项目招标采购、执行管控不严	招标采购	（1）切实落实“三重一大”“一岗双责”有关工作要求，不违反规定干预物资采购、项目管理等方面事项。 （2）严格执行招投标有关规定，杜绝应招未招、指定供应商等违反纪律事件发生。 （3）加强法律审核把关，避免出现法律纠纷

续表

岗位名称	**综合安全监督专职**	风险星级	三星
序号	重点廉洁风险	涉及领域	主要防控措施
2	安全稽查工作中查处、考核违章行为或事故调查时，因人情往来影响稽查结果	生产建设	（1）安全稽查中应由 2 人以上共同进行。 （2）严格按照安全稽查相关管理办法执行，并做好检查验收记录。 （3）建立责任追究制度，发生问题严格落实每个签字人员的责任，并与绩效挂钩

岗位名称	**输电线路及集体企业安全管理专职**	风险星级	三星
序号	重点廉洁风险	涉及领域	主要防控措施
1	项目管理中超标准、超范围列支人工费、差旅费、会议费、专家咨询费等相关费用，违反专款专用原则	财务资产	（1）严格审核费用支出的真实性、合规性。 （2）严格按照规定使用人工费、差旅费、会议费、专家咨询费等费用。 （3）利用 SAP 和财务系统加强费用支出监控
2	在技术外包工程的可研立项、招标采购、实施管理、验收结算等环节利用职务上影响，牟取私利	生产建设	（1）严格执行各项管理制度，认真抓好检查落实。 （2）在与设备厂商交流中应坚持原则，坚决不参加供应商组织的宴请、礼品、红包等行贿行为
3	安全稽查工作中查处、考核违章行为或事故调查时，因人情往来影响稽查结果	生产建设	（1）安全稽查中应由 2 人以上共同进行。 （2）严格按照安全稽查相关管理办法执行，并做好检查验收记录。 （3）建立责任追究制度，发生问题严格落实每个签字人员的责任，并与绩效挂钩

岗位名称	**交通、消防安全监督专职**	风险星级	三星
序号	重点廉洁风险	涉及领域	主要防控措施
1	无依据多列青苗赔偿费、征地费等费用	生产建设	严格执行政府赔偿标准和国家电网有限公司有关规章制度，依据赔偿协议、原始凭证、赔偿明细清单等依据性资料按实结算费用，严禁无依据、无原则赔偿现象发生

续表

岗位名称	**交通、消防安全监督专职**	风险星级	三星
序号	重点廉洁风险	涉及领域	主要防控措施
2	在技术外包工程的可研立项、招标采购、实施管理、验收结算等环节利用职务上影响，牟取私利	生产建设	（1）严格执行各项管理制度，认真抓好检查落实。 （2）在与设备厂商交流中应坚持原则，坚决不参加供应商组织的宴请、礼品、红包等行贿行为
3	安全稽查工作中查处、考核违章行为或事故调查时，因人情往来影响稽查结果	生产建设	（1）安全稽查中应由 2 人以上共同进行。 （2）严格按照安全稽查相关管理办法执行，并做好检查验收记录。 （3）建立责任追究制度，发生问题严格落实每个签字人员的责任，并与绩效挂钩

岗位名称	**应急管理、信息、通信安全监督专职**	风险星级	三星
序号	重点廉洁风险	涉及领域	主要防控措施
1	服务项目招标采购、执行管控不严	招标采购	（1）切实落实“三重一大”“一岗双责”有关工作要求，不违反规定干预物资采购、项目管理等方面事项。 （2）严格执行招投标有关规定，杜绝应招未招、指定供应商等违反纪律事件发生。 （3）加强法律审核把关，避免出现法律纠纷
2	安全稽查工作中查处、考核违章行为或事故调查时，因人情往来影响稽查结果	生产建设	（1）安全稽查中应由 2 人以上共同进行。 （2）严格按照安全稽查相关管理办法执行，并做好检查验收记录。 （3）建立责任追究制度，发生问题严格落实每个签字人员的责任，并与绩效挂钩

岗位名称	**安全教育培训专职**	风险星级	三星
序号	重点廉洁风险	涉及领域	主要防控措施
1	项目管理中超标准、超范围列支人工费、差旅费、会议费、专家咨询费等相关费用，违反专款专用原则	财务资产	（1）严格审核费用支出的真实性、合规性。 （2）严格按照规定使用人工费、差旅费、会议费、专家咨询费等费用。 （3）利用 SAP 和财务系统加强费用支出监控

续表

岗位名称	**安全教育培训专职**	风险星级	三星
序号	重点廉洁风险	涉及领域	主要防控措施
2	安全稽查工作中查处、考核违章行为或事故调查时，因人情往来影响稽查结果	生产建设	（1）安全稽查中应由 2 人以上共同进行。 （2）严格按照安全稽查相关管理办法执行，并做好检查验收记录。 （3）建立责任追究制度，发生问题严格落实每个签字人员的责任，并与绩效挂钩

8. 建 设 部

岗位名称	**主任**	风险星级	五星
序号	重点廉洁风险	涉及领域	主要防控措施
1	未核实政策处理实际赔偿情况，虚增赔偿费	生产建设	（1）建立监督制约机制，执行人与审批人交叉监督。 （2）政策处理由 2 人及以上参与，政策处理费用需专项审核并严格执行当地政府赔偿标准。 （3）赔偿支付履行银行公对公凭证支付，避免执行人直接付款
2	未经集体研究或竞争性谈判等，由个别人或部门直接指定分包商	招标采购	施工承包商根据批准的分包计划，在合格分包商名录中择优选择工程的分包商，施工项目部不得自行招用分包商
3	无依据多列青苗赔偿费、征地费等费用	生产建设	严格执行政府赔偿标准和国家电网有限公司有关规章制度，依据赔偿协议、原始凭证、赔偿明细清单等依据性资料按实结算费用，严禁无依据、无原则赔偿现象发生
4	招待费、会议费等工程建设其他费用开支不合规	财务资产	（1）严格履行审批手续，按照“一事一借，清旧借新”的原则办理借款；原则上一个月之内办理报销或还款，一般不跨年。 （2）加强建设场地征用及清理费管理。建设管理单位不应直接经办建设场地征用及清理费款型支付，以招标方式通过第三方或委托政府部门办理征地拆迁补偿款的支付，依附征地协议、赔偿协议和原始票据等资料办理付款手续。余物清理费根据实际工作量及签订的合同据实支付，拆除自有资产需办理固定资产退运、报废手续，资产处置残值收入计入固定资产清理

岗位名称	**副主任**	风险星级	五星
序号	重点廉洁风险	涉及领域	主要防控措施
1	工程变更、重大变更不严格履行报批程序，变更审核不严，擅自提高造价，扩大投资规模	生产建设	（1）做实设计前期现场查勘和政策处理，做到工程少变更。 （2）提高员工业务素质，培育员工设计审图能力，确保工程初设规模与实际工程量吻合，同时避免外施单位虚报变更工程和扩大工程量。 （3）工程变更必须严格执行工程变更审批（核）手续、提供相应支撑材料。 （4）工程变更手续完备后方可实施变更，事后补交的变更单一律作废
2	外部评审场所选择依据不充分	综合管理	评审会议应优先使用内部场所
3	立项审查不严格	生产建设	根据发展战略和科技发展规划，结合电网生产、建设和经营发展的要求，组织立项申报。未列入规划的内容，原则上不予立项

岗位名称	**安全管理专职**	风险星级	三星
序号	重点廉洁风险	涉及领域	主要防控措施
1	假借反违章稽查，故意扰乱正常作业进程，牟取私利	生产建设	（1）实行各类安全稽查痕迹化管理和安全事件问责制度，严肃查处利用职务之便扰乱正常作业，设卡寻租行为。 （2）加强安全稽查人员廉洁教育、警示教育
2	放宽或提高安全准入标准，未组织施工前检查或检查不合格就开展施工工作	生产建设	严格按照安全技术要求开展施工前安全检查工作，应按照国家、电力行业标准、规程的资料，对施工区进行全面检查，形成整改通知单，明确整改中所需的安全措施，在取得整改反馈单后，方可开展下一步施工

岗位名称	**技术兼信息化管理专职**	风险星级	三星
序号	重点廉洁风险	涉及领域	主要防控措施
1	对外转让项目成果或授权专利履行审批程序不及时	生产建设	（1）对符合无形资产确认条件的专利权进行及时确认，准确、全面反映资产价值。 （2）加强项目成果管理，严格按照《国家电网公司知识产权管理办法》等相关规定进行申请、登记、保护和使用

续表

岗位名称	**技术兼信息化管理专职**	风险星级	三星
序号	重点廉洁风险	涉及领域	主要防控措施
2	虚报项目成果	生产建设	加强项目成果管理，严格按照《国家电网公司知识产权管理办法》等相关规定进行申请、登记、保护和使用

岗位名称	**造价管理专职**	风险星级	三星
序号	重点廉洁风险	涉及领域	主要防控措施
1	工程结决算依据不充分	生产建设	（1）加强工程结算审批管理，及时上报国网基建部备案。 （2）加强外委项目审计，建立监督、举报及调查机制，督促相关单位加以落实。严禁向合作供应商泄露招标项目相关内容
2	项目单位与供应商共同确定外委支出项目及费用等内容	生产建设	加强外委项目审计，建立监督、举报及调查机制，督促相关单位加以落实。严禁向合作供应商泄露招标项目相关内容

岗位名称	**队伍管理专职**	风险星级	三星
序号	重点廉洁风险	涉及领域	主要防控措施
1	项目主体研究内容外委	综合管理	项目主体研究内容不得外委给其他单位
2	违反专款专用原则	财务资产	加强经费使用情况的监督检查和管控，对费用支出的标准及合理性进行严格审核把关

岗位名称	**质量管理专职**	风险星级	三星
序号	重点廉洁风险	涉及领域	主要防控措施
1	工程验收管理不规范，规避工程缺陷，降低验收标准	生产建设	（1）加强对所辖工程验收管理工作的监督、检查、指导、考核。 （2）认真执行国家电网有限公司质量制度、标准，编制年度基建质量管理工作策划方案并组织落实。 （3）强化施工过程管理，加强对隐蔽工程及施工各阶段验收等关键环节的质量管控

9. 纪委办公室（审计监管部）

岗位名称	主任	风险星级	四星
序号	重点廉洁风险	涉及领域	主要防控措施
1	在信访核查和案件调查过程中，压案不查、瞒案不报、受托求情、违规处置、跑风漏气等	综合管理	（1）严格执行《国家电网有限公司纪律审查工作规定（试行）》。 （2）加强反腐倡廉教育和遵章守纪教育，提高拒腐防变意识和能力，自觉践行廉洁从业各项规定。 （3）严格执行保密纪律
2	对主动上交的钱款、物品不按规范进行处理	综合管理	（1）严格执行《国家电网有限公司纪律审查工作规定（试行）》及《关于公司纪检监察部门进一步加强纪律审查涉及财务资产工作的通知》（纪检监察［2018］21 号 ）。 （2）加强纪律审查涉及财务资产工作，严格审批流程，规范交接手续，分类分项等级，定期核对报告，合法有序处置
3	在审计业务对外委托中存在选择中介机构的权利，接受中介机构的馈赠，指定委托人	综合管理	（1）在中介机构选择过程中，应听取相关部门、相关专家的建议，杜绝私自指定中介机构的行为。 （2）严格遵守《中华人民共和国招标投标法》和国家电网有限公司、省公司制定的有关招投标制度，认真履行职责
4	在审计检查、专项检查、行风监督中接受相关单位的宴请、礼品，对发现的问题，隐瞒不报	党风和作风建设	（1）严格执行双重组织生活、谈心谈话、民主评议等制度，认真开展批评和自我批评，自觉接受群众监督。 （2）加强反腐倡廉教育和遵章守纪教育，提高拒腐防变意识和能力，自觉践行廉洁从业各项规定。 （3）强化作风建设，严格执行中央八项规定精神，严肃督查纪律，拒绝接受被检查单位的宴请

岗位名称	**副主任（五级职员）**	风险星级	四星
序号	重点廉洁风险	涉及领域	主要防控措施
1	在审计业务对外委托中存在选择中介机构的权利，接受中介机构的馈赠，指定委托人	综合管理	（1）在中介机构选择过程中，应听取相关部门、相关专家的建议，杜绝私自指定中介机构的行为。 （2）严格遵守《中华人民共和国招标投标法》和国家电网有限公司、省公司制定的有关招投标制度，认真履行职责
2	在审计检查、专项检查中接受相关单位的宴请、礼品，对发现的问题，隐瞒不报	党风和作风建设	（1）严格执行双重组织生活、谈心谈话、民主评议等制度，认真开展批评和自我批评，自觉接受群众监督。 （2）加强反腐倡廉教育和遵章守纪教育，提高拒腐防变意识和能力，自觉践行廉洁从业各项规定。 （3）强化作风建设，严格执行中央八项规定精神，严肃督查纪律，拒绝接受被检查单位的宴请

岗位名称	**财务资产审计专职**	风险星级	三星
序号	重点廉洁风险	涉及领域	主要防控措施
1	在审计检查、专项检查中，对发现的问题，隐瞒不报，暗箱操作，为被审计单位违法违纪行为出谋划策	综合管理	（1）加强反腐倡廉教育和遵章守纪教育，提高拒腐防变意识和能力，自觉践行廉洁从业各项规定。 （2）严格执行保密纪律，拒绝接受被调查人及其亲属的宴请。 （3）严格执行企业各项规章制度，依法依规办事
2	在审计检查、专项检查中接受相关单位的宴请、礼品	党风和作风建设	（1）加强反腐倡廉教育和遵章守纪教育，提高拒腐防变意识和能力，自觉践行廉洁从业各项规定。 （2）强化作风建设，严格执行中央八项规定精神，严肃督查纪律，拒绝接受被检查单位的宴请

岗位名称	**案件查处与行风建设管理专职**	风险星级	三星
序号	重点廉洁风险	涉及领域	主要防控措施
1	在信访核查和案件调查过程中，压案不查、瞒案不报、受托求情、违规处置、跑风漏气等	党风和作风建设	（1）严格执行《国家电网有限公司纪律审查工作规定（试行）》。 （2）加强反腐倡廉教育和遵章守纪教育，提高拒腐防变意识和能力，自觉践行廉洁从业各项规定。 （3）严格执行保密纪律
2	对主动上交的钱款、物品不按规范进行处理	综合管理	（1）严格执行《国家电网有限公司纪律审查工作规定（试行）》及《关于公司纪检监察部门进一步加强纪律审查涉及财务资产工作的通知》（纪检监察〔2018〕21号 ）。 （2）加强纪律审查涉及财务资产工作，严格审批流程，规范交接手续，分类分项等级，定期核对报告，合法有序处置
3	在专项检查、行风监督中接受相关单位的宴请、礼品，对发现的问题，隐瞒不报	党风和作风建设	（1）加强反腐倡廉教育和遵章守纪教育，提高拒腐防变意识和能力，自觉践行廉洁从业各项规定。 （2）强化作风建设，严格执行中央八项规定精神，严肃督查纪律，拒绝接受被检查单位的宴请

岗位名称	**党风廉政建设和综合管理专职**	风险星级	三星
序号	重点廉洁风险	涉及领域	主要防控措施
1	在党风廉政建设考核中利用职务之便牟取利益	党风和作风建设	（1）加强部门监督，开展廉政教育和廉政谈心谈话，不放松对部门人员的提醒。 （2）加强反腐倡廉教育和遵章守纪教育，提高拒腐防变意识和能力，自觉践行廉洁从业各项规定
2	在正风肃纪检查中接受相关单位的宴请、礼品	党风和作风建设	（1）加强部门监督，开展廉政教育和廉政谈心谈话，不放松对部门人员的提醒。 （2）强化作风建设，严格执行中央八项规定精神，严肃督查纪律，拒绝接受被检查单位的宴请

岗位名称	**巡察管理专职**	风险星级	三星
序号	重点廉洁风险	涉及领域	主要防控措施
1	在巡察、专项检查中接受相关单位的宴请、礼品，对发现的问题，隐瞒不报	党风和作风建设	（1）加强反腐倡廉教育和遵章守纪教育，提高拒腐防变意识和能力，自觉践行廉洁从业各项规定。 （2）强化作风建设，严格执行中央八项规定精神，严肃督查纪律，拒绝接受被检查单位的宴请

10. 党委党建部（党委宣传部）

岗位名称	**主任兼工会副主席**	风险星级	四星
序号	重点廉洁风险	涉及领域	主要防控措施
1	党工团等经费使用审核把关不严	综合管理	（1）严格规范可控费用使用申报、审批。 （2）加强廉洁自律，接受组织监督。 （3）依据党组织工作经费管理办法，严格在限定范围内发生费用，并明确报销基本支撑材料
2	违规套用党建工作经费、广告宣传费	综合管理	（1）规范党建活动，实施事前审批制，严格活动全流程闭环管理。 （2）加强党建和广告宣传项目管控，严格费用审核。 （3）严格执行财务制度，规范审核流程，防止套取资金，挪用费用。 （4）审核广告公司开展主题传播、影视传播等项目时严格按照合同规定，每个环节分管领导做好把关工作
3	工会物资采购过程中接受供应商吃请，给予“照顾”	招标采购	（1）加强工会经费使用情况的监督检查和管控，对费用支出的标准及合理性进行严格审核把关，开展自查及审计。 （2）严格执行工会换届、选举、先进评选程序相关规定，加强过程管控，组织各单位（部室）参与监督，接受监督，提高透明度。 （3）加强涉密信息管理，对采购慰问品的信息严格控制，加强评标专家管理，提高独立评审能力，充分发挥纪检人员现场监督作用
4	离退休人员活动经费使用审核把关不严	综合管理	服务好离退休人员，不得以各种名义欺骗离退休人员谋取个人利益，加大监督力度，公开监督方式，防止出现因个人因素故意刁难离退休人员的情况

岗位名称	**副主任兼融媒体中心主任**	风险星级	三星
序号	重点廉洁风险	涉及领域	主要防控措施
1	违规套用广告宣传费	综合管理	（1）严格规范可控费用使用申报、审批。 （2）加强廉洁自律，接受组织监督。 （3）严格在限定范围内发生费用，并明确报销基本支撑材料

岗位名称	**副主任兼工会副主席、女职委主任、团委书记**	风险星级	四星
序号	重点廉洁风险	涉及领域	主要防控措施
1	党工团等经费使用审核把关不严	综合管理	（1）严格规范可控费用使用申报、审批。 （2）加强廉洁自律，接受组织监督。 （3）依据党组织工作经费管理办法，严格在限定范围内发生费用，并明确报销基本支撑材料
2	违规套用党建工作经费、广告宣传费	综合管理	（1）规范党建活动，实施事前审批制，严格活动全流程闭环管理。 （2）加强党建项目管控，严格费用审核。 （3）严格执行财务制度，规范审核流程，防止套取资金，挪用费用。 （4）审核广告公司开展主题传播、影视传播等项目时严格按照合同规定，每个环节分管领导做好把关工作
3	工会物资采购过程中接受供应商吃请，给予“照顾”	招标采购	（1）加强工会经费使用情况的监督检查和管控，对费用支出的标准及合理性进行严格审核把关，开展自查及审计。 （2）严格执行工会换届、选举、先进评选程序相关规定，加强过程管控，组织各单位（部室）参与监督，接受监督，提高透明度。 （3）加强涉密信息管理，对采购慰问品的信息严格控制，加强评标专家管理，提高独立评审能力，充分发挥纪检人员现场监督作用
4	离退休人员活动经费使用审核把关不严	综合管理	服务好离退休人员，不得以各种名义欺骗离退休人员谋取个人利益，加大监督力度，公开监督方式，防止出现因个人因素故意刁难离退休人员的情况

岗位名称	**党建专职**	风险星级	三星
序号	重点廉洁风险	涉及领域	主要防控措施
1	党组织工作经费使用审核把关不严	综合管理	（1）严格规范可控费用使用申报、审批。 （2）加强廉洁自律，接受组织监督。 （3）依据党组织工作经费管理办法，严格在限定范围内发生费用，并明确报销基本支撑材料
2	违规套用党建工作经费	综合管理	（1）规范党建活动，实施事前审批制，严格活动全流程闭环管理。 （2）加强党建项目管控，严格费用审核。 （3）严格执行财务制度，规范审核流程，防止套取资金，挪用费用。 （4）审核广告公司开展主题传播、影视传播等项目时严格按照合同规定，每个环节分管领导做好把关工作

岗位名称	**品牌管理专职**	风险星级	三星
序号	重点廉洁风险	涉及领域	主要防控措施
1	违规套用广告宣传费	综合管理	（1）规范党建活动，实施事前审批制，严格活动全流程闭环管理。 （2）加强广告宣传项目管控，严格费用审核。 （3）严格执行财务制度，规范审核流程，防止套取资金，挪用费用。 （4）审核广告公司开展主题传播、影视传播等项目时严格按照合同规定，每个环节分管领导做好把关工作
2	在审核广告公司标牌项目制作时故意降低要求	综合管理	审核广告公司对基层单位开展标识、标牌项目制作时严格按照合同规定，做好把关工作
3	检查品牌工作时网开一面，该指出的问题不指出，考核缺乏公正性	党风和作风建设	检查品牌工作时，严格按照考核细则进行加扣分，做到有理有据

岗位名称	**民主管理、 工会财务专职**	风险星级	三星
序号	重点廉洁风险	涉及领域	主要防控措施
1	工会物资采购过程中接受供应商吃请，给予“照顾”	党风和作风建设	（1）加强工会经费使用情况的监督检查和管控，对费用支出的标准及合理性进行严格审核把关，开展自查及审计。 （2）严格执行工会换届、选举、先进评选程序相关规定，加强过程管控，组织各单位（部室）参与监督，接受监督，提高透明度。 （3）加强涉密信息管理，对采购慰问品的信息严格控制，加强评标专家管理，提高独立评审能力，充分发挥纪检人员现场监督作用
2	工会经费报销审核不严格	综合管理	加强工会经费使用情况的监督检查和管控，对费用支出的标准及合理性进行严格审核把关，开展自查及审计

岗位名称	**生产生活专职**	风险星级	三星
序号	重点廉洁风险	涉及领域	主要防控措施
1	工会物资采购过程中接受供应商吃请，给予“照顾”	党风和作风建设	（1）加强工会经费使用情况的监督检查和管控，对费用支出的标准及合理性进行严格审核把关，开展自查及审计。 （2）严格执行工会换届、选举、先进评选程序相关规定，加强过程管控，组织各单位（部室）参与监督，接受监督，提高透明度。 （3）加强涉密信息管理，对采购慰问品的信息严格控制，加强评标专家管理，提高独立评审能力，充分发挥纪检人员现场监督作用
2	劳模工作室创建、考核及劳模先进评选过程中，缺乏评选公正性	党风和作风建设	签订“廉洁自律承诺书”，严格考核评选程序，确保公开、公平、公正

岗位名称	**离退休管理专职**	风险星级	三星
序号	重点廉洁风险	涉及领域	主要防控措施
1	离退休人员活动经费使用审核把关不严	综合管理	服务好离退休人员，不得以各种名义欺骗离退休人员谋取个人利益，加大监督力度，公开监督方式，防止出现因个人因素故意刁难离退休人员的情况
2	离退休老同志慰问品采购过程中接受物资供应商贿赂、礼品	党风和作风建设	加强采购信息保密，按程序对采购供应商开展询价工作，成立设置科学、结构合理的评标小组，加强评标科学性、公正性
3	违规发放离退休老同志补贴	财务资产	依据依规发放各项补贴，合法使用活动经费，开展自查与审计工作

11. 物资管理部（物资供应中心）

岗位名称	**主任**	风险星级	五星
序号	重点廉洁风险	涉及领域	主要防控措施
1	在监督检查中违反检查纪律接受被检查单位的宴请等	党风和作风建设	加强监督，进行廉政教育和廉政谈心谈话
2	违反招投标法律法规和公司招投标制度规定，规避招标、暗箱操作、泄露标底及相关评标信息、内外串通勾结、干预评标、等行为	招标采购	严格执行评标管理制度，严禁利用职务之便牟取不正当利益，防止人为指定
3	提供虚假资料、订立虚假合同，或者没有授权、超越授权、滥用授权签约	合同管理	加强合同规范性审查，合同审批必须要有依据
4	违反质量监督、供应商管理制度规定，违规接触供应商、泄密、串通供应商弄虚作假、暗箱操作、规避处罚等行为	招标采购	（1）组织相关人员签订廉洁自律承诺书。 （2）进行廉政教育和廉政谈心谈话。 （3）严格执行质量监督、供应商不良行为处置要求，与供应商保持距离，不违规接触

岗位名称	**副主任**	风险星级	五星
序号	重点廉洁风险	涉及领域	主要防控措施
1	在监督检查中违反检查纪律接受被检查单位的宴请等	党风和作风建设	加强监督，进行廉政教育和廉政谈心谈话
2	违反质量监督、供应商管理制度规定，违规接触供应商、泄密、串通供应商弄虚作假、暗箱操作、规避处罚等行为	招标采购	（1）签订廉洁自律承诺书。 （2）与供应商保持距离，不违规接触

岗位名称	**综合计划室主任**	风险星级	五星
序号	重点廉洁风险	涉及领域	主要防控措施
1	在监督检查中违反检查纪律接受被检查单位的宴请等	党风和作风建设	加强监督，进行廉政教育和廉政谈心谈话
2	违反招投标法律法规和公司招投标制度规定，规避招标、暗箱操作、泄露标底及相关评标信息、内外串通勾结、干预评标等行为	招标采购	严格执行评标管理制度，严禁利用职务之便牟取不正当利益，防止人为指定

岗位名称	**合同质量室主任**	风险星级	五星
序号	重点廉洁风险	涉及领域	主要防控措施
1	违反质量监督、供应商管理制度规定，违规接触供应商、泄密、串通供应商弄虚作假、暗箱操作、规避处罚等行为	招标采购	（1）组织相关人员签订廉洁自律承诺书。 （2）进行廉政教育和廉政谈心谈话。 （3）严格执行质量监督、供应商不良行为处置要求，与供应商保持距离，不违规接触
2	物资采购订单、合同清单的审核不严，需求数量与实际交货数量不一致	物资管理	加强物资履约到货验收管理，做好交接单、验收单审批

岗位名称	**仓储班班长**	风险星级	五星
序号	重点廉洁风险	涉及领域	主要防控措施
1	在仓储业务运作和仓库管理中失职渎职，造成企业和国家经济损失	物资管理	定期组织业务培训，强化制度执行力，爱岗敬业
2	与供应商串通未根据要求按质、按量进行物资入库验收	物资管理	严格执行国家电网有限公司仓储管理相关规定进行物资入库验收
3	未严格执行废旧物资管理规定，造成废旧物资回收数量不足、规格有误	物资管理	（1）定期组织业务培训，强化制度执行力，爱岗敬业。 （2）严格执行国家电网有限公司仓储管理以及废旧物资物资管理的相关规定

岗位名称	**物资计划专职**	风险星级	四星
序号	重点廉洁风险	涉及领域	主要防控措施
1	电商化请购刻意指定供应商	物资管理	加强电商请购人员的日常管理，严格按照电商化请购流程执行，加强审核把关
2	违反招投标法律法规和公司招投标制度规定，规避招标、暗箱操作、泄露标底及相关评标信息、内外串通勾结、干预评标等行为	招标采购	严格执行评标管理制度，严禁利用职务之便牟取不正当利益，防止人为指定
3	泄露评标专家信息	招标采购	用技术手段防范评标专家名单人为泄密风险

岗位名称	**物资抽检专职**	风险星级	四星
序号	重点廉洁风险	涉及领域	主要防控措施
1	接受不良供应商好处，隐瞒不良供应商行为	招标采购	（1）组织相关人员签订廉洁自律承诺书。 （2）严格执行产品质量监督制度，及时收集供应商产品品质问题，纳入绩效评价考核，问题严重的要进行合同违约处罚、供应商不良行为处理，加强供应商违约的惩处力度
2	不随机抽检，告知供应商指定用于送检的物资	物资管理	加强送检物资取样监督，按规定执行随机抽样

岗位名称	**物资采购专职**	风险星级	四星
序号	重点廉洁风险	涉及领域	主要防控措施
1	在招标文件编制中刻意设置限制性条件，排斥潜在供应商	招标采购	严格执行招标文件审查机制，不得设置倾向性条款；招标人不得以不合理的条件限制或者排斥潜在投标人，不得对潜在投标人实行歧视待遇
2	在开标前期私下接触投标单位，泄露与招标有关的信息	招标采购	组织相关人员签订廉洁自律承诺书、保密协议
3	在评标过程，利用职务之便与评标专家打招呼，影响采购结果	招标采购	严格执行评标管理制度，严禁利用职务之便牟取不正当利益，防止人为指定

岗位名称	**物资合同专职**	风险星级	四星
序号	重点廉洁风险	涉及领域	主要防控措施
1	接受供应商宴请或其他物资馈赠	党风和作风建设	（1）组织相关人员签订廉洁自律承诺书。 （2）进行廉政教育和廉政谈心谈话
2	与供应商串通验收，需求数量与实际交货数量不一致	物资管理	加强物资履约到货验收管理，做好交接单、验收单审批
3	未按合同条款约定，利用职务之便给供应商提前支付货款	综合管理	加强监督，严格按照合同条款约定支付货款
4	未按合同规定设定履约保证金、质量保证金等	综合管理	严格按照规定设定履约保证金、质量保证金等，加强审核监督

岗位名称	**废旧物资处置专职**	风险星级	四星
序号	重点廉洁风险	涉及领域	主要防控措施
1	未严格执行废旧物资管理规定，造成废旧物资回收数量不足、规格有误	物资管理	（1）定期组织业务培训，强化制度执行力，爱岗敬业。 （2）严格执行国家电网有限公司仓储管理以及废旧物资物资管理的相关规定
2	违规与回收商私下交易	物资管理	（1）加强廉洁教育培训。 （2）加强回收商考核力度

12. 科技数字化部

岗位名称	**主任、副主任**	风险星级	四星
序号	重点廉洁风险	涉及领域	主要防控措施
1	在互联网办公室各类项目招标过程中设置倾向性条款	综合管理	（1）严格按照项目实际需求和招投标相关规定审核项目的技术规范书，坚决杜绝为潜在供应商特设“先决条件”。 （2）招标文件内审会严格审核咨询项目技术规范书有关资质条件、业绩要求等关键内容

岗位名称	**计划管理专职**	风险星级	三星
序号	重点廉洁风险	涉及领域	主要防控措施
1	在项目类项目招标过程中设置倾向性条款，为他人谋利	招标采购	（1）严格按照项目实际需求和招投标相关规定制作项目技术规范书，坚决杜绝为潜在供应商特设“先决条件”。 （2）招标文件内审会严格审核咨询项目技术规范书有关资质条件、业绩要求等关键内容

岗位名称	**技术商务专职**	风险星级	三星
序号	重点廉洁风险	涉及领域	主要防控措施
1	在咨询类项目招标过程中设置倾向性条款，为他人谋利	招标采购	（1）严格按照项目实际需求和招投标相关规定制作项目技术规范书，坚决杜绝为潜在供应商特设“先决条件”。 （2）招标文件内审会严格审核咨询项目技术规范书有关资质条件、业绩要求等关键内容

岗位名称	**科技管理专职**	风险星级	三星
序号	重点廉洁风险	涉及领域	主要防控措施
1	科技经费使用不规范，审批程序不全，经费使用超预算	综合管理	严格执行《关于进一步加强公司科技项目外委费管控通知》要求，进一步明确外委费进度款、尾款、质保金支付要求，确保科研经费使用有理有据，合法合规

岗位名称	**数据管理专职**	风险星级	三星
序号	重点廉洁风险	涉及领域	主要防控措施
1	在咨询类项目招标过程中设置倾向性条款，为他人谋利	招标采购	（1）严格按照项目实际需求和招投标相关规定制作项目技术规范书，坚决杜绝为潜在供应商特设“先决条件”。 （2）招标文件内审会严格审核咨询项目技术规范书有关资质条件、业绩要求等关键内容

13. 经济技术研究所

岗位名称	**经研所所长（书记）**	风险星级	四星
序号	重点廉洁风险	涉及领域	主要防控措施
1	在管理项目前期工作时接受第三方技术咨询单位宴请送礼	生产建设	（1）严格按照公司招投标管理办法，与第三方技术咨询单位工作接触中应保持距离，拒绝接受请客送礼。 （2）严把技术报告质量关，监督项目前期工作过程
2	党工团等经费使用审核把关不严	综合管理	（1）认真学习党团经费等管理办法，严格执行相关规定。 （2）厉行节约，不铺张浪费，不放松对经办人员的提醒与监督。 （3）加强反腐倡廉教育和遵章守纪教育，提高拒腐防变意识和能力，自觉践行廉洁从业各项规定

岗位名称	**经研所副所长**	风险星级	三星
序号	重点廉洁风险	涉及领域	主要防控措施
1	在管理用户接入系统报告评审阶段，接受用户宴请送礼	营销服务领域	（1）严格按照公司管理办法对评审过程进行管理监督，在与用户对接过程中，保持距离，拒绝接受请客送礼。 （2）严把技术报告质量关，监督用户接入系统评审工作过程
2	向有关人员透露规划选址选线路径方案	生产建设	严格按照公司保密制度规定，遵守职业操守，做好站址廊道信息保密工作

岗位名称	**项目评审室主任**	风险星级	三星
序号	重点廉洁风险	涉及领域	主要防控措施
1	虚假项目立项申报	生产建设	规范工作流程，确保项目立项工作合法合规
2	评审标准不一、依据不充分	生产建设	加强对专业人员的技术培训，提高评审业务能力

岗位名称	**电网规划室主任**	风险星级	三星
序号	重点廉洁风险	涉及领域	主要防控措施
1	项目可研价值不高，虚报项目成果	生产建设	根据发展战略和科技发展规划，结合电网生产、建设和经营发展的要求，组织立项申报。未列入规划的内容，原则上不予立项
2	违规泄露核心技术科研项目信息	生产建设	严格按照公司保密制度规定，遵守职业操守，做好核心技术科研项目信息保密工作

岗位名称	**规划评审专职**	风险星级	三星
序号	重点廉洁风险	涉及领域	主要防控措施
1	项目可研价值不高，虚报项目成果	生产建设	根据发展战略和科技发展规划，结合电网生产、建设和经营发展的要求，组织立项申报。未列入规划的内容，原则上不予立项
2	科研项目管理中利用单位公共资源承揽私活，开设、入股公司科研项目	生产建设	加强廉政教育和监督，杜绝利用单位公共资源通过科研项目牟利的行为

岗位名称	**前期专职**	风险星级	三星
序号	重点廉洁风险	涉及领域	主要防控措施
1	在输变电工程前期专题报告编制阶段，存在与第三方技术咨询单位在招标、工作实施、报告评审中的廉洁风险	生产建设	（1）严格按照公司招投标管理办法由公司职能管理部门经招标确定技术咨询单位。 （2）在与第三方技术咨询单位工作接触中应保持距离，拒绝接受请客送礼。 （3）应严把技术报告质量关，公平公正向公司管理部门反映技术咨询单位工作业绩
2	项目前期流程管控不严	生产建设	建立项目前期全流程管控机制，协调建设等专业管理环节，加强项目前期流程的审核把关

岗位名称	**技经专职**	风险星级	三星
序号	重点廉洁风险	涉及领域	主要防控措施
1	滥用对工程设计的话语权及对估、概算及工程量和价的主导权	生产建设	（1）两人以上审查，互相监督。 （2）强化纪律观念，增强廉洁意识
2	存在收受合作单位、客户礼品礼金、消费卡或接受宴请等吃拿卡要行为	党风和作风建设	（1）强化正反两方面教育，提升教育的有效性和针对性，严格执行廉政谈话制度。 （2）开展岗位交流工作，定期交流工作岗位。 （3）加强监督与制约机制控制，加强履职监督检查，防止越权、擅权行为。 （4）严肃工作纪律，畅通举报渠道，接受群众监督

14. 项目管理中心

岗位名称	**副主任**	风险星级	五星
序号	重点廉洁风险	涉及领域	主要防控措施
1	工程变更、重大变更不严格履行报批程序，变更审核不严，擅自提高造价，扩大投资规模	生产建设	（1）做实设计前期现场查勘和政策处理，做到工程少变更。 （2）提高员工业务素质，培育员工设计审图能力，确保工程初设规模与实际工程量吻合，同时避免外施单位虚报变更工程和扩大工程量。 （3）工程变更必须严格执行工程变更审批（核）手续、提供相应支撑材料。 （4）工程变更手续完备后方可实施变更，事后补交的变更单一律作废
2	未经集体研究或竞争性谈判等，由个别人或部门直接指定分包商	招标采购	施工承包商根据批准的分包计划，在合格分包商名录中择优选择工程的分包商，施工项目部不得自行招用分包商
3	无依据多列青苗赔偿费、征地费等费用	生产建设	严格执行政府赔偿标准和国家电网有限公司有关规章制度，依据赔偿协议、原始凭证、赔偿明细清单等依据性资料按实结算费用，严禁无依据、无原则赔偿现象发生
4	备用金审批程序不规范、借支理由不充分	财务资产	（1）严格履行审批手续，按照“一事一借，清旧借新”的原则办理借款。 （2）原则上一个月之内办理报销或还款，一般不跨年

续表

岗位名称	**副主任**	风险星级	五星
序号	重点廉洁风险	涉及领域	主要防控措施
5	招待费、会议费等工程建设其他费用开支不合规	财务资产	加强建设场地征用及清理费管理。建设管理单位不应直接经办建设场地征用及清理费款型支付，以招标方式通过第三方或委托政府部门办理征地拆迁补偿款的支付，依附征地协议、赔偿协议和原始票据等资料办理付款手续。余物清理费根据实际工作量及签订的合同据实支付，拆除自有资产需办理固定资产退运、报废手续，资产处置残值收入计入固定资产清理

岗位名称	**业主项目经理**	风险星级	四星
序号	重点廉洁风险	涉及领域	主要防控措施
1	竣工验收把关不严，未依规核减多报工程量	生产建设	（1）提高员工业务素质，培育员工设计审图能力，确保工程初设规模与实际工程量吻合，同时避免外施单位虚报变更工程和扩大工程量。 （2）竣工资料严格进行现场核对，履行相关验收程序。 （3）建立责任追究制，发生问题，严格按照每个环节的签字人员追究相应责任，并与绩效挂钩，情节严重者，报公司纪委备案处理
2	外委项目监督、验收、管理不到位	生产建设	严格项目验收材料：① 工作报告；② 技术报告；③ 项目经费决算报告；④ 项目审计报告；⑤ 其他支撑与证明材料。加强项目成果验收管理，严格审查项目成果真实性
3	未严格按合同约定支付资金	财务资产	及时签订合同，中标通知书发出之日起 30 日内，签订书面合同

岗位名称	**业主项目副经理兼项目管理专职**	风险星级	三星
序号	重点廉洁风险	涉及领域	主要防控措施
1	工程废旧物资未应退尽退	生产建设	加强可研阶段对拆除资产的论证，明确拆除清单，在项目实施过程中，项目管理部门组织做好拆除移交等工作。项目管理部门组织做好对拆除资产的技术鉴定及清点工作，核对资产台账，确保拆旧与回收数量一致

岗位名称	**安全管理专职**	风险星级	三星
序号	重点廉洁风险	涉及领域	主要防控措施
1	放宽或提高安全准入标准，未组织施工前检查或检查不合格就开展施工工作	生产建设	严格按照安全技术要求开展施工前安全检查工作，应按照国家、电力行业标准、规程的资料，对施工区进行全面检查，形成整改通知单，明确整改中所需的安全措施，在取得整改反馈单后，方可开展下一步施工

岗位名称	**质量管理专职**	风险星级	三星
序号	重点廉洁风险	涉及领域	主要防控措施
1	工程验收管理不规范，规避工程缺陷，降低验收标准	生产建设	（1）加强对所辖工程验收管理工作的监督、检查、指导、考核。 （2）认真执行国家电网有限公司质量制度、标准，编制年度基建质量管理工作策划方案并组织落实。 （3）强化施工过程管理，加强对隐蔽工程及施工各阶段验收等关键环节的质量管控

岗位名称	**造价管理专职**	风险星级	三星
序号	重点廉洁风险	涉及领域	主要防控措施
1	工程签证管控不严，现场变更无相关手续	生产建设	（1）设计变更文件应说明工程名称、变更的卷册号及图号、变更原因、变更提出方、变更内容、变更工程量及费用变化金额，并附变更图纸。

续表

岗位名称	**造价管理专职**	风险星级	三星
序号	重点廉洁风险	涉及领域	主要防控措施
1	工程签证管控不严，现场变更无相关手续	生产建设	（2）涉及费用变化的设计变更，必须附有变更工程量清单和变更费用计算书。对于工程量签字不全的，不规范的，结算审价不予通过。 （3）对于未经审批进行现场设计变更的将严肃考核
2	业务量核算与实际不符	生产建设	加强费用使用情况的监督检查和管控，对费用支出的标准及合理性进行严格审核把关

岗位名称	**技术管理专职**	风险星级	三星
序号	重点廉洁风险	涉及领域	主要防控措施
1	制定不合理或随意变更技术方案	生产建设	严格依据公司施工方案编制有关规定和技术标准要求，根据现场勘查结果、带电距离等因素，经过技术比较，组织审查施工方案，并履行审批程序

15. 综合服务中心

岗位名称	**主任**	风险星级	四星
序号	重点廉洁风险	涉及领域	主要防控措施
1	业务管理范围内应招标的项目不进行招标，或采取各种理由规避招标、招投标泄露标底	招标采购	（1）加强小型基建及非生产大修技改项目招投标及合同的管理工作。 （2）招标实行三分离，综合服务中心只提出需求，不参与招标过程
2	接受设备厂商的宴请、礼品、红包等行贿行为，为其获得设备供应合同提供违规帮助	党风和作风建设	（1）加强廉政警示教育，加强纪委监督执纪力度，注重党员干部个人作风建设，防止贪污腐败，守住底线。 （2）正确处理与施工单位的关系，拒绝施工方的一切吃请、送礼、红包等行贿行为，加强内部监督检查，落实风险防范各项措施

岗位名称	**五级职员**	风险星级	三星
序号	重点廉洁风险	涉及领域	主要防控措施
1	业务管理范围内应招标的项目不进行招标，或采取各种理由规避招标、投标泄露标底	招标采购	（1）加强小型基建及非生产大修技改项目招投标及合同的管理工作。 （2）招标实行三分离，综合服务中心只提出需求，不参与招标过程
2	接受设备厂商的宴请、礼品、红包等行贿行为，为其获得设备供应合同提供违规帮助	党风和作风建设	（1）加强廉政警示教育，加强纪委监督执纪力度，注重党员干部个人作风建设，防止贪污腐败，守住底线。 （2）正确处理与施工单位的关系，拒绝施工方的一切吃请、送礼、红包等行贿行为，加强内部监督检查，落实风险防范各项措施

岗位名称	**项目管理班技术顾问**	风险星级	三星
序号	重点廉洁风险	涉及领域	主要防控措施
1	指定施工单位施工	生产建设	加强对外包施工队伍的管理，对施工队伍的资质审查、市场准入、现场管理、廉政建设、质量评价、退出机制等问题进行认真研究，对不符合要求的单位予以清退
2	利用职务之便随意签证工程量	生产建设	（1）项目开工前，严格按照招标管理办法规定报招标平台实行招标。在与施工单位签订施工合同的同时，签订廉洁自律协议书。 （2）施工过程中，根据工程进展情况及工程特点，认真开展经常性检查和专项工程重点检查；施工管理员认真履行职责，现场记录要完整准确，不得使用含糊的字眼；现场签证时，应由项目负责人、现场施工管理人员（监理人员）、施工单位人员、中介审价人员共同核实签证内容
3	向施工单位介绍施工队伍、原材料等	生产建设	按照公司规定，不得向施工单位推荐施工队伍、原材料、设备等
4	完工后恶意为难施工单位不及时组织竣工验收	生产建设	工程完工后，及时组织设计、监理、财务、监察、审计等有关人员验收，并及时提交工程结算，工程结算提交中介审价单位审核，并由基建专业人员复核确认

岗位名称	**后勤服务班副班长**	风险星级	三星
序号	重点廉洁风险	涉及领域	主要防控措施
1	小额物品采购时，因人情关系或谋取私利，购买物品质次价高	招标采购	坚持集体决策，多人参与，货比三家，择优确定厂家
2	在安全检查时吃拿卡要，放宽检查标准	生产建设	（1）强化监督，严格审核制度。 （2）严格遵守《廉政准则》，践行廉政承诺
3	物品管理不到位，存在贪、挪、占现象	党风和作风建设	严格执行物品出入库管理制度
4	存在拿供货商的回扣，收受礼金等违规现象，让供货商请客吃饭等不良行为	党风和作风建设	（1）强化监督，严格审核制度。 （2）严格遵守《廉政准则》，践行廉政承诺

岗位名称	**综合室副主任**	风险星级	三星
序号	重点廉洁风险	涉及领域	主要防控措施
1	泄露招标信息	招标采购	（1）严格遵守《廉政准则》，践行廉政承诺。 （2）严格落实公司规章制度，加强对专职人员的监督管理，对于违规泄密行为增大处罚力度
2	既制定招投标文件，又担任评标专家	招标采购	（1）加强小型基建及非生产大修技改项目招投标及合同的管理工作。 （2）招标实行三分离，综合服务中心只提出需求，不参与招标过程

第二节　主业单位重要岗位廉洁风险

1. 电力调度控制中心

单位名称	**电力调度控制中心**	主要风险领域	招标采购、党风和作风建设		
风险等级	低	重点岗位组成	五星岗位：**0** 个	四星岗位：**0** 个	三星岗位：**4** 个

岗位名称	**综合室主任**	风险星级	三星
序号	重点廉洁风险	涉及领域	主要防控措施
1	物资采购、报废等工作审核把关不严	物资管理	（1）严格执行物资计划审批流程，杜绝计划外项目、内容。 （2）完善资产需求管理制度，设备采购需求由班组提出、科室确定，分管领导审核，需求按实上报。 （3）采购需求与入库验收人员不能是同一人，在验收现场应保证有 2 人及以上在场；按照规定办理本单位废旧物资报废申请并办理报废手续。 （4）建立设备实物台账、设备卡片、资产卡片的对应关系，开展废旧物资定期检查，并按时留底相关处理资料
2	党团经费、工会经费管理不规范	综合管理	（1）加强党工团活动方案审核，严格执行财务制度，严格把关网上报销流程。 （2）合理设置工作流程，完善监督机制，将监督制约体现于流程之中，用制度管人。 （3）加强对经办人员的提醒与监督，自觉践行廉洁从业各项规定

续表

岗位名称	**综合室主任**	风险星级	三星
序号	重点廉洁风险	涉及领域	主要防控措施
3	违规购置办公用品、广告宣传、印刷品等，实际数量、质量与合同不一致，利用差额私设“小金库”	招标采购	（1）严格遵守财务纪律，管好、用好公私财物，杜绝违反财经纪律事件的出现。 （2）强化监督机制，严控物品“出入关”，确保物品、资金使用有依据、有记录、有校核、有监督。 （3）做好“小金库”专项治理工作，认真开展自查自纠
4	违反薪酬分配和绩效考核制度，擅自更改绩效考核数据或相关人员的工资、奖金金额	人力资源	认真执行劳动工资和劳动保障方面法律、法规及规章制度，依托内部审计、检查团队不定期开展自查内控
5	差旅、培训等费用报销审核把关不严	财务资产	（1）宣贯学习《国家电网公司员工奖惩规定》，树牢员工规矩意识。 （2）严格日常出差、培训费用审核报销，严禁员工随意报销私人车船票，确保报销费用与实际要相符
6	三公经费审核把关不严，超标准发生	党风和作风建设	（1）严格执行会议管理办法、接待工作管理等有关制度要求，向各部门、单位明确经费使用标准，做好费用前置审批、报销把关。 （2）认真贯彻落实中央八项规定精神，严格执行公务用车、办公用房、因公出国（境）等方面制度，依托内部审计、检查团队进行不定期核查

岗位名称	**方式计划室主任**	风险星级	三星
序号	重点廉洁风险	涉及领域	主要防控措施
1	未严格执行“三公”调度	党风和作风建设	（1）严格执行《发电厂并网运行管理规定》，按时规范签订并网调度协议，由新设备专职定期跟踪梳理。 （2）严格执行“三公”调度，定期召开并网电厂工作会议，开展调度信息披露工作，并及时向电力监管机构及政府有关部门报备

岗位名称	**自动化室主任**	风险星级	三星
序号	重点廉洁风险	涉及领域	主要防控措施
1	废旧物资管理不规范	生产建设	（1）按照规定办理废旧物资报废申请并办理报废手续，规范实物移交、接收双方签字手续。 （2）建立设备实物台账、设备卡片、资产卡片的对应关系，开展废旧物资定期检查，并按时留底相关处理资料。 （3）按照规定做好废旧物资拆除、回收、集中、现场管理和移交工作，在进行退役、退出物资的技术鉴定时不得弄虚作假
2	在工程项目立项、施工、结算等环节利用职权或职务上影响，牟取私利	生产建设	（1）严格执行各项管理制度，认真抓好检查落实。 （2）严格执行公开招标制度。对大修、技改、科技项目管理等严格审核把关。采取分级（专职、室主任、中心领导）把关的原则开展项目管理。严格按照公司要求规范开展项目立项、采购、实施和验收等管理工作。定期开展廉政谈话提醒，并通过与其他利益相关方开展廉政谈话中收集相关线索。 （3）拒绝工程项目厂商任何形式的拉关系行为，与工程项目厂商保持足够的距离，加强对信息项目流程管理，严格按照合同内容进行项目验收
3	在技术外包工程的可研立项、招标采购、实施管理、验收结算等环节利用职务上影响，牟取私利	生产建设	（1）严格执行各项管理制度，认真抓好检查落实。 （2）在与设备厂商交流中应坚持原则，坚决不参加供应商组织的宴请、礼品、红包等行贿行为

岗位名称	**继电保护室主任**	风险星级	三星
序号	重点廉洁风险	涉及领域	主要防控措施
1	在工程项目立项、施工、结算等环节利用职权或职务上影响，牟取私利	生产建设	（1）严格执行各项管理制度，认真抓好检查落实。 （2）严格执行公开招标制度。对大修、技改、科技项目管理等严格审核把关。采取分级（专职、室主任、中心领导）把关的原则开展项目管理。严格按照公司要求规范开展项目立项、采购、实施和验收等管理工作。定期开展廉政谈话提醒，并通过与其他利益相关方开展廉政谈话中收集相关线索

2. 变电运检中心

单位名称	**变电运检中心**	主要风险领域	生产建设、物资管理		
风险等级	低	重点岗位组成	五星岗位：**0** 个	四星岗位：**1** 个	三星岗位：**5** 个

岗位名称	**项目室主任**	风险星级	四星
序号	重点廉洁风险	涉及领域	主要防控措施
1	科技项目、重点工程费用支出不规范，从中牟取私利	生产建设	（1）加强监督，对不能严格按规章制度办事的责任人，依法依纪追究相关责任。 （2）落实国家电网有限公司、省公司科技项目管理要求，结合实际情况制定科技项目经费、合同等管理流程，规范管理流程。 （3）认真核对费用支出实际，利用 SAP 和财务系统加强费用支出监控
2	大型检修、技改项目未按规定执行相关技术管理要求	生产建设	（1）对大修、技改项目管理等严格审核把关，需求按实上报。核算项目成本，按规定完成项目批复。 （2）严格按照国家、电力行业标准等相关规定进行设备、工程验收

岗位名称	**综合室主任**	风险星级	三星
序号	重点廉洁风险	涉及领域	主要防控措施
1	党团经费、工会经费管理不规范	综合管理	（1）加强党工团活动方案审核，严格执行财务制度，严格把关网上报销流程。 （2）合理设置工作流程，完善监督机制，将监督制约体现于流程之中，用制度管人。 （3）加强对经办人员的提醒与监督，自觉践行廉洁从业各项规定
2	违规购置办公用品、广告宣传、印刷品等，实际数量、质量与合同不一致，利用差额私设“小金库”	招标采购	（1）严格遵守财务纪律，管好、用好公私财物，杜绝违反财经纪律事件的出现。 （2）强化监督机制，严控物品“出入关”，确保物品、资金使用有依据、有记录、有校核、有监督。 （3）做好“小金库”专项治理工作，认真开展自查自纠
3	违反薪酬分配和绩效考核制度，擅自更改绩效考核数据或相关人员的工资、奖金金额	人力资源	认真执行劳动工资和劳动保障方面法律、法规及规章制度，依托内部审计、检查团队不定期开展自查内控
4	差旅、培训等费用报销审核把关不严	财务资产	（1）宣贯学习《国家电网公司员工奖惩规定》，树牢员工规矩意识。 （2）严格日常出差、培训费用审核报销，严禁员工随意报销私人车船票，确保报销费用与实际要相符
5	“三公”经费审核把关不严，超标准发生	党风和作风建设	（1）严格执行会议管理办法、接待工作管理等有关制度要求，向各部门、单位明确经费使用标准，做好费用前置审批、报销把关。 （2）认真贯彻落实中央八项规定精神，严格执行公务用车、办公用房、因公出国（境）等方面制度，依托内部审计、检查团队进行不定期核查

岗位名称	**安监室主任**	风险星级	三星
序号	重点廉洁风险	涉及领域	主要防控措施
1	安全措施费使用不规范	生产建设	（1）编制安全措施费的月度计划和年度需求总计划。 （2）安全措施费的使用需经支委会讨论研究。 （3）认真学习安全措施费用使用管理办法，严格执行相关规定。 （4）加强对经办人员的提醒与监督，自觉践行廉洁从业各项规定
2	安全工器具和消防设施等采购、入库、出库环节管理不严	物资管理	（1）采购、入库、验收现场应保证有 2 人及以上在场。 （2）定期接受廉政谈话提醒，自觉践行廉洁从业各项规定。 （3）加强对相关人员业务行为的监督力度，健全物资进出验收管理制度
3	安全稽查工作中查处、考核违章行为或事故调查时，因人情往来影响稽查结果	生产建设	（1）安全稽查中应由 2 人以上共同进行。 （2）严格按照安全稽查相关管理办法执行，并做好检查验收记录。 （3）建立责任追究制度，发生问题严格落实每个签字人员的责任，并与绩效挂钩
4	未执行回避制度，与投标人违规接触	招标采购	（1）严格执行回避制度，与投标人有利害关系的人不得进入相关项目的评标委员会，已经进入的应当更换。 （2）切实落实“三重一大”“一岗双责”有关工作要求，不违反规定干预物资采购、项目管理等方面事项。 （3）严格执行招投标有关规定，杜绝应招未招、指定供应商等违反纪律事件发生

岗位名称	**技术室主任**	风险星级	三星
序号	重点廉洁风险	涉及领域	主要防控措施
1	物资采购、报废管理不规范	物资管理	（1）完善资产需求管理制度，设备采购需求由班组提出、科室确定，分管领导审核，需求按实上报。 （2）采购需求与入库验收人员不能是同一人，在验收现场应保证有 2 人及以上在场。 （3）在进行退役、退出物资的技术鉴定时不得弄虚作假，按照规定做好废旧物资拆除、回收、集中、现场管理和移交工作
2	在技术外包工程的可研立项、招标采购、实施管理、验收结算等环节利用职务上影响，牟取私利	生产建设	（1）严格执行各项管理制度，认真抓好检查落实。 （2）在与设备厂商交流中应坚持原则，坚决不参加供应商组织的宴请、礼品、红包等行贿行为
3	项目管理中超标准、超范围列支人工费、差旅费、会议费、专家咨询费等相关费用，违反专款专用原则	财务资产	（1）严格审核费用支出的真实性、合规性。 （2）严格按照规定使用人工费、差旅费、会议费、专家咨询费等费用。 （3）利用 SAP 和财务系统加强费用支出监控

岗位名称	**运维四班班长**	风险星级	三星
序号	重点廉洁风险	涉及领域	主要防控措施
1	在变电站房屋大修过程中人为设置障碍，吃拿卡要后放宽验收标准	生产建设	（1）严格按照国家、电力行业标准等相关规定进行设备、工程验收。 （2）规范与施工单位的往来，谢绝吃请等一切有贿赂性质的行为。 （3）加强组织领导、强化监督检查，加强对设备、项目的全过程管控。 （4）完善监督制约机制，规范工作流程，多人集体实施项目或费用的审批和验收

岗位名称	**机具维护班班长**	风险星级	三星
序号	重点廉洁风险	涉及领域	主要防控措施
1	物资采购、入库、出库环节管理不严	物资管理	（1）加强对各类资产新增、转移等全过程的管理与跟踪。 （2）完善资产需求管理制度，设备采购需求由班组提出、科室确定，分管领导审核。 （3）采购需求与入库验收人员不能是同一人，在验收现场应保证有 2 人及以上在场。 （4）完善物资零星采购等管理制度
2	废旧物资管理不规范	物资管理	（1）按照规定办理本单位废旧物资报废申请并办理报废手续，规范实物移交、接收双方签字手续。 （2）建立设备实物台账、设备卡片、资产卡片的对应关系，开展废旧物资定期检查，并按时留底相关处理资料。 （3）按照规定做好废旧物资拆除、回收、集中、现场管理和移交工作，在进行退役、退出物资的技术鉴定时不得弄虚作假

3. 输电运检中心

单位名称	**输电运检中心**	主要风险领域	生产建设、物资管理		
风险等级	低	重点岗位组成	五星岗位：**0** 个	四星岗位：**0** 个	三星岗位：**4** 个

岗位名称	**综合室主任**	风险星级	三星
序号	重点廉洁风险	涉及领域	主要防控措施
1	党团经费、工会经费管理不规范	综合管理	（1）加强党工团活动方案审核，严格执行财务制度，严格把关网上报销流程。 （2）合理设置工作流程，完善监督机制，将监督制约体现于流程之中，用制度管人。 （3）加强对经办人员的提醒与监督，自觉践行廉洁从业各项规定

续表

岗位名称	**综合室主任**	风险星级	三星
序号	重点廉洁风险	涉及领域	主要防控措施
2	违规购置办公用品、广告宣传、印刷品等，实际数量、质量与合同不一致，利用差额私设“小金库”	招标采购	（1）严格遵守财务纪律，管好、用好公私财物，杜绝违反财经纪律事件的出现。 （2）强化监督机制，严控物品“出入关”，确保物品、资金使用有依据、有记录、有校核、有监督。 （3）做好“小金库”专项治理工作，认真开展自查自纠
3	违反薪酬分配和绩效考核制度，擅自更改绩效考核数据或相关人员的工资、奖金金额	人力资源	认真执行劳动工资和劳动保障方面法律、法规及规章制度，依托内部审计、检查团队不定期开展自查内控
4	差旅、培训等费用报销审核把关不严	财务资产	（1）宣贯学习《国家电网公司员工奖惩规定》，树牢员工规矩意识。 （2）严格日常出差、培训费用审核报销，严禁员工随意报销私人车船票，确保报销费用与实际要相符
5	三公经费审核把关不严，超标准发生	党风和作风建设	（1）严格执行会议管理办法、接待工作管理等有关制度要求，向各部门、单位明确经费使用标准，做好费用前置审批、报销把关。 （2）认真贯彻落实中央八项规定精神，严格执行公务用车、办公用房、因公出国（境）等方面制度，依托内部审计、检查团队进行不定期核查

岗位名称	**安监室主任**	风险星级	三星
序号	重点廉洁风险	涉及领域	主要防控措施
1	安全措施费使用不规范	生产建设	(1)编制安全措施费的月度计划和年度需求总计划。 (2)安全措施费的使用需经支委会讨论研究。 (3)认真学习安全措施费用使用管理办法,严格执行相关规定。 (4)加强对经办人员的提醒与监督,自觉践行廉洁从业各项规定
2	安全工器具和消防设施等采购、入库、出库环节管理不严	物资管理	(1)采购、入库、验收现场应保证有 2 人及以上在场。 (2)定期接受廉政谈话提醒,自觉践行廉洁从业各项规定。 (3)加强对相关人员业务行为的监督力度,健全物资进出验收管理制度
3	安全稽查工作中查处、考核违章行为或事故调查时,因人情往来影响稽查结果	生产建设	(1)安全稽查中应由 2 人以上共同进行。 (2)严格按照安全稽查相关管理办法执行,并做好检查验收记录。 (3)建立责任追究制度,发生问题严格落实每个签字人员的责任,并与绩效挂钩
4	未执行回避制度,与投标人违规接触	招标采购	(1)严格执行回避制度,与投标人有利害关系的人不得进入相关项目的评标委员会,已经进入的应当更换。 (2)切实落实"三重一大""一岗双责"有关工作要求,不违反规定干预物资采购、项目管理等方面事项。 (3)严格执行招投标有关规定,杜绝应招未招、指定供应商等违反纪律事件发生

岗位名称	**技术室主任**	风险星级	三星
序号	重点廉洁风险	涉及领域	主要防控措施
1	物资采购、报废管理不规范	物资管理	（1）完善资产需求管理制度，设备采购需求由班组提出、科室确定，分管领导审核，需求按实上报。 （2）采购需求与入库验收人员不能是同一人，在验收现场应保证有 2 人及以上在场。 （3）在进行退役、退出物资的技术鉴定时不得弄虚作假，按照规定做好废旧物资拆除、回收、集中、现场管理和移交工作
2	在技术外包工程的可研立项、招标采购、实施管理、验收结算等环节利用职务上影响，牟取私利	生产建设	（1）严格执行各项管理制度，认真抓好检查落实。 （2）在与设备厂商交流中应坚持原则，坚决不参加供应商组织的宴请、礼品、红包等行贿行为
3	项目管理中超标准、超范围列支人工费、差旅费、会议费、专家咨询费等相关费用，违反专款专用原则	财务资产	（1）严格审核费用支出的真实性、合规性。 （2）严格按照规定使用人工费、差旅费、会议费、专家咨询费等费用。 （3）利用 SAP 和财务系统加强费用支出监控

岗位名称	**机具维护班班长**	风险星级	三星
序号	重点廉洁风险	涉及领域	主要防控措施
1	物资采购、入库、出库环节管理不严	物资管理	（1）加强对各类资产新增、转移等全过程的管理与跟踪。 （2）完善资产需求管理制度，设备采购需求由班组提出、科室确定，分管领导审核。 （3）采购需求与入库验收人员不能是同一人，在验收现场应保证有 2 人及以上在场。 （4）完善物资零星采购等管理制度
2	废旧物资管理不规范	物资管理	（1）按照规定办理本单位废旧物资报废申请并办理报废手续，规范实物移交、接收双方签字手续。 （2）建立设备实物台账、设备卡片、资产卡片的对应关系，开展废旧物资定期检查，并按时留底相关处理资料。 （3）按照规定做好废旧物资拆除、回收、集中、现场管理和移交工作，在进行退役、退出物资的技术鉴定时不得弄虚作假

4. 柔直运检中心

单位名称	**柔直运检中心**	主要风险领域	生产建设、物资管理		
风险等级	低	重点岗位组成	五星岗位：**0** 个	四星岗位：**0** 个	三星岗位：**5** 个

岗位名称	**综合室副主任**	风险星级	三星
序号	重点廉洁风险	涉及领域	主要防控措施
1	党团经费、工会经费管理不规范	综合管理	（1）加强党工团活动方案审核，严格执行财务制度，严格把关网上报销流程。 （2）合理设置工作流程，完善监督机制，将监督制约体现于流程之中，用制度管人。 （3）加强对经办人员的提醒与监督，自觉践行廉洁从业各项规定
2	违规购置办公用品、广告宣传、印刷品等，实际数量、质量与合同不一致，利用差额私设“小金库”	招标采购	（1）严格遵守财务纪律，管好、用好公私财物，杜绝违反财经纪律事件的出现。 （2）强化监督机制，严控物品“出入关”，确保物品、资金使用有依据、有记录、有校核、有监督。 （3）做好“小金库”专项治理工作，认真开展自查自纠
3	违反薪酬分配和绩效考核制度，擅自更改绩效考核数据或相关人员的工资、奖金金额	人力资源	认真执行劳动工资和劳动保障方面法律、法规及规章制度，依托内部审计、检查团队不定期开展自查内控
4	差旅、培训等费用报销审核把关不严	财务资产	（1）宣贯学习《国家电网公司员工奖惩规定》，树牢员工规矩意识。 （2）严格日常出差、培训费用审核报销，严禁员工随意报销私人车船票，确保报销费用与实际要相符
5	三公经费审核把关不严，超标准发生	党风和作风建设	（1）严格执行会议管理办法、接待工作管理等有关制度要求，向各部门、单位明确经费使用标准，做好费用前置审批、报销把关。 （2）认真贯彻落实中央八项规定精神，严格执行公务用车、办公用房、因公出国（境）等方面制度，依托内部审计、检查团队进行不定期核查

岗位名称	**综合室技术顾问**	风险星级	三星
序号	重点廉洁风险	涉及领域	主要防控措施
1	车辆使用管理不规范	后勤服务	（1）认真贯彻落实中央八项规定精神，做好车辆使用审批，由使用人申请，科室主任确认，分管领导审核。 （2）完善车辆使用管理相关制度，加强对经办人员的提醒与监督，自觉践行廉洁从业各项规定
2	差旅费报销审核把关不严格	财务资产	（1）宣贯学习《国家电网公司员工奖惩规定》，树牢员工规矩意识。 （2）严格落实公司差旅费管理有关要求，对照差旅费标准做好报销审核把关

岗位名称	**安监室主任**	风险星级	三星
序号	重点廉洁风险	涉及领域	主要防控措施
1	安全措施费使用不规范	生产建设	（1）编制安全措施费的月度计划和年度需求总计划。 （2）安全措施费的使用需经支委会讨论研究。 （3）认真学习安全措施费用使用管理办法，严格执行相关规定。 （4）加强对经办人员的提醒与监督，自觉践行廉洁从业各项规定
2	安全工器具和消防设施等采购、入库、出库环节管理不严	物资管理	（1）采购、入库、验收现场应保证有 2 人及以上在场。 （2）定期接受廉政谈话提醒，自觉践行廉洁从业各项规定。 （3）加强对相关人员业务行为的监督力度，健全物资进出验收管理制度
3	安全稽查工作中查处、考核违章行为或事故调查时，因人情往来影响稽查结果	生产建设	（1）安全稽查中应由 2 人以上共同进行。 （2）严格按照安全稽查相关管理办法执行，并做好检查验收记录。 （3）建立责任追究制度，发生问题严格落实每个签字人员的责任，并与绩效挂钩

续表

岗位名称	**安监室主任**	风险星级	三星
序号	重点廉洁风险	涉及领域	主要防控措施
4	未执行回避制度，与投标人违规接触	招标采购	（1）严格执行回避制度，与投标人有利害关系的人不得进入相关项目的评标委员会，已经进入的应当更换。 （2）切实落实“三重一大”“一岗双责”有关工作要求，不违反规定干预物资采购、项目管理等方面事项。 （3）严格执行招投标有关规定，杜绝应招未招、指定供应商等违反纪律事件发生

岗位名称	**技术室主任**	风险星级	三星
序号	重点廉洁风险	涉及领域	主要防控措施
1	物资采购、报废管理不规范。对班组领用物资的日常监督检查不严，致使物资使用寿命缩短提早退役导致物资的浪费	物资管理	（1）完善资产需求管理制度，设备采购需求由班组提出、科室确定，分管领导审核，需求按实上报。 （2）采购需求与入库验收人员不能是同一人，在验收现场应保证有 2 人及以上在场。 （3）加强对班组领用物资的常态化检查考核，确保物资在全寿命周期内可用、好用，加强物资规范化教育和培训，引导班组员工树立良好的物资管理和日常维保理念。 （4）在进行退役、退出物资的技术鉴定时不得弄虚作假，按照规定做好废旧物资拆除、回收、集中、现场管理和移交工作
2	在技术外包工程的可研立项、招标采购、实施管理、验收结算等环节利用职务上影响，牟取私利	生产建设	（1）严格执行各项管理制度，认真抓好检查落实。 （2）在与设备厂商交流中应坚持原则，坚决不参加供应商组织的宴请、礼品、红包等行贿行为
3	项目管理中超标准、超范围列支人工费、差旅费、会议费、专家咨询费等相关费用，违反专款专用原则	财务资产	（1）严格审核费用支出的真实性、合规性。 （2）严格按照规定使用人工费、差旅费、会议费、专家咨询费等费用。 （3）利用 SAP 和财务系统加强费用支出监控

岗位名称	**机具维护班班长**	风险星级	三星
序号	重点廉洁风险	涉及领域	主要防控措施
1	物资采购、入库、出库环节管理不严	物资管理	（1）加强对各类资产新增、转移等全过程的管理与跟踪。 （2）完善资产需求管理制度，设备采购需求由班组提出、科室确定，分管领导审核。 （3）采购需求与入库验收人员不能是同一人，在验收现场应保证有 2 人及以上在场。 （4）完善物资零星采购等管理制度
2	对库存物资的管理维护不规范，对班组领用的物资使用维护管理日常检查不严，致使使用寿命缩短	物资管理	（1）对库存物资加强日常性的管理维护，确保物资状态良好。 （2）加强对班组领用的物资使用维护情况的监督、检查和考核，督促班组规范管理各位物资的使用和保管
3	废旧物资管理不规范	物资管理	（1）按照规定办理本单位废旧物资报废申请并办理报废手续，规范实物移交、接收双方签字手续。 （2）建立设备实物台账、设备卡片、资产卡片的对应关系，开展废旧物资定期检查，并按时留底相关处理资料。 （3）按照规定做好废旧物资拆除、回收、集中、现场管理和移交工作，在进行退役、退出物资的技术鉴定时不得弄虚作假

5. 海洋输电技术研究中心

单位名称	**输电运检中心**	主要风险领域	生产建设、物资管理		
风险等级	低	重点岗位组成	五星岗位：**0** 个	四星岗位：**4** 个	三星岗位：**1** 个

岗位名称	**设计技术研究室主任**	风险星级	四星
序号	重点廉洁风险	涉及领域	主要防控措施
1	项目外委不规范，存在项目外委理由支撑不足，外委单位、价格确定方式不当、资质考察不到位等风险	综合管理	（1）加强对项目外委事项合理性的事前审核把关，检查是否有外委的必要、外委项目决策支撑材料是否充分、合理。 （2）严格执行公司关于科研项目外委支出的占比要求，加强对外委项目经费使用情况以及外委费用占项目总体预算比例的审核检查
2	科技项目外委经费未按合同规定时间支付或未按合同规定比例支付	综合管理	（1）外委研究支出费必须以项目合同中明确的任务为依据，详细列示每一项外委研究支出。 （2）严格项目外委费用审批流程
3	项目管理中超标准、超范围列支人工费、差旅费、会议费、专家咨询费等相关费用，违反专款专用原则	财务资产	（1）加强科研经费使用情况的监督检查和管控，对费用支出的标准及合理性进行严格审核把关。 （2）利用 SAP 和财务系统加强费用支出监控
4	项目外委研究费用超比例或与研究内容不匹配	财务资产	（1）外委研究费比例不得超过合同总额的30%。 （2）加强科研经费使用情况的监督检查和管控，对费用支出的标准及合理性进行严格审核把关。 （3）研究开发项目委托和受托单位应严格预算管理，应按照《国家电网公司会计核算办法》的规定设置会计科目，进行会计核算
5	外委项目监督、验收、管理不到位	综合管理	严格项目验收材料：① 工作报告；② 技术报告；③ 项目经费决算报告；④ 项目审计报告；⑤ 其他支撑与证明材料
6	海缆探测项目实施中违规，编制虚假结论，影响结果评判	综合管理	（1）严格按照实验室体系要求编制探测报告，经审核签字盖章后方生效。 （2）定期开展廉政谈话提醒，加强对负责人员的提醒与监督，自觉践行廉洁从业各项规定

岗位名称	**施工技术研究室副主任**	风险星级	四星
序号	重点廉洁风险	涉及领域	主要防控措施
1	项目外委不规范，存在项目外委理由支撑不足，外委单位、价格确定方式不当、资质考察不到位等风险	综合管理	（1）加强对项目外委事项合理性的事前审核把关，检查是否有外委的必要、外委项目决策支撑材料是否充分、合理。 （2）严格执行公司关于科研项目外委支出的占比要求，加强对外委项目经费使用情况以及外委费用占项目总体预算比例的审核检查
2	科技项目外委经费未按合同规定时间支付或未按合同规定比例支付	综合管理	（1）外委研究支出费必须以项目合同中明确的任务为依据，详细列示每一项外委研究支出。 （2）严格项目外委费用审批流程
3	项目外委不规范，存在项目主体研究内容外委、实施单位提前介入前期立项工作等风险	综合管理	（1）项目主体研究内容不得外委给其他单位。 （2）严格项目立项管理，杜绝在立项阶段有外部供应商参与
4	项目管理中超标准、超范围列支人工费、差旅费、会议费、专家咨询费等相关费用，违反专款专用原则	财务资产	（1）加强科研经费使用情况的监督检查和管控，对费用支出的标准及合理性进行严格审核把关。 （2）利用 SAP 和财务系统加强费用支出监控
5	项目外委研究费用超比例或与研究内容不匹配	财务资产	（1）外委研究费比例不得超过合同总额的30%。 （2）加强科研经费使用情况的监督检查和管控，对费用支出的标准及合理性进行严格审核把关。 （3）研究开发项目委托和受托单位应严格预算管理，应按照《国家电网公司会计核算办法》的规定设置会计科目，进行会计核算
6	外委项目监督、验收、管理不到位	综合管理	严格项目验收材料：① 工作报告；② 技术报告；③ 项目经费决算报告；④ 项目审计报告；⑤ 其他支撑与证明材料
7	编制虚假检测报告，从中牟取利益	综合管理	（1）严格按照实验室体系要求编制试验报告，经审核签字盖章后方生效。 （2）定期开展廉政谈话提醒，加强对负责人员的提醒与监督，自觉践行廉洁从业各项规定

岗位名称	**综合技术研究室副主任**	风险星级	四星
序号	重点廉洁风险	涉及领域	主要防控措施
1	项目外委不规范，存在项目外委理由支撑不足，外委单位、价格确定方式不当、资质考察不到位等风险	综合管理	（1）加强对项目外委事项合理性的事前审核把关，检查是否有外委的必要、外委项目决策支撑材料是否充分、合理。 （2）严格执行公司关于科研项目外委支出的占比要求，加强对外委项目经费使用情况以及外委费用占项目总体预算比例的审核检查
2	科技项目外委经费未按合同规定时间支付或未按合同规定比例支付	综合管理	（1）外委研究支出费必须以项目合同中明确的任务为依据，详细列示每一项外委研究支出。 （2）严格项目外委费用审批流程
3	项目管理中超标准、超范围列支人工费、差旅费、会议费、专家咨询费等相关费用，违反专款专用原则	财务资产	（1）加强科研经费使用情况的监督检查和管控，对费用支出的标准及合理性进行严格审核把关。 （2）利用 SAP 和财务系统加强费用支出监控
4	项目外委研究费用超比例或与研究内容不匹配	财务资产	（1）外委研究费比例不得超过合同总额的30%。 （2）加强科研经费使用情况的监督检查和管控，对费用支出的标准及合理性进行严格审核把关。 （3）研究开发项目委托和受托单位应严格预算管理，应按照《国家电网公司会计核算办法》的规定设置会计科目，进行会计核算
5	外委项目监督、验收、管理不到位	综合管理	严格项目验收材料：① 工作报告；② 技术报告；③ 项目经费决算报告；④ 项目审计报告；⑤ 其他支撑与证明材料
6	大型检修、技改项目申报、验收等环节的工程量核算、质量管控把关不严	生产建设	（1）对大修、技改项目管理等严格审核把关，需求按实上报，核算项目成本，按规定完成项目批复。 （2）严格执行工程施工质量验收及评定规程及验评项目划分表的规定，开展项目各阶段验收等质量控制工作

续表

岗位名称	**综合技术研究室副主任**	风险星级	四星
序号	重点廉洁风险	涉及领域	主要防控措施
7	项目物资采购方式方法确定不合理，单一来源采购过程不规范，未组织专家论证或经上级部门审批	招标采购	（1）加强对各类资产新增、转移等全过程的管理与跟踪。 （2）完善资产需求管理制度，设备采购需求由项目负责人提出、科室确定，分管领导审核。 （3）在与外部交流中应坚持原则，坚决不参加供应商组织的宴请、礼品、红包等行贿行为
8	废旧物资管理不规范	物资管理	（1）按照规定办理本单位废旧物资报废申请并办理报废手续，规范实物移交、接收双方签字手续。 （2）建立设备实物台账、设备卡片、资产卡片的对应关系，开展废旧物资定期检查，并按时留底相关处理资料。 （3）按照规定做好废旧物资拆除、回收、集中、现场管理和移交工作，在进行退役、退出物资的技术鉴定时不得弄虚作假

岗位名称	**运维技术研究室副主任**	风险星级	四星
序号	重点廉洁风险	涉及领域	主要防控措施
1	科研项目立项审查不严格，存在虚假科技项目立项申报、科技项目可研价值不高、立项审查专家与科技项目存在利害关系等风险	综合管理	（1）规范工作流程，确保科技项目立项工作的公允性和有效性。 （2）严格审核申报材料，申报科技项目须依照科技项目申报指南编报科技项目可研报告等申报材料，申报材料须由申报单位审核，经本单位领导批准后报送管理部门。 （3）规范抽取符合要求的立项审查专家，杜绝科技项目研究人员或与科技项目有利害关系的人员作为专家参与立项审查

续表

岗位名称	**运维技术研究室副主任**	风险星级	四星
序号	重点廉洁风险	涉及领域	主要防控措施
2	科技项目外委不规范，存在科技项目外委理由支撑不足，外委单位、价格确定方式不当、资质考察不到位等风险	综合管理	（1）加强对科技项目外委事项合理性的事前审核把关，检查是否有外委的必要、外委科技项目决策支撑材料是否充分、合理。 （2）严格执行公司关于科研项目外委支出的占比要求，加强对外委科技项目经费使用情况以及外委费用占项目总体预算比例的审核检查
3	科技项目外委经费未按合同规定时间支付或未按合同规定比例支付	综合管理	（1）外委研究支出费必须以科技项目合同中明确的任务为依据，详细列示每一项外委研究支出。 （2）严格科技项目外委费用审批流程
4	科技项目管理中超标准、超范围列支人工费、差旅费、会议费、专家咨询费等相关费用，违反专款专用原则	财务资产	（1）加强科研经费使用情况的监督检查和管控，对费用支出的标准及合理性进行严格审核把关。 （2）认真核对费用支出实际，利用 SAP 和财务系统加强费用支出监控
5	科技项目外委研究费用超比例或与研究内容不匹配	财务资产	（1）外委研究费比例不得超过合同总额的30%。 （2）加强科研经费使用情况的监督检查和管控，对费用支出的标准及合理性进行严格审核把关。 （3）研究开发科技项目委托和受托单位应严格预算管理，应按照《国家电网公司会计核算办法》的规定设置会计科目，进行会计核算
6	科技项目管理成果不严格，存在虚报项目成果、无形资产管理不到位等风险	综合管理	（1）加强科技项目成果管理，严格按照《国家电网公司知识产权管理办法》等相关规定进行申请、登记、保护和使用。 （2）严格审查科技项目成果真实性，定期检查科技项目成果转资情况
7	外委科技项目监督、验收、管理不到位	综合管理	严格科技项目验收材料：① 工作报告；② 技术报告；③ 项目经费决算报告；④ 项目审计报告；⑤ 其他支撑与证明材料

岗位名称	**办公室主任**	风险星级	三星
序号	重点廉洁风险	涉及领域	主要防控措施
1	违规购置办公用品、广告宣传、印刷品等，实际数量、质量与合同不一致，利用差额私设“小金库”	招标采购	（1）严格遵守财务纪律，管好、用好公私财物，杜绝违反财经纪律事件的出现。 （2）强化监督机制，严控物品“出入关”，确保物品、资金使用有依据、有记录、有校核、有监督。 （3）做好“小金库”专项治理工作，认真开展自查自纠
2	党团经费、工会经费管理不规范	综合管理	（1）加强党工团活动方案审核，严格执行财务制度，严格把关网上报销流程。 （2）合理设置工作流程，完善监督机制，将监督制约体现于流程之中，用制度管人。 （3）加强对经办人员的提醒与监督，自觉践行廉洁从业各项规定
3	差旅、培训等费用报销审核把关不严	财务资产	（1）宣贯学习《国家电网公司员工奖惩规定》，树牢员工规矩意识。 （2）严格日常出差、培训费用审核报销，严禁员工随意报销私人车船票，确保报销费用与实际要相符
4	违反薪酬分配和绩效考核制度，擅自更改绩效考核数据或相关人员的工资、奖金金额	人力资源	认真执行劳动工资和劳动保障方面法律、法规及规章制度，依托内部审计、检查团队不定期开展自查内控

6. 信息通信分公司

单位名称	**信息通信分公司**	主要风险领域	项目管理、物资管理		
风险等级	低	重点岗位组成	五星岗位：**0** 个	四星岗位：**0** 个	三星岗位：**3** 个

岗位名称	**综合室组长**	风险星级	三星
序号	重点廉洁风险	涉及领域	主要防控措施
1	党团经费、工会经费管理不规范	综合管理	（1）加强党工团活动方案审核，严格执行财务制度，严格把关网上报销流程。 （2）合理设置工作流程，完善监督机制，将监督制约体现于流程之中，用制度管人。 （3）加强对经办人员的提醒与监督，自觉践行廉洁从业各项规定
2	违规购置办公用品、广告宣传、印刷品等，实际数量、质量与合同不一致，利用差额私设“小金库”	招标采购	（1）严格遵守财务纪律，管好、用好公私财物，杜绝违反财经纪律事件的出现。 （2）强化监督机制，严控物品“出入关”，确保物品、资金使用有依据、有记录、有校核、有监督。 （3）做好“小金库”专项治理工作，认真开展自查自纠
3	违反薪酬分配和绩效考核制度，擅自更改绩效考核数据或相关人员的工资、奖金金额	人力资源	认真执行劳动工资和劳动保障方面法律、法规及规章制度，依托内部审计、检查团队不定期开展自查内控
4	差旅、培训等费用报销审核把关不严	财务资产	（1）宣贯学习《国家电网公司员工奖惩规定》，树牢员工规矩意识。 （2）严格日常出差、培训费用审核报销，严禁员工随意报销私人车船票，确保报销费用与实际要相符
5	三公经费审核把关不严，超标准发生	党风和作风建设	（1）严格执行会议管理办法、接待工作管理等有关制度要求，向各部门、单位明确经费使用标准，做好费用前置审批、报销把关。 （2）认真贯彻落实中央八项规定精神，严格执行公务用车、办公用房、因公出国（境）等方面制度，依托内部审计、检查团队进行不定期核查

岗位名称	**信息运检班班长**	风险星级	三星
序号	重点廉洁风险	涉及领域	主要防控措施
1	信息化及信息运维项目实施管控不到位	生产建设	（1）拒绝工程项目厂商任何形式的拉关系行为，与工程项目厂商保持足够的距离，加强对信息项目流程管控，严格按照合同内容进行项目验收。 （2）对信息运维全过程中的需求申报及招投标、发票校验、费用支付、后评估及运维服务评价等环节根据实际情况加强管理规范性
2	信息废旧物资管理不规范	物资管理	（1）按照规定办理本单位废旧物资报废申请并办理报废手续，规范实物移交、接收双方签字手续。 （2）建立设备实物台账、设备卡片、资产卡片的对应关系，开展废旧物资定期检查，并按时留底相关处理资料。 （3）按照规定做好废旧物资拆除、回收、集中、现场管理和移交工作，在进行退役、退出物资的技术鉴定时不得弄虚作假
3	信息资产及零配件管理不规范	招标采购	（1）完善信息物资零星采购等管理制度。 （2）加强信息实物资产管理业务培训，增强管理人员的安全意识、风险意识、责任意识，筑牢生产安全、廉政安全的“防火墙”。 （3）流程采购及仓库管理不是同一人，仓库验收时由不同班组 2 人在场，相互监督

岗位名称	**通信运检班班长**	风险星级	三星
序号	重点廉洁风险	涉及领域	主要防控措施
1	通信项目立项、审批、执行不规范	生产建设	（1）规范工作流程，确保项目立项工作的公允性和有效性。 （2）严格审核申报材料，申报项目须依照项目申报指南编报项目可研报告等申报材料，申报材料须由申报单位审核，经本单位领导批准后报送管理部门。 （3）规范抽取符合要求的立项审查专家，杜绝项目研究人员或与项目有利害关系的人员作为专家参与立项审查

续表

岗位名称	**通信运检班班长**	风险星级	三星
序号	重点廉洁风险	涉及领域	主要防控措施
2	通信项目实施过程中，资产管理流程的管控不到位	生产建设	（1）拒绝物资厂商任何形式的拉关系行为，与物资厂商保持足够的距离。 （2）完善通信物资零星采购等管理制度。 （3）加强合同流程业务培训，增强合同管理规范性、完整性。 （4）严格按照自己业务支付流程办理各类款项支付，强化付款单据管理，保证业务发起端单据信息完整准确。 （5）对大修、技改项目管理等严格审核把关，需求按实上报。核算项目成本，按规定完成项目批复。 （6）严格按照国家、电力行业标准等相关规定进行设备、工程验收
3	通信废旧物资管理不规范	物资管理	（1）按照规定办理本单位废旧物资报废申请并办理报废手续，规范实物移交、接收双方签字手续。 （2）建立设备实物台账、设备卡片、资产卡片的对应关系，开展废旧物资定期检查，并按时留底相关处理资料。 （3）按照规定做好废旧物资拆除、回收、集中、现场管理和移交工作，在进行退役、退出物资的技术鉴定时不得弄虚作假

7. 供电服务指挥中心（配网调控中心）

单位名称	**供电服务指挥中心（配网调控中心）**	主要风险领域	生产建设、招标采购、物资管理		
风险等级	中	重点岗位组成	五星岗位：**0** 个	四星岗位：**1** 个	三星岗位：**2** 个

岗位名称	**综合室副主管**	风险星级	三星
序号	重点廉洁风险	涉及领域	主要防控措施
1	物资采购、报废等工作审核把关不严	物资管理	（1）严格执行物资计划审批流程，杜绝计划外项目、内容。 （2）完善资产需求管理制度，设备采购需求由班组提出、科室确定，分管领导审核，需求按实上报。 （3）采购需求与入库验收人员不能是同一人，在验收现场应保证有 2 人及以上在场；按照规定办理本单位废旧物资报废申请并办理报废手续。 （4）建立设备实物台账、设备卡片、资产卡片的对应关系，开展废旧物资定期检查，并按时留底相关处理资料
2	违规购置办公用品、广告宣传、印刷品等，实际数量、质量与合同不一致，利用差额私设“小金库”	招标采购	（1）严格遵守财务纪律，管好、用好公私财物，杜绝违反财经纪律事件的出现。 （2）强化监督机制，严控物品“出入关”，确保物品、资金使用有依据、有记录、有校核、有监督。 （3）做好“小金库”专项治理工作，认真开展自查自纠
3	党团经费、工会经费管理不规范	综合管理	（1）加强党工团活动方案审核，严格执行财务制度，严格把关网上报销流程。 （2）合理设置工作流程，完善监督机制，将监督制约体现于流程之中，用制度管人。 （3）加强对经办人员的提醒与监督，自觉践行廉洁从业各项规定
4	差旅、培训等费用报销审核把关不严	财务资产	（1）宣贯学习《国家电网公司员工奖惩规定》，树牢员工规矩意识。 （2）严格日常出差、培训费用审核报销，严禁员工随意报销私人车船票，确保报销费用与实际要相符

续表

岗位名称	**综合室副主管**	风险星级	三星
序号	重点廉洁风险	涉及领域	主要防控措施
5	合同管理审核把关不严，出现合同倒签等不规范行为	综合管理	（1）强化合同审核，认真审核合同金额、使用税率、组价依据、结算方法及签订时间等要素，对不符合要求的一律回退修改。 （2）应用大数据技术，不定期开展合同倒签核查工作
6	违反薪酬分配和绩效考核制度，擅自更改绩效考核数据或相关人员的工资、奖金金额	人力资源	认真执行劳动工资和劳动保障方面法律、法规及规章制度，依托内部审计、检查团队不定期开展自查内控

岗位名称	**技术室主管**	风险星级	四星
序号	重点廉洁风险	涉及领域	主要防控措施
1	物资采购、报废管理不规范	物资管理	（1）完善资产需求管理制度，设备采购需求由班组提出、科室确定，分管领导审核，需求按实上报。 （2）采购需求与入库验收人员不能是同一人，在验收现场应保证有 2 人及以上在场。 （3）在进行退役、退出物资的技术鉴定时不得弄虚作假，按照规定做好废旧物资拆除、回收、集中、现场管理和移交工作
2	在技术外包工程的可研立项、招标采购、实施管理、验收结算等环节利用职务上影响，牟取私利	生产建设	（1）严格执行各项管理制度，认真抓好检查落实。 （2）在与设备厂商交流中应坚持原则，坚决不参加供应商组织的宴请、礼品、红包等行贿行为
3	项目管理中超标准、超范围列支人工费、差旅费、会议费、专家咨询费等相关费用，违反专款专用原则	财务资产	（1）严格审核费用支出的真实性、合规性。 （2）严格按照规定使用人工费、差旅费、会议费、专家咨询费等费用。 （3）利用 SAP 和财务系统加强费用支出监控

岗位名称	**安监室主管**	风险星级	三星
序号	重点廉洁风险	涉及领域	主要防控措施
1	安全措施费使用不规范	生产建设	（1）编制安全措施费的月度计划和年度需求总计划。 （2）安全措施费的使用需经支委会讨论研究。 （3）认真学习安全措施费用使用管理办法，严格执行相关规定。 （4）加强对经办人员的提醒与监督，自觉践行廉洁从业各项规定
2	安全工器具和消防设施等采购、入库、出库环节管理不严	物资管理	（1）采购、入库、验收现场应保证有 2 人及以上在场。 （2）定期接受廉政谈话提醒，自觉践行廉洁从业各项规定。 （3）加强对相关人员业务行为的监督力度，健全物资进出验收管理制度
3	安全稽查工作中查处、考核违章行为或事故调查时，因人情往来影响稽查结果	生产建设	（1）安全稽查中应由 2 人以上共同进行。 （2）严格按照安全稽查相关管理办法执行，并做好检查验收记录。 （3）建立责任追究制度，发生问题严格落实每个签字人员的责任，并与绩效挂钩
4	未执行回避制度，与投标人违规接触	招标采购	（1）严格执行回避制度，与投标人有利害关系的人不得进入相关项目的评标委员会，已经进入的应当更换。 （2）切实落实“三重一大”“一岗双责”有关工作要求，不违反规定干预物资采购、项目管理等方面事项。 （3）严格执行招投标有关规定，杜绝应招未招、指定供应商等违反纪律事件发生

8. 营销服务中心（计量中心）

单位名称	**营销服务中心（计量中心）**	主要风险领域	营销服务、生产建设、党风和作风建设、物资管理	
风险等级	中	重点岗位组成	五星岗位：**0** 个	四星岗位：4 个	三星岗位：**2** 个

岗位名称	**技术室副主任**	风险星级	三星
序号	重点廉洁风险	涉及领域	主要防控措施
1	物资采购、报废管理不规范，虚假评价电能表、测量设备的运行情况及厂家运维服务情况，并刻意隐瞒供应商不良信息	物资管理	（1）完善资产需求管理制度，设备采购需求由班组提出、科室确定，分管领导审核，需求按实上报。 （2）采购需求与入库验收人员不能是同一人，在验收现场应保证有 2 人及以上在场。 （3）在进行退役、退出物资的技术鉴定时不得弄虚作假，按照规定做好废旧物资拆除、回收、集中、现场管理和移交工作。 （4）建立健全制度，完善设备及厂家评价流程，多人相互制约，降低贪污腐败的机会
2	中心所辖项目管理中在招标采购、实施管理、验收结算等环节利用职务上影响，牟取私利	生产建设	（1）严格执行各项管理制度，认真抓好检查落实。 （2）在与设备厂商交流中应坚持原则，坚决不参加供应商组织的宴请、礼品、红包等行贿行为
3	开展专项监督检查工作时向各被查单位吃、拿、卡、要，不实事求是评价监督检查结果	营销服务	（1）在工作过程中，建立监督机制，派专人对廉政危险点处加强监督力度。 （2）多种渠道关注工作人员思想动态，经济生活情况，出现问题及时沟通疏导

岗位名称	**大客户经理班班长**	风险星级	四星
序号	重点廉洁风险	涉及领域	主要防控措施
1	多头受理、业扩报装流程各环节间缺乏有效监督制约	营销服务	受理阶段，严格客户房屋或土地合法使用证明、身份证明、产权证明等资料审查，杜绝多头受理情况
2	制定不合理或随意变更供电方案	营销服务	严格依据公司业扩供电方案编制有关规定和技术标准要求，根据现场勘查结果、当地供电条件等因素，经过技术比较、与客户协商一致后，拟定供电方案；供电方案变更，应履行审批程序
3	泄露客户用电工程相关信息	营销服务	加强对外泄露客户个人信息及商业秘密的单位、个人的责任追究
4	放宽或提高验收标准，未组织竣工验收或验收不合格就送电	生产建设	（1）竣工检验时，应按照国家、电力行业标准、规程和客户竣工报验资料，对受电工程进行全面检验。对于发现缺陷的，应以受电工程竣工检验意见单形式一次性告知客户，复验合格后方可接电。 （2）验收重点项目应为：线路架设或电缆敷设；高、低压盘（柜）及二次接线检验；继电保护装置及其定值；配电室建设及接地检验；变压器及开关试验；环网柜、电缆分支箱检验；中间检查记录；电力设备入网交接试验记录；运行规章及入网工作人员资质检验；安全措施检验等
5	附加协议与供用电合同相关条款冲突	综合管理	严格按权限及要求拟定供用电合同，严格执行审批和会签
6	不按规定确定、收取、退还临时接电费或违约	营销服务	强化 SG186 系统监控功能，实现对临时用电客户全程在线监控，严防业务线下流转
7	违规延长临时用电期限	营销服务	严格拟写并签订临时供用电合同，临时用电期限除经供电企业准许外，一般不得超过六个月，逾期不办理延期或永久性正式用电手续的，供电企业应终止供电
8	不按规定装设电能设计装置	营销服务	强化临时接电费、违约金的收支管控

岗位名称	**电费核算班班长**	风险星级	四星
序号	重点廉洁风险	涉及领域	主要防控措施
1	违规执行直购电、留存电量等特殊电价政策	营销服务	健全电价工作全过程管理和控制体系：在电价测算报批环节，应建立数据复核和方案会审制度，保证电价测算方案的全面、准确；在电价执行环节，电价管理牵头部门会同营销、农电、交易、审计、监察等相关部门，通过营业稽查、营业普查、财务稽查、电价分析等方法，加大对电价执行的监督
2	用电性质、电价类别变更管理不规范，违规变更	营销服务	建立用电性质、电价类别的规范制度。严肃追究对未经批准、擅自或变相调整电价的相关单位、部门及人员责任
3	违规泄露上网电厂、售电公司商业信息	营销服务	严格执行输配电改革要求，建立良好的保密体系
4	电费（含预收电费）不按时存入电费专用账户，未落实“日清日结”要求	营销服务	电费收取应做到“日清日结”，收费人员每日定时将现金交款单、银行进账单、当日电费汇总表交电费账务人员，核对成功后完成移交，电费账务人员每周统计并向上级汇报
5	使用白条、商业汇票等收取电费或预收电费	营销服务	各级单位原则上不得收取商业承兑汇票，从严控制收取银行承兑汇票
6	违规办理电费退补业务	营销服务	加强电量电费差错管理，因抄表差错、计费参数错误、计量装置故障、违约用电、窃电等原因需要退补电量电费时，应发起电量电费退补流程，并经逐级审批后方可处理
7	违规减免客户电费违约金	营销服务	严格执行电费违约金制度，不得随意减免电费违约金，不得用电费违约金冲抵电费实收
8	不按规定与财务对账，或篡改电费报表数据，填报、审核权限未分离	营销服务	建立营销、财务的月度对账机制（对账时间在次月初），严格执行填报与审核分离要求

续表

岗位名称	**电费核算班班长**	风险星级	四星
序号	重点廉洁风险	涉及领域	主要防控措施
9	违规自立收费项目	营销服务	（1）严格遵守财务纪律，完善营销费用公示化。 （2）强化监督机制，收费项目有依据、有记录、有校核、有监督。 （3）加强营销稽查专项治理，杜绝乱收费
10	违规进行坏账核销，不及时上交收回的已核销电费坏账	营销服务	（1）加强业务人员业务培训和廉政教育。 （2）强化监督机制，切实履行资金安全入账。 （3）健全资金管理制度，做到日结日清。 （4）完善营销业务稽查，资金可控在控

岗位名称	**资产班班长**	风险星级	四星
序号	重点廉洁风险	涉及领域	主要防控措施
1	拆旧表计止度虚报、与客户串通，对检定不合格的计量互感器进行计量参数修改，造成电量少计	营销服务	（1）加强用电信息采集系统应用管理，及时处理计量异常报警记录。 （2）现场故障处理时，应 2 人共同进行，并对故障点进行拍照存档。 （3）利用科技手段按照稽查监控主题和任务开展营销业务现场稽查，对计量异常问题必须安排专人进行现场表计检查和校验工作，并核实客户用电情况。 （4）严格执行电能表资产管理制度，加强底度核对防控措施和计量故障鉴定处理程序。 （5）电量退补严格执行分级审批制度
2	虚假评价设备运行情况、厂家运维服务情况或蓄意增加智能表库的维护保养费用	营销服务	（1）加强员工廉洁教育和职业道德教育，填写廉政承诺书。 （2）严格执行招投标流程，完善设备及厂家评价流程。 （3）建立健全制度完善设备及厂家评价流程，具体评价过程需 2 人以上进行

续表

岗位名称	**资产班班长**	风险星级	四星
序号	重点廉洁风险	涉及领域	主要防控措施
3	废旧物资管理不规范，导致报废计量装置流失	物资管理	（1）按照规定办理计量装置物资报废申请并办理报废手续，规范实物移交、接收双方签字手续。 （2）建立设备实物台账、设备卡片、资产卡片的对应关系，开展废旧物资定期检查，并按时留底相关处理资料。 （3）按照规定做好废旧物资拆除、回收、集中、现场管理和移交工作，在进行退役、退出物资的技术鉴定时不得弄虚作假

岗位名称	**装表检测班班长**	风险星级	四星
序号	重点廉洁风险	涉及领域	主要防控措施
1	虚假评价设备运行情况、厂家运维服务情况或蓄意增加智能表库的维护保养费用	营销服务	（1）加强员工廉洁教育和职业道德教育，填写廉政承诺书。 （2）严格执行招投标流程，完善设备及厂家评价流程。 （3）建立健全制度完善设备及厂家评价流程，具体评价过程需 2 人以上进行
2	在装表接电过程中人为设置障碍，吃拿卡要	营销服务	（1）加强员工廉政教育和服务意识。 （2）建立客户回访机制
3	未进行拆回设备资产核对，未按规定进行入库	营销服务	根据中心资产规范管理的规章制度，按流程对资产进行核对入库，班组负责人要参与全过程监督管控
4	违规收取安装费用	营销服务	（1）加强廉洁警示教育。 （2）完善监督机制，做到互相提醒、互相监督。 （3）关注施工进程，做好客户回访

续表

岗位名称	**装表检测班班长**	风险星级	四星
序号	重点廉洁风险	涉及领域	主要防控措施
5	为未通过验收的受电工程或特定施工单位违规送电	营销服务	（1）严格按照送电的规范要求开展送电，严禁私自与施工单位达成送电协议。 （2）按照验收的工作要求，加强对工作人员的管控，严禁未通过验收的受电工程送电
6	故意接线错误少计电量，进行电量退补时帮助客户偷逃电费	营销服务	（1）加强装表前的户线核对，与客户签订户线核对承诺协议，明确双方责任。 （2）按照“每户必查、逐户核对”的原则进行检查。 （3）加强用电信息采集系统应用管理，及时处理计量异常报警记录。 （4）现场故障处理时，应 2 人共同进行，并对故障点进行拍照存档。 （5）利用科技手段按照稽查监控主题和任务开展营销业务现场稽查，对计量异常问题必须安排专人进行现场表计检查和校验工作，并核实客户用电情况。 （6）严格执行电能表资产管理制度，加强底度核对防控措施和计量故障鉴定处理程序。 （7）电量退补严格执行分级审批制度

岗位名称	**综合室副主任**	风险星级	三星
序号	重点廉洁风险	涉及领域	主要防控措施
1	违规购置办公用品、广告宣传、印刷品等，实际数量、质量与合同不一致，利用差额私设“小金库”	招标采购	（1）严格遵守财务纪律，管好、用好公私财物。 （2）强化监督机制，严控物品“出入关”，确保物品、资金使用有依据、有记录、有校核、有监督。 （3）做好“小金库”专项治理工作，认真开展自查自纠

续表

岗位名称	**综合室副主任**	风险星级	三星
序号	重点廉洁风险	涉及领域	主要防控措施
2	党团经费、工会经费管理不规范	综合管理	（1）加强党工团活动方案审核，严格执行财务制度。 （2）合理设置工作流程，完善监督机制，将监督制约体现于流程之中，用制度管人。 （3）加强对经办人员的提醒与监督，自觉践行廉洁从业各项规定
3	差旅、培训等费用报销审核把关不严	财务资产	（1）宣贯学习《国家电网公司员工奖惩规定》，树牢员工规矩意识。 （2）严格日常出差、培训费用审核报销，严禁员工随意报销私人车船票，确保报销费用与实际要相符
4	违反薪酬分配和绩效考核制度，擅自更改绩效考核数据或相关人员的工资、奖金金额	人力资源	认真执行劳动工资和劳动保障方面法律、法规及规章制度，依托内部审计、检查团队不定期开展自查内控
5	未按照信访、保密管理要求开展工作，无客观原因不按时答复信访件、12345 工单，漠视群众利益	党风和作风建设	（1）严格执行保密、信访等方面管理制度，加强信访、保密管理，确保不发生失泄密事件。 （2）收到信访件和 12345 工单后，积极了解客户或职工诉求，稳妥开展答复工作。 （3）定期开展内部自查自纠工作，对发现的问题及时整改、严肃处理
6	三公经费审核把关不严，超标准发生	党风和作风建设	（1）严格执行会议管理办法、接待工作管理等有关制度要求，向各部门、单位明确经费使用标准，做好费用前置审批、报销把关。 （2）认真贯彻落实中央八项规定精神，严格执行公务用车、办公用房、因公出国（境）等方面制度，依托内部审计、检查团队进行不定期核查

9. 国网（舟山）综合能源服务有限公司

单位名称	**国网（舟山）综合能源服务有限公司**	主要风险领域	党风和作风建设、综合管理、招标采购、生产建设等	
风险等级	高	重点岗位组成	五星岗位：**1** 个	四星岗位：**6** 个	三星岗位：**4** 个

岗位名称	**市场经营部主任**	风险星级	五星
序号	重点廉洁风险	涉及领域	主要防控措施
1	向分包商、供应商泄露物资（服务）需求计划等信息	招标采购	（1）加强人员数据保密性教育，签订廉洁自律承诺书、保密协议。 （2）加强政治理论学习和廉政警示教育，认真执行廉政谈心谈话和廉政约谈制度。 （3）定期开展自查自纠
2	收受合作单位、客户礼品礼金、消费卡或接受宴请等吃拿卡要行为	党风和作风建设	（1）强化正反两方面教育，提升教育的有效性和针对性，严格执行廉政谈话制度。 （2）开展岗位交流工作，定期交流工作岗位。 （3）加强监督与制约机制控制，加强履职监督检查，防止越权、擅权行为。 （4）严肃工作纪律，畅通举报渠道，接受群众监督
3	泄露客户用电工程或企业核心市场业务信息，牟取私利	党风和作风建设	加强对外泄露客户个人信息及商业秘密的单位、个人的责任追究
4	泄露投标文件评审、中标候选人推荐等方面的情况	招标采购	（1）加强评标专家的日常管理，做好评标专家履职评价，建立定期通报考核制度，并严肃追究相关评标专家违规违纪责任。 （2）加强涉密信息管理，对于评标报告等涉密资料，涉及电子文件应禁止打印、复制、传输、拍照，纸质文件要及时回收、定期销毁。 （3）运用人防、技防等多种手段，减少信息知情人员范围，隔断供应商围猎攻关获知信息渠道
5	用户工程结算不规范、依据不充分，结算工作量与实际不符	生产建设	（1）严格执行工程结算管理办法，认真审核分包单位提交的竣工结算书。 （2）严格执行工程造价第三方审价制度

岗位名称	**市场经营部副主任**	风险星级	四星
序号	重点廉洁风险	涉及领域	主要防控措施
1	向分包商、供应商泄露物资（服务）需求计划等信息	招标采购	（1）加强人员数据保密性教育，签订廉洁自律承诺书、保密协议。 （2）加强政治理论学习和廉政警示教育，认真执行廉政谈心谈话和廉政约谈制度。 （3）定期开展自查自纠
2	收受合作单位、客户礼品礼金、消费卡或接受宴请等吃拿卡要行为	党风和作风建设	（1）强化正反两方面教育，提升教育的有效性和针对性，严格执行廉政谈话制度。 （2）开展岗位交流工作，定期交流工作岗位。 （3）加强监督与制约机制控制，加强履职监督检查，防止越权、擅权行为。 （4）严肃工作纪律，畅通举报渠道，接受群众监督
3	泄露客户用电工程或企业核心市场业务信息，牟取私利	党风和作风建设	加强对外泄露客户个人信息及商业秘密的单位、个人的责任追究
4	泄露投标文件评审、中标候选人推荐等方面的情况	招标采购	（1）加强评标专家的日常管理，做好评标专家履职评价，建立定期通报考核制度，并严肃追究相关评标专家违规违纪责任。 （2）加强涉密信息管理，对于评标报告等涉密资料，涉及电子文件应禁止打印、复制、传输、拍照，纸质文件要及时回收、定期销毁。 （3）运用人防、技防等多种手段，减少信息知情人员范围，隔断供应商围猎攻关获知信息渠道
5	用户工程结算不规范、依据不充分，结算工作量与实际不符	生产建设	（1）严格执行工程结算管理办法，认真审核分包单位提交的竣工结算书。 （2）严格执行工程造价第三方审价制度

岗位名称	**市场经营部主管**	风险星级	四星
序号	重点廉洁风险	涉及领域	主要防控措施
1	向分包商、供应商泄露物资（服务）需求计划等信息	招标采购	（1）加强人员数据保密性教育，签订廉洁自律承诺书、保密协议。 （2）加强政治理论学习和廉政警示教育，认真执行廉政谈心谈话和廉政约谈制度。 （3）定期开展自查自纠
2	收受合作单位、客户礼品礼金、消费卡或接受宴请等吃拿卡要行为	党风和作风建设	（1）强化正反两方面教育，提升教育的有效性和针对性，严格执行廉政谈话制度。 （2）开展岗位交流工作，定期交流工作岗位。 （3）加强监督与制约机制控制，加强履职监督检查，防止越权、擅权行为。 （4）严肃工作纪律，畅通举报渠道，接受群众监督
3	泄露客户用电工程或企业核心市场业务信息，牟取私利	党风和作风建设	加强对外泄露客户个人信息及商业秘密的单位、个人的责任追究
4	泄露投标文件评审、中标候选人推荐等方面的情况	招标采购	（1）加强评标专家的日常管理，做好评标专家履职评价，建立定期通报考核制度，并严肃追究相关评标专家违规违纪责任。 （2）加强涉密信息管理，对于评标报告等涉密资料，涉及电子文件应禁止打印、复制、传输、拍照，纸质文件要及时回收、定期销毁。 （3）运用人防、技防等多种手段，减少下信息知情人员范围，隔断供应商围猎攻关获知信息渠道
5	用户工程结算不规范、依据不充分，结算工作量与实际不符	生产建设	（1）严格执行工程结算管理办法，认真审核分包单位提交的竣工结算书。 （2）严格执行工程造价第三方审价制度

岗位名称	**综合管理部主任**	风险星级	四星
序号	重点廉洁风险	涉及领域	主要防控措施
1	会议、业务接待等三公经费审核把关不严，超标准发生	党风和作风建设	（1）严格执行网、省公司会议管理、接待工作管理等有关制度要求，严格履行相关审核、审批手续，加强费用管控，确保规范。 （2）认真贯彻落实中央八项规定精神，严格执行公务用车、办公用房、因公出国（境）等方面制度，防范“四风”问题发生
2	党团经费、工会经费管理不规范	综合管理	（1）加强党工团活动方案审核，严格执行财务制度，严格把关报销流程。 （2）合理设置工作流程，完善监督机制，将监督制约体现于流程之中，用制度管人。 （3）加强对经办人员的提醒与监督，自觉践行廉洁从业各项规定
3	利用后勤服务、仓库及车辆租赁、劳务外包、广告宣传、办公设备采购等管理职权，违规干预供应商选择	招标采购	（1）加强法律审核、把关，避免出现法律纠纷。 （2）认真贯彻落实中央八项规定精神，严格执行公务用车、办公用房、因公出国（境）等方面制度，防范“四风”问题发生
4	合同管理审核把关不严，存在签订不及时、擅自变更合同内容等行为	综合管理	强化合同审核，认真审核合同签订时间等关键要素，对存在纸质与电子合同不一致严禁用印
5	未按照信访、接待要求开展工作	党风和作风建设	严格执行信访方面管理制度，加强信访管理，确保不发生失泄密事件
6	对涉密文件管理不严，造成泄密事件	综合管理	（1）深入学习《中华人民共和国保守国家秘密法》及上级公司保密工作有关规定。 （2）自觉遵守保密法律法规，开展保密风险的排查治理，对发现的问题进行清单式销号管理
7	违规使用印章，产生负面影响	党风和作风建设	（1）严格执行印章管理制度，明确印章使用审批流程，确保每次用印均有登记。 （2）常态化开展用印情况抽查，对发现的问题进行清单式销号管理，并对相关责任人严肃考核

岗位名称	**综合管理部副主任**	风险星级	三星
序号	重点廉洁风险	涉及领域	主要防控措施
1	会议、业务接待等三公经费审核把关不严，超标准发生	党风和作风建设	（1）严格执行网、省公司会议管理、接待工作管理等有关制度要求，严格履行相关审核、审批手续，加强费用管控，确保规范。 （2）认真贯彻落实中央八项规定精神，严格执行公务用车、办公用房、因公出国（境）等方面制度，防范“四风”问题发生
2	党团经费、工会经费管理不规范	综合管理	（1）加强党工团活动方案审核，严格执行财务制度，严格把关报销流程。 （2）合理设置工作流程，完善监督机制，将监督制约体现于流程之中，用制度管人。 （3）加强对经办人员的提醒与监督，自觉践行廉洁从业各项规定
3	利用后勤服务、仓库及车辆租赁、劳务外包、广告宣传、办公设备采购等管理职权，违规干预供应商选择	招标采购	（1）加强法律审核、把关，避免出现法律纠纷。 （2）认真贯彻落实中央八项规定精神，严格执行公务用车、办公用房、因公出国（境）等方面制度，防范“四风”问题发生
4	合同管理审核把关不严，存在签订不及时、擅自变更合同内容等行为	综合管理	强化合同审核，认真审核合同签订时间等关键要素，对存在纸质与电子合同不一致严禁用印
5	违规使用印章，产生负面影响	党风和作风建设	（1）严格执行印章管理制度，明确印章使用审批流程，确保每次用印均有登记。 （2）常态化开展用印情况抽查，对发现的问题进行清单式销号管理，并对相关责任人严肃考核
6	未按照信访、接待要求开展工作	党风和作风建设	严格执行信访方面管理制度，加强信访管理，确保不发生失泄密事件
7	对涉密文件管理不严，造成泄密事件	综合管理	（1）深入学习《中华人民共和国保守国家秘密法》及上级公司保密工作有关规定。 （2）自觉遵守保密法律法规，开展保密风险的排查治理，对发现的问题进行清单式销号管理

岗位名称	**安全质量部主任**	风险星级	四星
序号	重点廉洁风险	涉及领域	主要防控措施
1	安全稽查工作中查处、考核违章行为或事故调查时，因人情往来影响稽查结果	党风和作风建设	（1）安全稽查中应由 2 人以上共同进行。 （2）严格按照安全稽查相关管理办法执行，并做好检查验收记录。 （3）建立责任追究制度，发生问题严格落实每个签字人员的责任，并与绩效挂钩
2	分包商管理、考核和退出机制执行不到位，在督察考核时不公正、不严格	生产建设	（1）加强对工程管理相关人员的日常管理，对工程项目检查的同时，听取廉洁从业和行风建设的工作情况汇报，并提出工作要求。 （2）严格执行安全生产监督管理制度。 （3）加强现场安全稽查力度，按规定处理违章作业行为。 （4）建立重复性违章档案，对重复性违章加大处罚力度
3	安全工器具和消防设施入库、出库环节管理不严	物资管理	（1）加强对所负责安全管理工作的监督、检查、指导、考核。 （2）认真执行相关制度、标准，编制年度安全工器具需求方案并组织落实。 （3）强化过程管理，加强对安全监督工作的各阶段审批等关键环节的管控。 （4）采购、入库、验收现场应保证有 2 人及以上在场
4	安全措施费使用不规范	生产建设	（1）编制安全措施费的月度计划和年度需求总计划。 （2）安全措施费的使用需经支委会讨论研究。 （3）认真学习安全措施费用使用管理办法，严格执行相关规定。 （4）加强对经办人员的提醒与监督，自觉践行廉洁从业各项规定
5	安全稽查工作中查处、考核违章行为或事故调查时，因人情往来影响稽查结果	生产建设	（1）安全稽查中应由 2 人以上共同进行。 （2）严格按照安全稽查相关管理办法执行，并做好检查验收记录。 （3）建立责任追究制度，发生问题严格落实每个签字人员的责任，并与绩效挂钩

续表

岗位名称	**安全质量部主任**	风险星级	四星
序号	重点廉洁风险	涉及领域	主要防控措施
6	未执行回避制度，与投标人违规接触	招标采购	（1）严格执行回避制度，与投标人有利害关系的人不得进入相关项目的评标委员会，已经进入的应当更换。 （2）切实落实“三重一大”“一岗双责”有关工作要求，不违反规定干预物资采购、项目管理等方面事项。 （3）严格执行招投标有关规定，杜绝应招未招、指定供应商等违反纪律事件发生
7	收受合作单位、客户礼品礼金、消费卡或接受宴请等吃拿卡要行为	党风和作风建设	（1）强化正反两方面教育，提升教育的有效性和针对性，严格执行廉政谈话制度。 （2）开展岗位交流工作，定期交流工作岗位。 （3）加强监督与制约机制控制，加强履职监督检查，防止越权、擅权行为。 （4）严肃工作纪律，畅通举报渠道，接受群众监督

岗位名称	**安全质量部副主任**	风险星级	三星
序号	重点廉洁风险	涉及领域	主要防控措施
1	安全稽查工作中查处、考核违章行为或事故调查时，因人情往来影响稽查结果	党风和作风建设	（1）安全稽查中应由 2 人以上共同进行。 （2）严格按照安全稽查相关管理办法执行，并做好检查验收记录。 （3）建立责任追究制度，发生问题严格落实每个签字人员的责任，并与绩效挂钩
2	分包商管理、考核和退出机制执行不到位，在督察考核时不公正、不严格	生产建设	（1）加强对工程管理相关人员的日常管理，对工程项目检查的同时，听取廉洁从业和行风建设的工作情况汇报，并提出工作要求。 （2）严格执行安全生产监督管理制度。 （3）加强现场安全稽查力度，按规定处理违章作业行为。 （4）建立重复性违章档案，对重复性违章加大处罚力度

续表

岗位名称	**安全质量部副主任**	风险星级	三星
序号	重点廉洁风险	涉及领域	主要防控措施
3	安全工器具和消防设施入库、出库环节管理不严	物资管理	（1）加强对所负责安全管理工作的监督、检查、指导、考核。 （2）认真执行相关制度、标准，编制年度安全工器具需求方案并组织落实。 （3）强化过程管理，加强对安全监督工作的各阶段审批等关键环节的管控。 （4）采购、入库、验收现场应保证有 2 人及以上在场
4	安全措施费使用不规范	生产建设	（1）编制安全措施费的月度计划和年度需求总计划。 （2）安全措施费的使用需经支委会讨论研究。 （3）认真学习安全措施费用使用管理办法，严格执行相关规定。 （4）加强对经办人员的提醒与监督，自觉践行廉洁从业各项规定
5	安全稽查工作中查处、考核违章行为或事故调查时，因人情往来影响稽查结果	生产建设	（1）安全稽查中应由 2 人以上共同进行。 （2）严格按照安全稽查相关管理办法执行，并做好检查验收记录。 （3）建立责任追究制度，发生问题严格落实每个签字人员的责任，并与绩效挂钩
6	未执行回避制度，与投标人违规接触	招标采购	（1）严格执行回避制度，与投标人有利害关系的人不得进入相关项目的评标委员会，已经进入的应当更换。 （2）切实落实“三重一大”“一岗双责”有关工作要求，不违反规定干预物资采购、项目管理等方面事项。 （3）严格执行招投标有关规定，杜绝应招未招、指定供应商等违反纪律事件发生
7	收受合作单位、客户礼品礼金、消费卡或接受宴请等吃拿卡要行为	党风和作风建设	（1）强化正反两方面教育，提升教育的有效性和针对性，严格执行廉政谈话制度。 （2）开展岗位交流工作，定期交流工作岗位。 （3）加强监督与制约机制控制，加强履职监督检查，防止越权、擅权行为。 （4）严肃工作纪律，畅通举报渠道，接受群众监督

岗位名称	**工程管理部主任**	风险星级	四星
序号	重点廉洁风险	涉及领域	主要防控措施
1	招标文件载明的评标标准及细则不够具体量化，设置歧视性或不合理条款，限制或排斥潜在投标人，指定品牌、厂家或地产等	招标采购	（1）完善业务流程，建立和健全工作业务管理标准、工作标准和流程标准。 （2）利用招投标上线平台加强对关键环节的监控。 （3）严格审查资质、业绩等否决性条件，对社会化程度高的业务加强社会市场化调查，强化项目立项、招标文件的经济性审查。 （4）施工承包商根据批准的分包计划，在合格分包商名录中择优选择工程的分包商，不得自行招用分包商
2	分包管理过程中降低标准，如资质审核、施工质量、监督管理等方面不严，容易造成安全生产事故隐患	生产建设	（1）严格依据公司分包队伍分包管理及考核办法。 （2）强化管理，严把准入、监督管理关
3	对工程量签证、工程款支付审核签字把关不严	生产建设	加强对工程量签证的审核监督、严格遵守支付审核流程
4	收受合作单位、客户礼品礼金、消费卡或接受宴请等吃拿卡要行为	党风和作风建设	（1）强化正反两方面教育，提升教育的有效性和针对性，严格执行廉政谈话制度。 （2）开展岗位交流工作，定期交流工作岗位。 （3）加强监督与制约机制控制，加强履职监督检查，防止越权、擅权行为。 （4）严肃工作纪律，畅通举报渠道，接受群众监督

岗位名称	**运维保障中心主任**	风险星级	四星
序号	重点廉洁风险	涉及领域	主要防控措施
1	招标文件载明的评标标准及细则不够具体量化，设置歧视性或不合理条款，限制或排斥潜在投标人，指定品牌、厂家或地产等	招标采购	（1）完善业务流程，建立和健全工作业务管理标准、工作标准和流程标准。 （2）利用招投标上线平台加强对关键环节的监控。 （3）严格审查资质、业绩等否决性条件，对社会化程度高的业务加强社会市场化调查，强化项目立项、招标文件的经济性审查
2	运维保障管理过程中降低标准，如资质审核、监督管理等方面不严，容易造成安全生产事故隐患	生产建设	（1）严格依据公司分包队伍分包管理及考核办法。 （2）强化管理，严把准入、监督管理关
3	对支付款项审核签字把关不严	生产建设	加强对支付款项的审核监督、严格遵守支付审核流程
4	收受合作单位、客户礼品礼金、消费卡或接受宴请等吃拿卡要行为	党风和作风建设	（1）强化正反两方面教育，提升教育的有效性和针对性，严格执行廉政谈话制度。 （2）开展岗位交流工作，定期交流工作岗位。 （3）加强监督与制约机制控制，加强履职监督检查，防止越权、擅权行为。 （4）严肃工作纪律，畅通举报渠道，接受群众监督

岗位名称	**运维保障中心副主任**	风险星级	三星
序号	重点廉洁风险	涉及领域	主要防控措施
1	招标文件载明的评标标准及细则不够具体量化，设置歧视性或不合理条款，限制或排斥潜在投标人，指定品牌、厂家或地产等	招标采购	（1）完善业务流程，建立和健全工作业务管理标准、工作标准和流程标准。 （2）利用招投标上线平台加强对关键环节的监控。 （3）严格审查资质、业绩等否决性条件，对社会化程度高的业务加强社会市场化调查，强化项目立项、招标文件的经济性审查

续表

岗位名称	**运维保障中心副主任**	风险星级	三星
序号	重点廉洁风险	涉及领域	主要防控措施
2	运维保障管理过程中降低标准，如资质审核、监督管理等方面不严，容易造成安全生产事故隐患	生产建设	（1）严格依据公司分包队伍分包管理及考核办法。 （2）强化管理，严把准入、监督管理关。
3	对支付款项审核签字把关不严	生产建设	加强对支付款项的审核监督、严格遵守支付审核流程
4	收受合作单位、客户礼品礼金、消费卡或接受宴请等吃拿卡要行为	党风和作风建设	（1）强化正反两方面教育，提升教育的有效性和针对性，严格执行廉政谈话制度。 （2）开展岗位交流工作，定期交流工作岗位。 （3）加强监督与制约机制控制，加强履职监督检查，防止越权、擅权行为。 （4）严肃工作纪律，畅通举报渠道，接受群众监督

第三节　分公司重要岗位廉洁风险

单位名称	**定海供电分公司**	主要风险领域	工程项目管理、营销业务管理、招标采购及物资管理、党风和作风建设		
风险等级	高	重点岗位组成	五星岗位：**1** 个	四星岗位：**9** 个	三星岗位：**10** 个

单位名称	**普陀供电分公司**	主要风险领域	工程项目管理、营销业务管理、行风建设、招标采购及物资管理、党风和作风建设		
风险等级	高	重点岗位组成	五星岗位：**1** 个	四星岗位：**10** 个	三星岗位：**8** 个

1. 本　　部

岗位名称	**综合室主任**	风险星级	四星
序号	重点廉洁风险	涉及领域	主要防控措施
1	违规购置办公用品、广告宣传、印刷品等，实际数量、质量与合同不一致，利用差额私设“小金库”	招标采购	(1)严格遵守财务纪律，管好、用好公私财物，杜绝违反财经纪律事件的出现。 (2)强化监督机制，严控物品“出入关”，确保物品、资金使用有依据、有记录、有校验、有监督。 (3)做好“小金库”专项治理工作，认真开展自查自纠
2	物资采购、报废等工作审核把关不严	招标采购	(1)严格执行物资计划审批流程，杜绝计划外项目、内容。 (2)完善资产需求管理制度，设备采购需求由班组提出、科室确定，分管领导审核，需求按实上报。 (3)采购需求与入库验收人员不能是同一人，在验收现场应保证有 2 人及以上在场；按照规定办理本单位废旧物资报废申请并办理报废手续。 (4)建立设备实物台账、设备卡片、资产卡片的对应关系，开展废旧物资定期检查，并按时留底相关处理资料
3	合同管理审核把关不严，出现合同倒签等不规范行为	综合管理	(1)强化合同审核，认真审核合同金额、使用税率、组价依据、结算方法及签订时间等要素，对不符合要求的一律回退修改。 (2)应用大数据技术，不定期开展合同倒签核查工作
4	三公经费审核把关不严，超标准发生	党风和作风建设	(1)严格执行会议管理办法、接待工作管理等有关制度要求，向各部门、单位明确经费使用标准，做好费用前置审批、报销把关。 (2)认真贯彻落实中央八项规定精神，严格执行公务用车、办公用房、因公出国(境)等方面制度，依托内部审计、检查团队进行不定期核查

续表

岗位名称	**综合室主任**	风险星级	四星
序号	重点廉洁风险	涉及领域	主要防控措施
5	违规使用印章，产生负面影响	党风和作风建设	（1）严格执行印章管理制度，加强信访、保密管理，制定印章管理制度确保不发生负面影响事件。 （2）开展问题排查治理，对发现的问题进行清单式销号管理

岗位名称	**党建室主任**	风险星级	三星
序号	重点廉洁风险	涉及领域	主要防控措施
1	党工团等经费使用审核把关不严	综合管理	（1）严格规范可控费用使用申报、审批。 （2）加强廉洁自律，接受组织监督。 （3）依据党组织工作经费管理办法，严格在限定范围内发生费用，并明确报销基本支撑材料
2	违规套用党建工作经费、广告宣传费	综合管理	（1）规范党建活动，实施事前审批制，严格活动全流程闭环管理。 （2）加强党建和广告宣传项目管控，严格费用审核。 （3）严格执行财务制度，规范审核流程，防止套取资金，挪用费用。 （4）审核广告公司开展主题传播、影视传播等项目时严格按照合同规定，每个环节分管领导做好把关工作
3	工会物资采购过程中接受供应商吃请，给予“照顾”	招标采购	（1）加强工会经费使用情况的监督检查和管控，对费用支出的标准及合理性进行严格审核把关，开展自查及审计。 （2）严格执行工会换届、选举、先进评选程序相关规定，加强过程管控，组织各单位（部室）参与监督，接受监督，提高透明度。 （3）加强涉密信息管理，对采购慰问品的信息严格控制，加强评标专家管理，提高独立评审能力，充分发挥纪检人员现场监督作用

岗位名称	**安监室主任**	风险星级	三星
序号	重点廉洁风险	涉及领域	主要防控措施
1	安全措施费使用不规范	生产建设	（1）编制安全措施费的月度计划和年度需求总计划。 （2）安全措施费的使用需经支委会讨论研究。 （3）认真学习安全措施费用使用管理办法，严格执行相关规定。 （4）加强对经办人员的提醒与监督，自觉践行廉洁从业各项规定
2	安全工器具和消防设施入库、出库环节管理不严	物资管理	（1）采购、入库、验收现场应保证有 2 人及以上在场。 （2）定期接受廉政谈话提醒，自觉践行廉洁从业各项规定。 （3）加强对相关人员业务行为的监督力度，健全物资进出验收管理制度
3	安全稽查工作中查处、考核违章行为或事故调查时，因人情往来影响稽查结果	生产建设	（1）安全稽查中应由 2 人以上共同进行。 （2）严格按照安全稽查相关管理办法执行，并做好检查验收记录。 （3）建立责任追究制度，发生问题严格落实每个签字人员的责任，并与绩效挂钩

岗位名称	**营销室主任**	风险星级	四星
序号	重点廉洁风险	涉及领域	主要防控措施
1	不按规定测算趸售电价，不按规定执行上网电价、销售目录电价、输配电价	营销服务	（1）严格执行国家电价政策，不得擅自变更或变相调整电价,不得执行违规出台的电价政策。 （2）健全电价工作全过程管理和控制体系：在电价测算报批环节，应建立数据复核和方案会审制度，保证电价测算方案的全面、准确。在电价执行环节，电价管理牵头部门会同营销、农电、交易、审计、监察等相关部门，通过营业稽查、营业普查、财务稽查、电价分析等方法，加大对电价执行的监督

续表

岗位名称	**营销室主任**	风险星级	四星
序号	重点廉洁风险	涉及领域	主要防控措施
2	违规减免客户电费违约金	营销服务	严格执行电费违约金制度，不得随意减免电费违约金，不得用电费违约金冲抵电费实收。严格按照营销部下发的《关于加强违约金暂缓及减免审批管理的通知》执行
3	向客户推荐或指定设计、施工、物资供应单位	生产建设	（1）加强客户受电工程“三不指定”宣传。 （2）在营业厅配备12398电力监管信息查询电脑，方便客户查询设计、施工、物资供应单位。 （3）加强工作回访，主动向业扩客户了解情况，保障客户权益。 （4）畅通举报渠道，加大对“三指定”行为的查处力度
4	实行区域错避峰用电过程中，选择性执行错避峰政策	营销服务	（1）严格按照政府发文内容执行错避峰政策，做准做细错避峰方案。 （2）接到区（县）有序用电办启动错避峰用电指令后，公平公正对待涉及的用户，严格按照错避峰文件执行顺序要求用户进行错避峰用电

岗位名称	**运检室主任**	风险星级	三星
序号	重点廉洁风险	涉及领域	主要防控措施
1	工程验收管理不规范，规避工程缺陷，降低验收标准	生产建设	（1）加强对所辖工程验收管理工作的监督、检查、指导、考核。 （2）认真执行国家电网有限公司质量制度、标准，编制年度基建质量管理工作策划方案并组织落实。 （3）强化施工过程管理，加强对隐蔽工程及施工各阶段验收等关键环节的质量管控

续表

岗位名称	**运检室主任**	风险星级	三星
序号	重点廉洁风险	涉及领域	主要防控措施
2	工程签证管控不严，现场变更无相关手续	生产建设	（1）设计变更文件应说明工程名称、变更的卷册号及图号、变更原因、变更提出方、变更内容、变更工程量及费用变化金额，并附变更图纸。 （2）涉及费用变化的设计变更，必须附有变更工程量清单和变更费用计算书。对于工程量签字不全的，不规范的，结算审价不予通过。 （3）对于未经审批进行现场设计变更的将严肃考核
3	合同签订审核不规范	综合管理	（1）加大对合同管理的监督、检查和考核力度，引导业务人员依法合规开展工作，推动合同签订规范管理。 （2）强化合同管理的法律意识和风险意识，提高合同的审核把关能力。 （3）加强工程项目全过程的监督检查。 （4）加强工程建设、招投标等重点领域监督，防范领导干部干预、插手工程项目等问题

2. 电网建设班

岗位名称	**电网建设班班长、副班长**	风险星级	四星
序号	重点廉洁风险	涉及领域	主要防控措施
1	随意降低工程质量，纵容施工单位偷工减料，搞“节约分成”	生产建设	（1）项目竣工验收严格依据国家及行业有关法规、标准和规程、工程设计文件、技术协议、监理报告、竣工验收申请等组织开展，对于验收不合格的工程或设备不得交付生产运行。 （2）强化现场查勘，重点完善停电方案、临时方案比选，强化停电计划和项目立项联动，履行变更审批流程，从严查处施工单位和业主管理人员的违纪违规行为

续表

岗位名称	**电网建设班班长、副班长**	风险星级	四星
序号	重点廉洁风险	涉及领域	主要防控措施
2	默许、纵容施工单位偷工减料、使用不合格的材料、设备	生产建设	（1）中间检查或竣工验收时，应有 2 人及以上共同进行。 （2）严格按照工程管理办法执行，并做好检查验收记录。 （3）加强工程监管，充分利用监理力量对工程实行全面管控
3	工程验收管理不规范，规避工程缺陷，降低验收标准	生产建设	（1）加强对所辖工程验收管理工作的监督、检查、指导、考核。 （2）认真执行国家电网有限公司质量制度、标准。 （3）强化施工过程管理，加强对隐蔽工程及施工各阶段验收等关键环节的质量管控。 （4）严格执行工程施工质量验收及评定规程及验评项目划分表的规定，开展施工三级自检、监理初验、工程阶段验收等质量控制工作
4	废旧物资及工程余料管控不到位，未应退尽退	生产建设	（1）组织做好对拆除资产清点工作，核对资产台账，确保拆旧与回收数量一致。 （2）加强监督，定期开展专项检查
5	无依据多列青苗赔偿费、征地费等费用	生产建设	严格执行政府赔偿标准和国家电网有限公司有关规章制度，依据赔偿协议、原始凭证、赔偿明细清单等依据性资料按实结算费用，严禁无依据、无原则赔偿现象发生

岗位名称	**电网建设班现场检查员**	风险星级	三星
序号	重点廉洁风险	涉及领域	主要防控措施
1	随意降低工程质量，纵容施工单位偷工减料，搞“节约分成”	生产建设	（1）项目竣工验收严格依据国家及行业有关法规、标准和规程、工程设计文件、技术协议、监理报告、竣工验收申请等组织开展，对于验收不合格的工程或设备不得交付生产运行。 （2）强化现场查勘，重点完善停电方案、临时方案比选，强化停电计划和项目立项联动，履行变更审批流程，从严查处施工单位和业主管理人员的违纪违规行为
2	默许、纵容施工单位偷工减料、使用不合格的材料、设备	生产建设	（1）中间检查或竣工验收时，应有 2 人及以上共同进行。 （2）严格按照工程管理办法执行，并做好检查验收记录。 （3）加强工程监管，充分利用监理力量对工程实行全面管控
3	工程验收管理不规范，规避工程缺陷，降低验收标准	生产建设	（1）加强对所辖工程验收管理工作的监督、检查、指导、考核。 （2）认真执行国家电网有限公司质量制度、标准。 （3）强化施工过程管理，加强对隐蔽工程及施工各阶段验收等关键环节的质量管控。 （4）严格执行工程施工质量验收及评定规程及验评项目划分表的规定，开展施工三级自检、监理初验、工程阶段验收等质量控制工作
4	分包结算工作量与实际不符	生产建设	（1）严格以工程实际和财务账面发生情况进行工程结算，并做好检查验收记录，发现问题及时向上级部门反映。 （2）建立责任追究制度，发生问题，严格落实负责人员的责任，并且与绩效挂钩。 （3）签订分包合同时，严格核算工程量清单

3. 城 区 供 电 中 心

岗位名称	**城区供电中心主任**	风险星级	四星
序号	重点廉洁风险	涉及领域	主要防控措施
1	利用职务之便代客户购买资产分界点以后的设备材料	生产建设	（1）通过各种渠道公开“三不指定”相关内容及业务办理流程、收费标准等内容，做到信息公开，保证客户知情权。 （2）受理环节主动提供并指导客户自主查询经审核合规的设计、施工、物资供应单位建议清单
2	向客户推荐或指定设计、施工、物资供应单位	生产建设	（1）加强客户受电工程“三不指定”宣传。 （2）在营业厅配备 12398 电力监管信息查询电脑，方便客户查询设计、施工、物资供应单位。 （3）加强工作回访，主动向业扩客户了解情况，保障客户权益。 （4）畅通举报渠道，加大对“三指定”行为的查处力度
3	废旧物资管控不到位，未应退尽退	生产建设	（1）按照规定办理本单位废旧物资报废申请并办理报废手续，规范实物移交、接收双方签字手续。 （2）建立设备实物台账、设备卡片、资产卡片的对应关系，开展废旧物资定期检查，并按时留底相关处理资料。 （3）按照规定做好废旧物资拆除、回收、集中、现场管理和移交工作，在进行退役、退出物资的技术鉴定时不得弄虚作假
4	选择电源点时舍近求远，让客户加大工程成本，借机吃拿卡要	营销服务	（1）严格执行项目供电方案复核制度。 （2）对照典型供电方案进行答复。 （3）充分运用网上电网智能生成供电方案
5	实行区域错避峰用电过程中，选择性执行错避峰政策	营销服务	（1）严格按照政府发文内容执行错避峰政策，做准做细错避峰方案。 （2）接到区（县）有序用电办启动错避峰用电指令后，公平公正对待涉及的用户，严格按照错避峰文件执行顺序要求用户进行错避峰用电

岗位名称	**高压供电服务一班班长、副班长**	风险星级	四星
序号	重点廉洁风险	涉及领域	主要防控措施
1	多头受理、业扩报装流程各环节间缺乏有效监督制约	营销服务	受理阶段，严格客户房屋或土地合法使用证明、身份证明、产权证明等资料审查，杜绝多头受理情况
2	制定不合理或随意变更供电方案	营销服务	严格依据公司业扩供电方案编制有关规定和技术标准要求，根据现场勘查结果、当地供电条件等因素，经过技术比较、与客户协商一致后，拟定供电方案；供电方案变更，应履行审批程序
3	放宽或提高验收标准，未组织竣工验收或验收不合格就送电	营销服务	（1）竣工检验时，应按照国家、电力行业标准、规程和客户竣工报验资料，对受电工程进行全面检验。对于发现缺陷的，应以受电工程竣工检验意见单形式一次性告知客户，复验合格后方可接电。 （2）验收重点项目应为：线路架设或电缆敷设；高、低压盘（柜）及二次接线检验；继电保护装置及其定值；配电室建设及接地检验；变压器及开关试验；环网柜、电缆分支箱检验；中间检查记录；电力设备入网交接试验记录；运行规章及入网工作人员资质检验；安全措施检验等
4	泄露客户用电工程相关信息	营销服务	加强对外泄露客户个人信息及商业秘密的单位、个人的责任追究
5	泄露存量客户信息或潜在业扩客户信息，牟取私利	营销服务	（1）签订保密协议。 （2）进行客户调查回访，及时了解客户对业扩办理的评价。 （3）定期开展信息安全排查，严防信息系统泄露

岗位名称	**高压供电服务一班用电检查员**	风险星级	三星
序号	重点廉洁风险	涉及领域	主要防控措施
1	制定不合理或随意改变更供电方案	营销服务	严格依据公司业扩供电方案编制有关规定和技术标准要求，根据现场勘查结果、当地供电条件等因素，经过技术比较、与客户协商一致后，拟定供电方案；供电方案变更，应履行审批程序
2	放宽或提高验收标准，未组织竣工验收或验收不合格就送电	营销服务	（1）竣工检验时，应按照国家、电力行业标准、规程和客户竣工报验资料，对受电工程进行全面检验。对于发现缺陷的，应以受电工程竣工检验意见单形式一次性告知客户，复验合格后方可接电。 （2）验收重点项目应为：线路架设或电缆敷设；高、低压盘（柜）及二次接线检验；继电保护装置及其定值；配电室建设及接地检验；变压器及开关试验；环网柜、电缆分支箱检验；中间检查记录；电力设备入网交接试验记录；运行规章及入网工作人员资质检验；安全措施检验等
3	泄露客户用电工程相关信息	营销服务	加强对外泄露客户个人信息及商业秘密的单位、个人的责任追究

岗位名称	**低压供电服务一班班长**	风险星级	三星
序号	重点廉洁风险	涉及领域	主要防控措施
1	在装表接电过程中人为设置障碍，吃拿卡要	营销服务	（1）加强员工廉政教育和服务意识。 （2）建立客户回访机制
2	未进行拆回设备资产核对，未按规定进行入库	物资管理	根据分公司资产规范管理的规章制度，按流程对资产进行核对入库，班组负责人要参与全过程监督管控

续表

岗位名称	**低压供电服务一班班长**	风险星级	三星
序号	重点廉洁风险	涉及领域	主要防控措施
3	故意接线错误少计电量，进行电量退补时帮助客户偷逃电费	营销服务	（1）加强装表前的户线核对，与客户签订户线核对承诺协议，明确双方责任。 （2）按照“每户必查、逐户核对”的原则进行检查。 （3）加强用电信息采集系统应用管理，及时处理计量异常报警记录。 （4）现场故障处理时，应 2 人共同进行，并对故障点进行拍照存档。 （5）利用科技手段按照稽查监控主题和任务开展营销业务现场稽查，对计量异常问题必须安排专人进行现场表计检查和校验工作，并核实客户用电情况。 （6）严格执行电能表资产管理制度，加强底度核对防控措施和计量故障鉴定处理程序。 （7）电量退补严格执行分级审批制度
4	违规收取安装费用	营销服务	（1）加强廉洁警示教育。 （2）完善监督机制，做到互相提醒、互相监督。 （3）关注施工进程，做好客户回访

岗位名称	**低压供电服务二班班长**	风险星级	三星
序号	重点廉洁风险	涉及领域	主要防控措施
1	擅自更改抄表例日	营销服务	（1）35 千伏及以上电压等级客户抄表时间应安排在月末 24 点，其他高压客户抄表时间应安排在每月 25 日以后。 （2）对同一台区的客户、同一供电线路的专变客户、同一户号有多个计量点的客户、存在转供关系的客户，抄表例日应安排在同一天。 （3）对每月多次抄表的客户，应按“供用电合同”或“电费结转协议”有关条款约定的日期安排。约定的各次抄表日期应在一个日历月内

续表

岗位名称	**低压供电服务二班班长**	风险星级	三星
序号	重点廉洁风险	涉及领域	主要防控措施
2	抄表估抄、漏抄造成企业电量电费损失	营销服务	（1）加强远程自动抄表的实用化应用。 （2）建立抄表质量的稽查、考核制度，定期进行抄表区责任人的轮换
3	不按规定抄录、上传数据，违规篡改电费电量	营销服务	加强远程自动抄表的实用化应用；建立抄表质量的稽查、考核制度，定期进行抄表区责任人的轮换

岗位名称	**城区供电中心高压供电服务二、三、四班班长**	风险星级	三星
序号	重点廉洁风险	涉及领域	主要防控措施
1	废旧物资及工程余料管控不到位，未应退尽退	生产建设	（1）组织做好对拆除资产清点工作，核对资产台账，确保拆旧与回收数量一致。 （2）加强监督，定期开展专项检查
2	在用户抢修、设备投运送电环节吃拿卡要	党风和作风建设	（1）认真落实廉政建设各项规章制度，加强预防控制工作。 （2）深化岗位廉政教育，加强全方位的监督。 （3）规范故障抢修流程及设备投运要求，必须经验收合格，方可进行后续工作，未经启动验收或验收不合格的，禁止启动投产
3	施工工器具私自出借，牟取私利	物资管理	（1）加强相关管理规定的培训和宣贯，增强相关管理人员履职能力和责任意识，严格工器具管理办法执行，做好工器具领用回库记录。 （2）因抢修等特殊情况需借用的物资必须有班组负责人签字同意的借用联系单。 （3）加强监督，定期对仓库物资开展盘点和财务稽核，班组负责人签字

4. 供 电 所

岗位名称	**供电所所长**	风险星级	五星级
序号	重点廉洁风险	涉及领域	主要防控措施
1	利用职务之便代客户购买资产分界点以后的设备材料	生产建设	（1）通过各种渠道公开“三不指定”相关内容及业务办理流程、收费标准等内容，做到信息公开，保证客户知情权。 （2）受理环节主动提供并指导客户自主查询经审核合规的设计、施工、物资供应单位建议清单
2	向客户推荐或指定设计、施工、物资供应单位	生产建设	（1）加强客户受电工程“三不指定”宣传。 （2）在营业厅配备 12398 电力监管信息查询电脑，方便客户查询设计、施工、物资供应单位。 （3）加强工作回访，主动向业扩客户了解情况，保障客户权益。 （4）畅通举报渠道，加大对“三指定”行为的查处力度
3	废旧物资管控不到位，未应退尽退	生产建设	（1）按照规定办理本单位废旧物资报废申请并办理报废手续，规范实物移交、接收双方签字手续。 （2）建立设备实物台账、设备卡片、资产卡片的对应关系，开展废旧物资定期检查，并按时留底相关处理资料。 （3）按照规定做好废旧物资拆除、回收、集中、现场管理和移交工作，在进行退役、退出物资的技术鉴定时不得弄虚作假
4	发现客户存在违约用电或者窃电行为，私下和客户协商，未按规定处理，牟取私利	营销服务	（1）现场检查时，用电检查员的人数不得少于 2 人，按规定填写用电检查工作单并交回存档。 （2）按照稽查监控主题和任务开展营销业务现场稽查，对疑似问题必须现场核实用电情况。 （3）通过线损分析或采集系统等发现有窃电或违约用电嫌疑的，应及时组织现场检查。 （4）加强封印管理，封印领用应有记录。 （5）对窃电和违约用电处理方案应严格审核。 （6）发现客户有违约用电、窃电嫌疑等异常情况，应注意收集证据，并立即报告上级处理

续表

岗位名称	**供电所所长**	风险星级	五星级
序号	重点廉洁风险	涉及领域	主要防控措施
5	泄露存量客户信息或潜在业扩客户信息，牟取私利	营销服务	（1）签订保密协议。 （2）进行客户调查回访，及时了解客户对业扩办理的评价。 （3）定期开展信息安全排查，严防信息系统漏洞

岗位名称	**供电所副所长（营销）**	风险星级	四星
序号	重点廉洁风险	涉及领域	主要防控措施
1	向客户推荐或指定设计、施工、物资供应单位	营销服务	（1）严格执行项目供电方案复核制度。 （2）对照典型供电方案进行答复。 （3）充分运用网上电网智能生成供电方案
2	未按实际情况确定用户行业类别及电价	营销服务	（1）查勘、计量作业、验收等现场工作人员数量不少于 2 人。业扩查勘与验收工作安排不同人员进行。 （2）加强业务流程审核，对客户用电性质与执行电价正确性进行校核，重点关注农业排灌、农业生产、居民合表电价。 （3）对于违约用电户，严格按照《供电营业规则》，收取违约使用电费
3	选择电源点时舍近求远，让客户加大工程成本，借机吃拿卡要	营销服务	（1）严格执行项目供电方案复核制度。 （2）对照典型供电方案进行答复。 （3）充分运用网上电网智能生成供电方案
4	不按规定确定、收取、退换临时接电费或违约违规延长临时用电期限	营销服务	严格拟写并签订临时供用电合同，临时用电期限途径供电企业准许外，一般不得超过六个月，逾期不办理延期或永久性正式用电手续的，供电企业应终止供电

续表

岗位名称	**供电所副所长（营销）**	风险星级	四星
序号	重点廉洁风险	涉及领域	主要防控措施
5	发现客户存在违约用电或者窃电行为，私下和客户协商，未按规定处理，牟取私利	营销服务	（1）现场检查时，用电检查员的人数不得少于 2 人，按规定填写用电检查工作单并交回存档。 （2）按照稽查监控主题和任务开展营销业务现场稽查，对疑似问题必须现场核实用电情况。 （3）通过线损分析或采集系统等发现有窃电或违约用电嫌疑的，应及时组织现场检查。 （4）加强封印管理，封印领用应有记录。 （5）对窃电和违约用电处理方案应严格审核。 （6）发现客户有违约用电、窃电嫌疑等异常情况，应注意收集证据，并立即报告上级处理

岗位名称	**供电所副所长（生产）**	风险星级	四星
序号	重点廉洁风险	涉及领域	主要防控措施
1	现场管理及工程量验收不严，存在工程量虚列等现象	生产建设	（1）设计变更文件应说明工程名称、变更的卷册号及图号、变更原因、变更提出方、变更内容、变更工程量及费用变化金额，并附变更图纸。 （2）涉及费用变化的设计变更，必须附有变更工程量清单和变更费用计算书。对于工程量签字不全的，不规范的，结算审价不予通过
2	将青苗赔偿费集中支付给少数赔偿对象，或采用现金交易方式支付赔偿费	生产建设	规范资金支付，所有款项均应通过银行转账支付，对直接支付给个人的赔偿等款项应签订协议，并取得收款人有效身份证复印件及本人签章的收据

续表

岗位名称	**供电所副所长（生产）**	风险星级	四星
序号	重点廉洁风险	涉及领域	主要防控措施
3	废旧物资管控不到位，未应退尽退	生产建设	（1）按照规定办理本单位废旧物资报废申请并办理报废手续，规范实物移交、接收双方签字手续。 （2）建立设备实物台账、设备卡片、资产卡片的对应关系，开展废旧物资定期检查，并按时留底相关处理资料。 （3）按照规定做好废旧物资拆除、回收、集中、现场管理和移交工作，在进行退役、退出物资的技术鉴定时不得弄虚作假
4	向客户推荐或指定设计、施工、物资供应单位	营销服务	（1）严格执行项目供电方案复核制度。 （2）对照典型供电方案进行答复。 （3）充分运用网上电网智能生成供电方案

岗位名称	**服务站站长**	风险星级	四星
序号	重点廉洁风险	涉及领域	主要防控措施
1	向客户推荐或指定设计、施工、物资供应单位	营销服务	（1）严格执行项目供电方案复核制度。 （2）对照典型供电方案进行答复。 （3）充分运用网上电网智能生成供电方案
2	废旧物资管控不到位，未应退尽退	生产建设	（1）按照规定办理本单位废旧物资报废申请并办理报废手续，规范实物移交、接收双方签字手续。 （2）建立设备实物台账、设备卡片、资产卡片的对应关系，开展废旧物资定期检查，并按时留底相关处理资料。 （3）按照规定做好废旧物资拆除、回收、集中、现场管理和移交工作，在进行退役、退出物资的技术鉴定时不得弄虚作假

续表

岗位名称	**服务站站长**	风险星级	四星
序号	重点廉洁风险	涉及领域	主要防控措施
3	将青苗赔偿费集中支付给少数赔偿对象，或采用现金交易方式支付赔偿费	生产建设	规范资金支付，所有款项均应通过银行转账支付，对直接支付给个人的赔偿等款项应签订协议，并取得收款人有效身份证复印件及本人签章的收据
4	工器具、施工设备私自出借，牟取私利	物资管理	（1）加强工器具领用审核，严格根据工作内容，加强工器具领用合理性审核。 （2）完善工器具使用管理，建立工器具使用台账，每日工作结束后，核实工器具归还情况

岗位名称	**供电所高压供电服务班班长**	风险星级	三星
序号	重点廉洁风险	涉及领域	主要防控措施
1	选择电源点时舍近求远，让客户加大工程成本，借机吃拿卡要	营销服务	（1）严格执行项目供电方案复核制度。 （2）对照典型供电方案进行答复。 （3）充分运用网上电网智能生成供电方案
2	利用职务之便代客户购买资产分界点以后的设备材料	生产建设	（1）通过各种渠道公开“三不指定”相关内容及业务办理流程、收费标准等内容，做到信息公开，保证客户知情权。 （2）受理环节主动提供并指导客户自主查询经审核合规的设计、施工、物资供应单位建议清单
3	向客户推荐或指定设计、施工、物资供应单位	营销服务	（1）严格执行项目供电方案复核制度。 （2）对照典型供电方案进行答复。 （3）充分运用网上电网智能生成供电方案

续表

岗位名称	**供电所高压供电服务班班长**	风险星级	三星
序号	重点廉洁风险	涉及领域	主要防控措施
4	制定不合理或随意改变供电方案	营销服务	严格依据公司业扩供电方案编制有关规定和技术标准要求，根据现场勘查结果，当地供电条件等因素，经过技术比较、与客户协商一致后，拟定供电方案，供电方案变更，应履行审批程序

岗位名称	**供电所低压供电服务班班长**	风险星级	三星
序号	重点廉洁风险	涉及领域	主要防控措施
1	业扩报装中向客户违规收取安装费用	营销服务	（1）通过各种渠道公开“三不指定”相关内容及业务办理流程、收费标准等内容，做到信息公开，保证客户知情权。 （2）对工程实施抽查回访，询问是否存在违规收取费用的情况。 （3）畅通举报渠道，加大对违纪违规行为的查处力度
2	不按规定执行一户一表制度，造成客户实际一户多表现象，以此帮助客户减少阶梯电费	营销服务	（1）严格按照规定办理“一户一表”申请。 （2）查勘人员对现场表计情况进行核实。 （3）现场查勘、计量作业时，人数不得少于2人。 （4）核实用户厂区红线范围，确保不出现一址多户
3	不按规定抄录、上传数据，违规篡改电费电量	营销服务	加强远程自动抄表的实用化应用；建立抄表质量的稽查、考核制度，定期进行抄表区责任人的轮换

第四节　县公司重要岗位廉洁风险

单位名称	嵊泗县供电公司	主要风险领域	生产建设、营销服务、财务资产、招标采购及物资管理、党风和作风建设		
风险等级	高	重点岗位组成	五星岗位：2 个	四星岗位：7 个	三星岗位：20 个

1. 本　部

岗位名称	**办公室（党委办公室）主任、副主任**	风险星级	四星、三星
序号	重点廉洁风险	涉及领域	主要防控措施
1	违规购置办公用品等，实际数量、质量与合同不一致，利用差额私设“小金库”	招标采购	（1）严格遵守财务纪律，管好、用好公私财物，杜绝违反财经纪律事件的出现。 （2）强化监督机制，严控物品“出入关”，确保物品、资金使用有依据、有记录、有校核、有监督。 （3）做好“小金库”专项治理工作，认真开展自查自纠
2	差旅、培训等费用报销审核把关不严	财务资产	（1）宣贯学习《国家电网公司员工奖惩规定》，树牢员工规矩意识。 （2）严格日常出差、培训费用审核报销，严禁员工随意报销私人车船票，确保报销费用与实际要相符
3	印鉴保管使用不到位，产生负面影响	党风和作风建设	（1）严格执行印章管理制度，加强信访、保密管理，制定印章管理制度确保不发生负面影响事件。 （2）开展问题排查治理，对发现的问题进行清单式销号管理
4	三公经费审核把关不严，超标准发生	党风和作风建设	（1）严格执行会议管理办法、接待工作管理等有关制度要求，向各部门、单位明确经费使用标准，做好费用前置审批、报销把关。 （2）认真贯彻落实中央八项规定精神，严格执行公务用车、办公用房、因公出国（境）等方面制度，依托内部审计、检查团队进行不定期核查

续表

岗位名称	**办公室（党委办公室）主任、副主任**	风险星级	四星、三星
序号	重点廉洁风险	涉及领域	主要防控措施
5	合同管理审核把关不严，出现合同倒签等不规范行为	财务资产	（1）强化合同审核，认真审核合同金额、使用税率、组价依据、结算方法及签订时间等要素，对不符合要求的一律回退修改。 （2）应用大数据技术，不定期开展合同倒签核查工作
6	服务项目招标采购、执行管控不严	招标采购	（1）切实落实“三重一大”“一岗双责”有关工作要求，不违反规定干预物资采购、项目管理等方面事项。 （2）严格执行招投标有关规定，杜绝应招未招、指定供应商等违反纪律事件发生。 （3）加强法律审核把关，避免出现法律纠纷
7	未按照信访、保密管理要求开展工作，无客观原因不按时答复信访件、12345 工单，漠视群众利益	党风和作风建设	（1）严格执行保密、信访等方面管理制度，加强信访、保密管理，确保不发生失泄密事件。 （2）收到信访件和 12345 工单后，积极了解客户或职工诉求，稳妥开展答复工作。 （3）定期开展内部自查自纠工作，对发现的问题及时整改、严肃处理

岗位名称	**综合服务班班长**	风险星级	三星
序号	重点廉洁风险	涉及领域	主要防控措施
1	物资采购、报废等工作审核把关不严	物资管理	（1）加强对各类资产新增、转移和报废等全过程的管理与跟踪。 （2）完善资产需求管理制度，设备采购需求由班组提出、科室确定，分管领导审核。 （3）采购需求与入库验收人员不能是同一人，在验收现场应保证有 2 人及以上在场。 （4）按照规定办理本单位废旧物资报废申请并办理报废手续，在进行退役、退出物资的技术鉴定时不得弄虚作假，按照规定做好废旧物资拆除、回收、集中、现场管理和移交工作。 （5）严格执行物资计划审批流程，杜绝计划外项目、内容。 （6）建立设备实物台账、设备卡片、资产卡片的对应关系，开展废旧物资定期检查，并按时留底相关处理资料

续表

岗位名称	**综合服务班班长**	风险星级	三星
序号	重点廉洁风险	涉及领域	主要防控措施
2	利用职务之便，指定食堂食材供应，从中谋取利益	后勤服务	（1）组织财务、审计人员定期对食堂账目进行核算和检查。 （2）对长期供应商进行调查评估
3	机动车定点维修管控不够严谨，个别驾驶人在车辆维修过程中存在“多报多结、以次充好、私车公修”等损公肥私的行为	生产建设	（1）车辆各类维修前，驾驶员必须向机务专职汇报，统一由系统派车申请，计入车辆入场维护出车单，确保车辆轨迹与修理轨迹一一对应，建立“一车一修一档”台账，保证车辆修理档案信息的准确性。 （2）严格执行机动车定点维修机制，加强对车辆维修过程的监督，杜绝发生“多报多结、以次充好、私车公修”等损公肥私的行为
4	公务用车管理不严，存在“公车私用、私车公养、违规入禁”，不按车辆管理流程办理出车手续等情况	党风和作风建设	（1）加强运行使用管理，按照集中管理、统一调度的原则，严格公务用车和生产用车使用界限，规范派车审批流程，严格执行带工单出行，严禁将企业用车配备到个人或部门，严禁未经审批出车、违规停放、违规接送领导上下班、公车私用等。 （2）加强车辆信息化管控，推广应用公司统一车辆管理平台，实现公务用车购置、租赁、运行、费用、处置、监督管理全过程规范管理，严禁私自拆除或拔下车载终端设备，加强运行维护，确保在线监控，强化台账数据维护，及时更新车辆信息

岗位名称	**发展建设部主任、副主任**	风险星级	三星
序号	重点廉洁风险	涉及领域	主要防控措施
1	未核实政策处理实际赔偿情况，虚增赔偿费	生产建设	（1）建立监督制约机制，执行人与审批人交叉监督。 （2）政策处理由2人及以上参与，政策处理费用需专项审核并严格执行当地政府赔偿标准。 （3）赔偿支付履行银行公对公凭证支付，避免执行人直接付款。 （4）对于政策处理中无法避免的有关招待事宜，经班长或分管副所长上报所长同意后，在职工食堂就餐（按工作餐标准执行）

续表

岗位名称	**发展建设部主任、副主任**	风险星级	三星
序号	重点廉洁风险	涉及领域	主要防控措施
2	项目全流程管控不严，擅自调整需求计划，或通过将项目化整为零规避招标	生产建设	（1）建立项目全流程管控机制，会同项目前期、协调建设、项目后评价等专业管理环节，把控项目实施具体情况和建设效果。 （2）加强项目前期申报的审核把关，严格审批制度
3	工程变更、重大变更不严格履行报批程序，变更审核不严，擅自提高造价，扩大投资规模	生产建设	（1）做实设计前期现场查勘和政策处理，做到工程少变更。 （2）提高员工业务素质，培育员工设计审图能力，确保工程初设规模与实际工程量吻合，同时避免外施单位虚报变更工程和扩大工程量。 （3）工程变更必须严格执行工程变更审批（核）手续、提供相应支撑材料。 （4）工程变更手续完备后方可实施变更，事后补交的变更单一律作废
4	假借反违章稽查，故意扰乱正常作业进程，牟取私利	生产建设	（1）实行各类安全稽查痕迹化管理和安全事件问责制度，严肃查处利用职务之便扰乱正常作业，设卡寻租行为。 （2）加强安全稽查人员廉洁教育、警示教育
5	竣工验收把关不严，未依规核减多报工程量或竣工资料缺失	生产建设	（1）提高员工业务素质，培育员工设计审图能力，确保工程初设规模与实际工程量吻合，同时避免外施单位虚报变更工程和扩大工程量。 （2）竣工资料严格进行现场核对，履行相关验收程序。 （3）建立责任追究制，发生问题，严格按照每个环节的签字人员追究相应责任，并与绩效挂钩，情节严重者，报公司纪委备案处理
6	在组织电网发展系列规划编制过程中，质量监督过程把关不严	生产建设	根据省公司电网规划编制要求，对规划编制情况实时跟踪，引导规划编制符合质量监督过程、符合政府规划布局

岗位名称	**发展建设部项目管理专职**	风险星级	三星
序号	重点廉洁风险	涉及领域	主要防控措施
1	项目全流程管控不严，擅自调整需求计划，或通过将项目化整为零规避招标	生产建设	（1）建立项目全流程管控机制，会同项目前期、协调建设、项目后评价等专业管理环节，把控项目实施具体情况和建设效果。 （2）加强项目前期申报的审核把关，严格审批制度
2	工程变更、重大变更不严格履行报批程序，变更审核不严，擅自提高造价，扩大投资规模	生产建设	（1）做实设计前期现场查勘和政策处理，做到工程少变更。 （2）提高员工业务素质，培育员工设计审图能力，确保工程初设规模与实际工程量吻合，同时避免外施单位虚报变更工程和扩大工程量。 （3）工程变更必须严格执行工程变更审批（核）手续、提供相应支撑材料。 （4）工程变更手续完备后方可实施变更，事后补交的变更单一律作废
3	假借反违章稽查，故意扰乱正常作业进程，牟取私利	生产建设	（1）实行各类安全稽查痕迹化管理和安全事件问责制度，严肃查处利用职务之便扰乱正常作业，设卡寻租行为。 （2）加强安全稽查人员廉洁教育、警示教育
4	竣工验收把关不严，未依规核减多报工程量或竣工资料缺失	生产建设	（1）提高员工业务素质，培育员工设计审图能力，确保工程初设规模与实际工程量吻合，同时避免外施单位虚报变更工程和扩大工程量。 （2）竣工资料严格进行现场核对，履行相关验收程序。 （3）建立责任追究制，发生问题，严格按照每个环节的签字人员追究。相应责任，并与绩效挂钩，情节严重者，报公司纪委备案处理

岗位名称	**人力资源部主任、副主任**	风险星级	三星
序号	重点廉洁风险	涉及领域	主要防控措施
1	干部选拔任用不规范，存在动议推荐不合规、考察流于形式等问题	干部人事	（1）履行集体决策程序，个人不得擅自决定重要人事任免、人员调动。 （2）严格行任公示规定，规范受理公示期投诉举报，及时反馈处理结果。 （3）严格执行干部考察任用程序，真正做到干部提拔人选的档案“凡提必审”，个人有关事项报告“凡提必核”，纪检监察意见“凡提必听”，线索具体的信访举报“凡提必查”
2	轮岗制度执行不到位，关键岗位人员未按规定年限交流轮换或交流不彻底	干部人事	严格执行《浙江省电力公司重点专业和关键岗位人员轮换交流管理办法（试行）》（浙电监［2011］773号）要求，按规范实行岗位轮换
3	培训费用管理不规范，以虚假培训项目挪用培训经费	财务资产	（1）严格控制培训费用项目类别。培训班预算项目主要包括培训师酬金、培训师食宿费和交通费、教材资料费、实训材料费、杂费等。 （2）坚持按需培训。培训内容应紧密结合专业重点工作，符合公司发展对各类人员知识结构和能力的需求，培训对象应明确到具体部门、岗位或职务

岗位名称	**财务部主任、副主任**	风险星级	四星、三星
序号	重点廉洁风险	涉及领域	主要防控措施
1	费用支出把关不严，存在虚报、伪造发票、冒领费用等风险	财务资产	（1）严格遵守财务纪律，管好、用好公私财物，杜绝违反财经纪律事件的出现。 （2）强化监督机制，严控资金“出入关”，确保资金使用有依据、有记录、有校核、有监督。 （3）不定期开展“小金库”专项治理工作，切实做到自查自纠。 （4）对账务、各种补贴使用情况进行公开。 （5）集体性专项奖金造册到人，及时发放并进行公开
2	资产出租、转让程序不规范、不合理，导致出租、转让价格明显偏低	财务资产	（1）企业产权、固定资产对外转让等按规定进行资产评估、合理定价。 （2）归口物资部门统一处置已报废固定资产，应采取公开拍卖出售

续表

岗位名称	**财务部主任、副主任**	风险星级	四星、三星
序号	重点廉洁风险	涉及领域	主要防控措施
3	资金收支预测不合理，导致资金缺口较大或资金闲置	财务资产	（1）利用大数据平台，合理预测资金收支。 （2）强化资金预算收支偏差考核。 （3）深入学习相关制度规定并严格落实
4	变通列支福利性、工资性支出	财务资产	（1）严格执行《国家电网公司会计核算办法2014》和《国家电网有限公司会计基础管理办法》的要求。 （2）严格福利费开支范围，规范福利费核算
5	差旅费用报销审核把关不严	财务资产	（1）严格执行《国家电网有限公司差旅费管理办法》。 （2）定期开展检查，尤其是电子附件管理，确保差旅费报销附件的完整性、规范性
6	工程业务审核不严格	财务资产	（1）严格通过信息化系统管理公司项目，并及时备案和核准。 （2）严格执行项目竣工决算审计，及时发现项目管理过程中存在的廉洁风险点

岗位名称	**安监部主任、副主任**	风险星级	三星
序号	重点廉洁风险	涉及领域	主要防控措施
1	安全措施费使用不规范	生产建设	（1）编制安全措施费的月度计划和年度需求总计划。 （2）安全措施费的使用需经支委会讨论研究。 （3）认真学习安全措施费用使用管理办法，严格执行相关规定。 （4）加强对经办人员的提醒与监督，自觉践行廉洁从业各项规定
2	安全工器具和消防设施等采购、入库、出库环节管理不严	物资管理	（1）采购、入库、验收现场应保证有 2 人及以上在场。 （2）定期接受廉政谈话提醒，自觉践行廉洁从业各项规定。 （3）加强对相关人员业务行为的监督力度，健全物资进出验收管理制度

续表

岗位名称	**安监部主任、副主任**	风险星级	三星
序号	重点廉洁风险	涉及领域	主要防控措施
3	安全稽查工作中查处、考核违章行为或事故调查时，因人情往来影响稽查结果	生产建设	（1）安全稽查中应由 2 人以上共同进行。 （2）严格按照安全稽查相关管理办法执行，并做好检查验收记录。 （3）建立责任追究制度，发生问题严格落实每个签字人员的责任，并与绩效挂钩
4	未执行回避制度，与投标人违规接触	招标采购	（1）严格执行回避制度，与投标人有利害关系的人不得进入相关项目的评标委员会，已经进入的应当更换。 （2）切实落实“三重一大”“一岗双责”有关工作要求，不违反规定干预物资采购、项目管理等方面事项。 （3）严格执行招投标有关规定，杜绝应招未招、指定供应商等违反纪律事件发生

岗位名称	**党建部主任、副主任**	风险星级	三星
序号	重点廉洁风险	涉及领域	主要防控措施
1	党工团等经费使用审核把关不严	综合管理	（1）严格规范可控费用使用申报、审批。 （2）加强廉洁自律，接受组织监督。 （3）依据党组织工作经费管理办法，严格在限定范围内发生费用，并明确报销基本支撑材料
2	违规套用党建工作经费、广告宣传费	综合管理	（1）规范党建活动，实施事前审批制，严格活动全流程闭环管理。 （2）加强党建和广告宣传项目管控，严格费用审核。 （3）严格执行财务制度，规范审核流程，防止套取资金，挪用费用。 （4）审核广告公司开展主题传播、影视传播等项目时严格按照合同规定，每个环节分管领导做好把关工作
3	工会物资采购过程中接受供应商吃请，给予“照顾”	招标采购	（1）加强工会经费使用情况的监督检查和管控，对费用支出的标准及合理性进行严格审核把关，开展自查及审计。 （2）严格执行工会换届、选举、先进评选程序相关规定，加强过程管控，组织各单位（部室）参与监督，接受监督，提高透明度。 （3）加强涉密信息管理，对采购慰问品的信息严格控制，加强评标专家管理，提高独立评审能力，充分发挥纪检人员现场监督作用

续表

岗位名称	**党建部主任、副主任**	风险星级	三星
序号	重点廉洁风险	涉及领域	主要防控措施
4	离退休人员活动经费使用审核把关不严	综合管理	（1）服务好离退休人员，不得以各种名义欺骗离退休人员谋取个人利益。 （2）加大监督力度，公开监督方式，防止出现因个人因素故意刁难离退休人员的情况

岗位名称	**营销部主任、副主任**	风险星级	五星、四星
序号	重点廉洁风险	涉及领域	主要防控措施
1	违规泄露上网电厂、售电公司商业信息	生产建设	严格执行输配电改革要求，建立良好的保密体系，对涉密人员进行保密协议签订
2	泄露存量客户信息或潜在业扩客户信息，牟取私利	生产建设	（1）签订保密协议。 （2）进行客户调查回访，及时了解客户对业扩办理的评价。 （3）定期开展信息安全排查，严防信息系统漏洞
3	利用职务之便在故障抢修中擅自协助客户更换变压器容量或铭牌，私增容量	生产建设	（1）加强对实际电量大于报装容量客户的营业普查。 （2）通过用电信息采集系统对客户负荷电量进行监测、分析，及时发现、查处违约用电行为
4	实行区域错避峰用电过程中，选择性执行错避峰政策	生产建设	（1）严格按照政府发文内容执行错避峰政策，做准做细错避峰方案。 （2）接到区（县）有序用电办启动错避峰用电指令后，公平公正对待涉及的用户，严格按照错避峰文件执行顺序要求用户进行错避峰用电
5	假借反违章稽查，故意扰乱正常作业进程，牟取私利	生产建设	（1）实行各类安全稽查痕迹化管理和安全事件问责制度，严肃查处利用职务之便扰乱正常作业，设卡寻租行为。 （2）加强安全稽查人员廉洁教育、警示教育
6	发现客户存在违约用电或者窃电行为，私下和客户协商，未按规定处理，牟取私利	生产建设	（1）现场检查时，用电检查员的人数不得少于 2 人，按规定填写用电检查工作单并交回存档。 （2）按照稽查监控主题和任务开展营销业务现场稽查，对疑似问题必须现场核实用电情况。

续表

岗位名称	**营销部主任、副主任**	风险星级	五星、四星
序号	重点廉洁风险	涉及领域	主要防控措施
6	发现客户存在违约用电或者窃电行为，私下和客户协商，未按规定处理，牟取私利	生产建设	（3）通过线损分析或采集系统等发现有窃电或违约用电嫌疑的，应及时组织现场检查。 （4）加强封印管理，封印领用应有记录。 （5）对窃电和违约用电处理方案应严格审核。 （6）发现客户有违约用电、窃电嫌疑等异常情况，应注意收集证据，并立即报告上级处理
7	擅自缩小工程规模、降低装置标准	生产建设	客户经理、客户服务员、技术员为供电所层面的设计图纸审核责任人，分别签字认可后提交审核确认，严格把控工程、设备质量的源头
8	未办理相关手续，私自移表，从中牟利	生产建设	（1）应用智能电力客户档案管理系统，加强用电申请资料管理。 （2）加强营销技术支持系统的个人账户管理，杜绝一人多个账号、一人拥有全部权限。 （3）严格营销系统客户抄表段管理，明确责任分工。 （4）加快台区营配贯通工作，切实提升台区线损率管理水平，从技术上杜绝私自表计移位的现象
9	帮助客户私自搭接、未经验收或未整改完问题违规送电	生产建设	（1）通过用电信息采集系统对线损异常台区、线路进行监测、分析，及时发现、查处窃电行为。 （2）严格验收程序，及时归档验收资料。 （3）检查发现的问题未在规定时限内完成整改的，不准擅自送电。 （4）违规送电与绩效考核挂钩，并提交公司纪委备案处理

岗位名称	**营销部电费电价专职**	风险星级	三星
序号	重点廉洁风险	涉及领域	主要防控措施
1	不按规定测算趸售电价，不按规定执行上网电价、销售目录电价、输配电价	营销服务	（1）严格执行国家电价政策，不得擅自变更或变相调整电价，不得执行违规出台的电价政策。 （2）健全电价工作全过程管理和控制体系：在电价测算报批环节，应建立数据复核和方案会审制度，保证电价测算方案的全面、准确。 （3）在电价执行环节，电价管理牵头部门会同营销、农电、交易、审计、监察等相关部门，通过营业稽查、营业普查、财务稽查、电价分析等方法，加大对电价执行的监督

续表

岗位名称	**营销部电费电价专职**	风险星级	三星
序号	重点廉洁风险	涉及领域	主要防控措施
2	违规减免客户电费违约金	营销服务	严格执行电费违约金制度，不得随意减免电费违约金，不得用电费违约金冲抵电费实收。严格按照营销部下发的《关于加强违约金暂缓及减免审批管理的通知》执行
3	故意未合理确定定比定量，违规减少客户电费支出，从中牟利	营销服务	（1）定比定量业务中，现场工作人员数量不少于2人，认真核实客户不同电价类别用电设备容量的比例和实际可能的用电量。 （2）定比定量的确定应严格执行供电服务班、综合班、副所长分级审批制度。 （3）严格执行“一年一定”工作要求，每年应重新核定定比定量值。 （4）加强对定比定量客户的电量分析，对异常情况进行现场稽查
4	未按实际情况确定用户行业类别及电价	营销服务	（1）查勘、计量作业、验收等现场工作人员数量不少于2人。业扩查勘与验收工作安排不同人员进行。 （2）加强业务流程审核，对客户用电性质与执行电价正确性进行校核，重点关注农业排灌、农业生产、居民合表电价。 （3）对于违约用电户，严格按照《供电营业规则》，收取违约使用电费
5	临时接电退费、销户客户预收电费退费不及时	营销服务	（1）建立临时接电费未退清单，及时联系用户办理退费手续，对未退资金进行退费进度说明，最终形成闭环，确保完全清退。 （2）用户销户时，应核对预收电费情况，在用户办理销户时，应与用户做好预收电费退款约定，确保销户后及时完成预收退费。 （3）对存量销毁预收电费应做好清单管理机制，逐户联系，与用户约定退费渠道及业务办理时间，对放弃退费的用户应做好记录留存证明，定期进行公示后转为营业外收入
6	使用信用卡、互联网金融理财等网络方式缴纳电费套取现金或赚取利润	营销服务	（1）设置互联网收款账户专用码，避免个人收款资金风险。 （2）定期抽查电费刷卡回单，核对付款方式，防范资金风险

岗位名称	**营销部计量管理专职**	风险星级	三星
序号	重点廉洁风险	涉及领域	主要防控措施
1	故意接线错误少计电量，进行电量退补时帮助客户偷逃电费	营销服务	（1）加强装表前的户线核对，与客户签订户线核对承诺协议，明确双方责任。 （2）按照“每户必查、逐户核对”的原则进行检查。 （3）加强用电信息采集系统应用管理，及时处理计量异常报警记录。 （4）现场故障处理时，应 2 人共同进行，并对故障点进行拍照存档。 （5）利用科技手段按照稽查监控主题和任务开展营销业务现场稽查，对计量异常问题必须安排专人进行现场表计检查和校验工作，并核实客户用电情况。 （6）严格执行电能表资产管理制度，加强底度核对防控措施和计量故障鉴定处理程序。 （7）电量退补严格执行分级审批制度
2	私自使用大变比互感器替换原有低变比互感器，造成用户电费少计，牟取私利	营销服务	（1）强化计量资产管理，规范计量装置领用、退库环节。 （2）做实用电检查，在周期用检过程中严格核查计量装置情况，确保计量准确

岗位名称	**营销部用电检查专职**	风险星级	四星
序号	重点廉洁风险	涉及领域	主要防控措施
1	向客户推荐或指定设计、施工、物资供应单位	生产建设	（1）加强客户受电工程“三不指定”宣传。 （2）在营业厅配备 12398 电力监管信息查询电脑，方便客户查询设计、施工、物资供应单位。 （3）加强工作回访，主动向业扩客户了解情况，保障客户权益。 （4）畅通举报渠道，加大对“三指定”行为的查处力度
2	假借线路超载、公用变压器过载理由拒绝客户或超出对外承诺接电时限	营销服务	（1）严禁体外流程流转，加强业扩时限考核。 （2）严格执行业扩工程客户经理负责制和营业窗口“一口对外”
3	新装过程中少核定用户容量，利用 160 千伏安以下低压接入原则，减少用户投资，牟取私利	生产建设	（1）加强超容整治，对新上后超容严重的 160 千伏安低压接入用户进行现场处理。 （2）联合稽查专业进行不定期的现场核查

续表

岗位名称	**营销部用电检查专职**	风险星级	四星
序号	重点廉洁风险	涉及领域	主要防控措施
4	选择电源点时舍近求远，让客户加大工程成本，借机吃拿卡要	营销服务	（1）严格执行项目供电方案复核制度。 （2）对照典型供电方案进行答复。 （3）充分运用网上电网智能生成供电方案
5	已经由供电企业提供设备材料的工程，私下向客户收取设备材料费用	生产建设	（1）在营业厅展示区公开业务办理流程和收费标准，做到信息公开，保证客户知情权。 （2）对工程实施抽查回访，询问是否存在违规收取费用的情况
6	利用职务之便代客户购买资产分界点以后的设备材料，牟取私利	生产建设	（1）通过各种渠道公开“三不指定”相关内容及业务办理流程、收费标准等内容，做到信息公开，保证客户知情权。 （2）受理环节主动提供并指导客户自主查询经审核合规的设计、施工、物资供应单位建议清单
7	擅自协助客户更换变压器容量或铭牌，私增容量，或者降低土建、设备安装标准，从中牟利	营销服务	（1）严格按照设计图纸配置设备、规范施工，客户经理为第一责任人，客户服务员严格做好监督，严禁擅自降低装置标准的情况发生。 （2）加强营销稽查力度，重点加强对实际电量大于报装容量客户的营业普查。 （3）加强竣工检验及资料审核，保证现场设备与资料的一致性
8	竣工验收环节，违反技术标准和时限要求，牟取私利	生产建设	（1）严格审核竣工资料、现场设备、工艺质量、安全工器具、标识标牌及安全隐患。 （2）竣工验收必须由客户服务员、技术员、供电服务班班长及客户经理共同参与。 （3）进行客户满意度调查回访，及时了解客户对业扩办理的评价
9	竣工验收把关不严，未依规核减多报工程量或竣工资料缺失	生产建设	（1）提高员工业务素质，培育员工设计审图能力，确保工程初设规模与实际工程量吻合，同时避免外施单位虚报变更工程和扩大工程量。 （2）竣工资料严格进行现场核对，履行相关验收程序。 （3）建立责任追究制，发生问题，严格按照每个环节的签字人员追究相应责任，并与绩效挂钩，情节严重者，报公司纪委备案处理
10	客户受电装置损坏，瞒报并私下帮助客户购买安装，从中牟利	营销服务	（1）故障抢修应至少2人进行，相互监督。 （2）利用各种渠道加强“三不指定”宣传，保障客户知情权

岗位名称	**营销部客户服务专职**	风险星级	三星
序号	重点廉洁风险	涉及领域	主要防控措施
1	首问责任制度执行不力，在用户办理或咨询业务过程中推诿、搪塞，对不属于自己职责范围的事项不能正确引导	党风和作风建设	（1）加强职工的内部宣传和引导，优化机构职责分工和办事程序，加强限时办结的要求。 （2）建立首问责任登记制度，由首问单位跟踪业务事项进程，确保业务限期办理完结，形成闭环
2	业扩报装中向客户违规收取安装费用	营销服务	（1）通过各种渠道公开“三不指定”相关内容及业务办理流程、收费标准等内容，做到信息公开，保证客户知情权。 （2）对工程实施抽查回访，询问是否存在违规收取费用的情况。 （3）畅通举报渠道，加大对违纪违规行为的查处力度
3	泄露存量客户信息或潜在业扩客户信息，牟取私利	营销服务	（1）签订保密协议。 （2）进行客户调查回访，及时了解客户对业扩办理的评价。 （3）定期开展信息安全排查，严防信息系统泄露

岗位名称	**运维检修部主任、副主任**	风险星级	四星
序号	重点廉洁风险	涉及领域	主要防控措施
1	工程验收管理不规范，规避工程缺陷，降低验收标准	生产建设	（1）加强对所辖工程验收管理工作的监督、检查、指导、考核。 （2）认真执行国家电网有限公司质量制度、标准，编制年度基建质量管理工作策划方案并组织落实。 （3）强化施工过程管理，加强对隐蔽工程及施工各阶段验收等关键环节的质量管控
2	合同签订审核不规范	综合管理	（1）加大对合同管理的监督、检查和考核力度，引导业务人员依法合规开展工作，推动合同签订规范管理。 （2）强化合同管理的法律意识和风险意识，提高合同的审核把关能力。 （3）加强工程项目全过程的监督检查。 （4）加强工程建设、招投标等重点领域监督，防范领导干部干预、插手工程项目等问题

续表

岗位名称	**运维检修部主任、副主任**	风险星级	四星
序号	重点廉洁风险	涉及领域	主要防控措施
3	电网实物资产管理不到位，资产出租、转让程序不规范、不合理，导致出租、转让价格明显偏低	财务资产	（1）加强电网实物资产管理及相关培训，规范电网资产退役再利用操作流程。 （2）企业产权、固定资产对外转让等按规定进行资产评估、合理定价。 （3）归口物资部门统一处置已报废固定资产，应采取公开竞价出售
4	竣工验收把关不严，未依规核减多报工程量	生产建设	（1）提高员工业务素质，培育员工设计审图能力，确保工程初设规模与实际工程量吻合，同时避免外施单位虚报变更工程和扩大工程量。 （2）竣工资料严格进行现场核对，履行相关验收程序。 （3）建立责任追究制，发生问题，严格按照每个环节的签字人员追究相应责任，并与绩效挂钩，情节严重者，报公司纪委备案处理

岗位名称	**运维检修部配网专职**	风险星级	三星
序号	重点廉洁风险	涉及领域	主要防控措施
1	选择电源点时舍近求远，让客户加大工程成本，借机吃拿卡要	营销服务	（1）严格执行项目供电方案复核制度。 （2）对照典型供电方案进行答复。 （3）充分运用网上电网智能生成供电方案
2	对线路改造项目进行中间检查或竣工验收时，对施工质量、工艺、安全、工程量等把关不严	生产建设	（1）中间检查或竣工验收时，应由 2 人及以上共同进行。 （2）严格管控隐蔽工程质量，做到留痕存证验收，按照工程管理办法、工程验收标准组织开展中间检查和竣工验收，做好验收记录，发现问题及时向有关部门反映。 （3）建立责任追究制，发生问题，严格按照每个环节的签字人员追究相应责任，并与绩效挂钩，情节严重者，报公司纪委备案处理

岗位名称	**运维检修部配网专职**	风险星级	三星
序号	重点廉洁风险	涉及领域	主要防控措施
3	向客户推荐、指定施工方或设备材料供应商，牟取私利	营销服务	（1）故障抢修应至少 2 人进行，相互监督。 （2）受理环节主动告知客户并签订“关于受电工程建设有关事项的提示”。 （3）在营业厅配备电力监管信息查询电脑，方便客户查询设计、施工、物资供应单位。 （4）完善服务质量检测体系，实行业扩报装闭环管控。 （5）对受理和送电环节开展回访，核查“三指定”情况。 （6）畅通举报渠道，在醒目处公布举报电话，加大对“三指定”行为的查处力度

2. 运维检修中心

岗位名称	**运维检修中心副主任（仓储）**	风险星级	四星
序号	重点廉洁风险	涉及领域	主要防控措施
1	擅自调整需求计划，虚报、多报物资需求	招标采购	（1）严格执行物资计划审批流程，杜绝计划外项目、内容。 （2）项目单位或项目管理部门加强项目的统筹管理，对于计划外采购项目单独提交书面报告说明原因。 （3）对各单位授权采购规模、品类、占比等情况进行跟踪分析
2	合同签订审核不规范、不及时，因价格波动重新订立合同，造成公司损失	财务资产	（1）加大对合同管理的监督、检查和考核力度，引导业务人员依法合规开展工作，推动合同签订规范管理。 （2）强化合同管理的法律意识和风险意识，提高合同的审核把关能力。 （3）加强工程项目全过程的监督检查。 （4）加强工程建设、招投标等重点领域监督，防范领导干部干预、插手工程项目等问题

续表

岗位名称	**运维检修中心副主任（仓储）**	风险星级	四星
序号	重点廉洁风险	涉及领域	主要防控措施
3	设备、物资采购应进行招投标的，采用化整为零、假造依据等手段，弄虚作假，进行非招标采购或直接指定	招标采购	（1）严格执行招标投标相关法律法规中关于招标范围和规模标准的规定。 （2）加强对设备零购活动的规范化管理与监督。 （3）加强对采用单一来源等非招标方式进行采购的依据的审核，禁止将应采用招标方式的改为非招标方式进行采购。 （4）严格遵守《中华人民共和国招标投标法》和国家电网有限公司、省公司制定的有关招投标制度，认真履行职责。 （5）加强对设备零购活动的规范化管理与监督
4	不按规定对供应商履约情况进行考核评价，供应商产品质量、串标围标等问题未及时追责	财务资产	（1）加强与招标采购和合同执行环节的协同，及时收集供应商产品质量、交货、服务等信息，纳入绩效评价考核。 （2）严格执行产品质量监督和供应商“黑名单”制度。 （3）对供应商不良行为及时处理
5	实际保管拆旧、剩余物资数量与理论退回数据差距较大，且无合理依据，违规售卖废旧物资	生产建设	（1）加强可研阶段对拆除资产的论证，明确拆除清单，在项目实施过程中，项目管理部门组织做好拆除移交等工作。 （2）项目管理部门组织做好对拆除资产的技术鉴定及清点工作，核对资产台账，确保拆旧与回收数量一致。 （3）严格按照国家电网有限公司批复的竞价计划组织开展竞价活动

3. 城区供电中心

岗位名称	**城区供电中心主任**	风险星级	五星
序号	重点廉洁风险	涉及领域	主要防控措施
1	向客户推荐或指定设计、施工、物资供应单位	生产建设	（1）加强客户受电工程“三不指定”宣传。 （2）在营业厅配备12398电力监管信息查询电脑，方便客户查询设计、施工、物资供应单位。 （3）加强工作回访，主动向业扩客户了解情况，保障客户权益。 （4）畅通举报渠道，加大对“三指定”行为的查处力度
2	假借线路超载、公用变压器过载理由拒绝客户或超出对外承诺接电时限	营销服务	（1）严禁体外流程流转，加强业扩时限考核。 （2）严格执行业扩工程客户经理负责制和营业窗口“一口对外”

续表

岗位名称	**城区供电中心主任**	风险星级	五星
序号	重点廉洁风险	涉及领域	主要防控措施
3	泄露存量客户信息或潜在业扩客户信息，牟取私利	营销服务	（1）签订保密协议。 （2）进行客户调查回访，及时了解客户对业扩办理的评价。 （3）定期开展信息安全排查，严防信息系统漏洞
4	新装过程中少核定用户容量，利用 160 千伏安以下低压接入原则，减少用户投资，牟取私利	生产建设	（1）加强超容整治，对新上后超容严重的 160 千伏安低压接入用户进行现场处理。 （2）联合稽查专业进行不定期的现场核查
5	实行区域错避峰用电过程中，选择性执行错避峰政策	营销服务	（1）严格按照政府发文内容执行错避峰政策，做准做细错避峰方案。 （2）接到区（县）有序用电办启动错避峰用电指令后，公平公正对待涉及的用户，严格按照错避峰文件执行顺序要求用户进行错避峰用电
6	多头受理、业扩报装流程各环节间缺乏有效监督制约	营销服务	受理阶段，严格客户房屋或土地合法使用证明、身份证明、产权证明等资料审查，杜绝多头受理情况
7	制定不合理或随意变更供电方案	营销服务	（1）严格依据公司业扩供电方案编制有关规定和技术标准要求，根据现场勘查结果、当地供电条件等因素，经过技术比较、与客户协商一致后，拟定供电方案。 （2）供电方案变更，应履行审批程序
8	放宽或提高验收标准，未组织竣工验收或验收不合格就送电	营销服务	（1）竣工检验时，应按照国家、电力行业标准、规程和客户竣工报验资料，对受电工程进行全面检验。对于发现缺陷的，应以受电工程竣工检验意见单形式一次性告知客户，复验合格后方可接电。 （2）验收重点项目应为：线路架设或电缆敷设；高、低压盘（柜）及二次接线检验；继电保护装置及其定值；配电室建设及接地检验；变压器及开关试验；环网柜、电缆分支箱检验；中间检查记录；电力设备入网交接试验记录；运行规章及入网工作人员资质检验；安全措施检验等

续表

岗位名称	**城区供电中心主任**	风险星级	五星
序号	重点廉洁风险	涉及领域	主要防控措施
9	为未通过验收的受电工程或特定施工单位违规送电	营销服务	（1）严格按照送电的规范要求开展送电，严禁私自与施工单位达成送电协议。 （2）按照验收的工作要求，加强对工作人员的管控，严禁未通过验收的受电工程送电
10	在设备验收过程中人为设置障碍，吃拿卡要，放宽验收标准	生产建设	（1）加强组织领导、强化监督检查，加强对设备、项目的全过程管控。 （2）完善监督制约机制，规范工作流程，多人集体实施项目或费用的审批和验收。 （3）严格按照项目验收标准进行验收，强化自身修养，不得参加厂商的宴请

岗位名称	**城区供电中心副主任（生产）**	风险星级	四星
序号	重点廉洁风险	涉及领域	主要防控措施
1	工程监理不到位，规避工程缺陷、降低验收标准	生产建设	（1）加强对所辖工程验收管理工作的监督、检查、指导、考核。 （2）认真执行国家电网有限公司质量重度、标准，编制年度基建质量管理工作策划方案并组合落实。 （3）强化施工过程管理，加强对隐蔽工程及施工各阶段验收等关键环节的质量管控
2	废旧物资管控不到位，未应退尽退	生产建设	（1）按照规定办理本单位废旧物资报废申请并办理报废手续，规范实物移交、接收双方签字手续。 （2）建立设备实物台账、设备卡片、资产卡片的对应关系，开展废旧物资定期检查，并按时留底相关处理资料。 （3）按照规定做好废旧物资拆除、回收、集中、现场管理和移交工作，在进行退役、退出物资的技术鉴定时不得弄虚作假

续表

岗位名称	**城区供电中心副主任（生产）**	风险星级	四星
序号	重点廉洁风险	涉及领域	主要防控措施
3	向客户推荐或指定设计、施工、物资供应单位	生产建设	（1）加强客户受电工程“三不指定”宣传。 （2）在营业厅配备 12398 电力监管信息查询电脑，方便客户查询设计、施工、物资供应单位。 （3）加强工作回访，主动向业扩客户了解情况，保障客户权益。 （4）畅通举报渠道，加大对“三指定”行为的查处力度
4	假借线路超载、公用变压器过载理由拒绝客户或超出对外承诺接电时限	生产建设	（1）严禁体外流程流转，加强业扩时限考核。 （2）认真执行业扩工程客户经理负责制和营业窗口“一口对外”
5	擅自缩小工程规模、降低装置标准	生产建设	客户经理、客户服务员、技术员为供电所层面的设计图纸审核责任人，分别签字认可后提交审核确认，严格把控工程、设备质量的源头
6	竣工验收环节，违反技术标准和时限要求，牟取私利	生产建设	（1）严格审核竣工资料、现场设备、工艺质量、安全工器具、标识标牌及安全隐患。 （2）竣工验收必须由客户服务员、技术员、供电服务班班长及客户经理共同参与。 （3）进行客户满意度调查回访，及时了解客户对业扩办理的评价
7	工程变更、重大变更不严格履行报批程序，变更审核不严，擅自提高造价，扩大投资规模	生产建设	（1）做实设计前期现场查勘和政策处理，做到工程少变更。 （2）提高员工业务素质，培育员工设计审图能力，确保工程初设规模与实际工程量吻合，同时避免外施单位虚报变更工程和扩大工程量。 （3）工程变更必须严格执行工程变更审批（核）手续。 （4）工程变更手续完备后方可实施变更，事后补交的变更单一律作废
8	将青苗赔偿费集中支付给少数赔偿对象，或采用现金交易方式支付赔偿费	生产建设	规范资金支付，所有款项均应通过银行转账支付，对直接支付给个人的赔偿等款项应签订协议，并取得收款人有效身份证复印件及本人签章的收据

岗位名称	**城区供电中心副主任（营销）**	风险星级	四星
序号	重点廉洁风险	涉及领域	主要防控措施
1	假借反违章稽查，故意扰乱正常作业进程，牟取私利	生产建设	实行各类安全稽查痕迹化管理和安全事件问责制度，严肃查处利用职务之便扰乱正常作业，设卡寻租行为
2	故意接线错误少计电量，进行电量退补时帮助客户偷逃电费	营销服务	（1）加强装表前的户线核对，与客户签订户线核对承诺协议，明确双方责任。 （2）按照“每户必查、逐户核对”的原则进行检查。 （3）加强用电信息采集系统应用管理，及时处理计量异常报警记录。 （4）现场故障处理时，应 2 人共同进行，并对故障点进行拍照存档。 （5）利用科技手段按照稽查监控主题和任务开展营销业务现场稽查，对计量异常问题必须安排专人进行现场表计检查和校验工作，并核实客户用电情况。 （6）严格执行电能表资产管理制度，加强底度核对防控措施和计量故障鉴定处理程序。 （7）电量退补严格执行分级审批制度
3	泄露客户用电工程相关信息	营销服务	加强对外泄露客户个人信息及商业秘密的单位、个人的责任追究
4	违规办理电费退补业务	营销服务	加强电量电费差错管理，因抄表差错、计费参数错误、计量装置故障、违约用电、窃电等原因需要退补电量电费时，应发起电量电费退补流程，并经逐级审批后方可处理。严格执行电费违约金制度，不得随意减免电费违约金，不得用电费违约金冲抵电费实收
5	违规进行坏账核销，不及时上交收回的已核销电费坏账	营销服务	（1）加强业务人员业务培训和廉政教育。 （2）强化监督机制，切实履行资金安全入账。 （3）健全资金管理制度，做到日结日清。 （4）完善营销业务稽查，资金可控在控
6	拆旧表计止度虚报、与客户串通，对检定不合格的计量互感器进行计量参数修改，造成电量少计	营销服务	（1）加强用电信息采集系统应用管理，及时处理计量异常报警记录。 （2）现场故障处理时，应 2 人共同进行，并对故障点进行拍照存档。

续表

岗位名称	**城区供电中心副主任（营销）**	风险星级	四星
序号	重点廉洁风险	涉及领域	主要防控措施
6	拆旧表计止度虚报、与客户串通，对检定不合格的计量互感器进行计量参数修改，造成电量少计	营销服务	（3）利用科技手段按照稽查监控主题和任务开展营销业务现场稽查，对计量异常问题必须安排专人进行现场表计检查和校验工作，并核实客户用电情况。 （4）严格执行电能表资产管理制度，加强底度核对防控措施和计量故障鉴定处理程序。 （5）电量退补严格执行分级审批制度
7	虚假评价设备运行情况、厂家运维服务情况或蓄意增加智能表库的维护保养费用	营销服务	（1）加强员工廉洁教育和职业道德教育，填写廉政承诺书。 （2）严格执行招投标流程，完善设备及厂家评价流程。 （3）建立健全制度完善设备及厂家评价流程，具体评价过程需 2 人以上进行
8	废旧物资管理不规范，导致报废计量装置流失	物资管理	（1）按照规定办理计量装置物资报废申请并办理报废手续，规范实物移交、接收双方签字手续。 （2）建立设备实物台账、设备卡片、资产卡片的对应关系，开展废旧物资定期检查，并按时留底相关处理资料。 （3）按照规定做好废旧物资拆除、回收、集中、现场管理和移交工作，在进行退役、退出物资的技术鉴定时不得弄虚作假
9	虚假评价设备运行情况、厂家运维服务情况或蓄意增加智能表库的维护保养费用	营销服务	（1）加强员工廉洁教育和职业道德教育，填写廉政承诺书。 （2）严格执行招投标流程，完善设备及厂家评价流程。 （3）建立健全制度完善设备及厂家评价流程，具体评价过程需 2 人以上进行
10	物资采购、入库、出库环节管理不严，存在账卡物不一致的情况	物资管理	（1）加强对各类资产新增、转移等全过程的管理与跟踪。 （2）完善资产需求管理制度，设备采购需求由班组提出、科室确定，分管领导审核。 （3）采购需求与入库验收人员不能是同一人，在验收现场应保证有 2 人及以上在场。 （4）完善物资零星采购等管理制度

岗位名称	城区供电中心高压班班长	风险星级	四星
序号	重点廉洁风险	涉及领域	主要防控措施
1	向客户推荐或指定设计、施工、物资供应单位	生产建设	（1）加强客户受电工程“三不指定”宣传。 （2）在营业厅配备 12398 电力监管信息查询电脑，方便客户查询设计、施工、物资供应单位。 （3）加强工作回访，主动向业扩客户了解情况，保障客户权益。 （4）畅通举报渠道，加大对“三指定”行为的查处力度
2	假借线路超载、公用变压器过载理由拒绝客户或超出对外承诺接电时限	营销服务	（1）严禁体外流程流转，加强业扩时限考核。 （2）严格执行业扩工程客户经理负责制和营业窗口“一口对外”
3	泄露存量客户信息或潜在业扩客户信息，牟取私利	营销服务	（1）签订保密协议。 （2）进行客户调查回访，及时了解客户对业扩办理的评价。 （3）定期开展信息安全排查，严防信息系统漏洞
4	新装过程中少核定用户容量，利用 160 千伏安以下低压接入原则，减少用户投资，牟取私利	生产建设	（1）加强超容整治，对新上后超容严重的 160 千伏安低压接入用户进行现场处理。 （2）联合稽查专业进行不定期的现场核查
5	已经由供电企业提供设备材料的工程，私下向客户收取设备材料费用	生产建设	（1）在营业厅展示区公开业务办理流程和收费标准，做到信息公开，保证客户知情权。 （2）对工程实施抽查回访，询问是否存在违规收取费用的情况
6	利用职务之便代客户购买资产分界点以后的设备材料，牟取私利	生产建设	（1）通过各种渠道公开“三不指定”相关内容及业务办理流程、收费标准等内容，做到信息公开，保证客户知情权。 （2）受理环节主动提供并指导客户自主查询经审核合规的设计、施工、物资供应单位建议清单
7	业扩报装中向客户违规收取安装费用	营销服务	（1）通过各种渠道公开“三不指定”相关内容及业务办理流程、收费标准等内容，做到信息公开，保证客户知情权。 （2）对工程实施抽查回访，询问是否存在违规收取费用的情况。 （3）畅通举报渠道，加大对违纪违规行为的查处力度

续表

岗位名称	**城区供电中心高压班班长**	风险星级	四星
序号	重点廉洁风险	涉及领域	主要防控措施
8	擅自协助客户更换变压器容量或铭牌，私增容量，或者降低土建、设备安装标准，从中牟利	营销服务	（1）严格按照设计图纸配置设备、规范施工，客户经理为第一责任人，客户服务员严格做好监督，严禁擅自降低装置标准的情况发生。 （2）加强营销稽查力度，重点加强对实际电量大于报装容量客户的营业普查。 （3）加强竣工检验及资料审核，保证现场设备与资料的一致性
9	帮助客户私自搭接、未经验收或未整改完问题违规送电	营销服务	（1）通过用电信息采集系统对线损异常台区、线路进行监测、分析，及时发现、查处窃电行为。 （2）严格验收程序，及时归档验收资料。 （3）检查发现的问题未在规定时限内完成整改的，不准擅自送电。 （4）违规送电与绩效考核挂钩，并提交公司纪委备案处理
10	擅自协助客户更换变压器容量或铭牌，私增容量，或者降低土建、设备安装标准，从中牟利	营销服务	（1）严格按照设计图纸配置设备、规范施工，客户经理为第一责任人，客户服务员严格做好监督，严禁擅自降低装置标准的情况发生。 （2）加强营销稽查力度，重点加强对实际电量大于报装容量客户的营业普查。 （3）加强竣工检验及资料审核，保证现场设备与资料的一致性

岗位名称	**城区供电中心用电检查班班长**	风险星级	三星
序号	重点廉洁风险	涉及领域	主要防控措施
1	竣工验收环节，违反技术标准和时限要求，牟取私利	生产建设	（1）严格审核竣工资料、现场设备、工艺质量、安全工器具、标识标牌及安全隐患。 （2）竣工验收必须由客户服务员、技术员、供电服务班班长及客户经理共同参与。 （3）进行客户满意度调查回访，及时了解客户对业扩办理的评价

续表

岗位名称	**城区供电中心用电检查班班长**	风险星级	三星
序号	重点廉洁风险	涉及领域	主要防控措施
2	帮助客户私自搭接、未经验收或未整改完问题违规送电	营销服务	（1）通过用电信息采集系统对线损异常台区、线路进行监测、分析，及时发现、查处窃电行为。 （2）严格验收程序，及时归档验收资料。 （3）检查发现的问题未在规定时限内完成整改的，不准擅自送电。 （4）违规送电与绩效考核挂钩，并提交公司纪委备案处理
3	竣工验收把关不严，未依规核减多报工程量或竣工资料缺失	生产建设	（1）提高员工业务素质，培育员工设计审图能力，确保工程初设规模与实际工程量吻合，同时避免外施单位虚报变更工程和扩大工程量。 （2）竣工资料严格进行现场核对，履行相关验收程序。 （3）建立责任追究制，发生问题，严格按照每个环节的签字人员追究相应责任，并与绩效挂钩，情节严重者，报公司纪委备案处理
4	客户受电装置损坏，瞒报并私下帮助客户购买安装，从中牟利	营销服务	（1）故障抢修应至少2人进行，相互监督。 （2）利用各种渠道加强“三不指定”宣传，保障客户知情权
5	擅自协助客户更换变压器容量或铭牌，私增容量，或者降低土建、设备安装标准，从中牟利	营销服务	（1）严格按照设计图纸配置设备、规范施工，客户经理为第一责任人，客户服务员严格做好监督，严禁擅自降低装置标准的情况发生。 （2）加强营销稽查力度，重点加强对实际电量大于报装容量客户的营业普查。 （3）加强竣工检验及资料审核，保证现场设备与资料的一致性
6	故意未合理确定定比定量，违规减少客户电费支出，从中牟利	营销服务	（1）定比定量业务中，现场工作人员数量不少于2人，认真核实客户不同电价类别用电设备容量的比例和实际可能的用电量。 （2）定比定量的确定应严格执行供电服务班、综合班、副所长分级审批制度。 （3）严格执行“一年一定”工作要求，每年应重新核定定比定量值。 （4）加强对定比定量客户的电量分析，对异常情况进行现场稽查

续表

岗位名称	**城区供电中心用电检查班班长**	风险星级	三星
序号	重点廉洁风险	涉及领域	主要防控措施
7	未按实际情况确定用户行业类别及电价	营销服务	（1）查勘、计量作业、验收等现场工作人员数量不少于 2 人。业扩查勘与验收工作安排不同人员进行。 （2）加强业务流程审核，对客户用电性质与执行电价正确性进行校核，重点关注农业排灌、农业生产、居民合表电价。 （3）对于违约用电户，严格按照《供电营业规则》，收取违约使用电费
8	不按规定执行一户一表制度，造成客户实际一户多表现象，以此帮助客户减少阶梯电费	营销服务	（1）严格按照规定办理“一户一表”申请。 （2）查勘人员对现场表计情况进行核实。 （3）现场查勘、计量作业时，人数不得少于 2 人。 （4）核实用户厂区红线范围，确保不出现一址多户
9	发现客户存在违约用电或者窃电行为，私下和客户协商，未按规定处理，牟取私利	营销服务	（1）现场检查时，用电检查员的人数不得少于 2 人，按规定填写用电检查工作单并交回存档。 （2）按照稽查监控主题和任务开展营销业务现场稽查，对疑似问题必须现场核实用电情况。 （3）通过线损分析或采集系统等发现有窃电或违约用电嫌疑的，应及时组织现场检查。 （4）加强封印管理，封印领用应有记录。 （5）对窃电和违约用电处理方案应严格审核。 （6）发现客户有违约用电、窃电嫌疑等异常情况，应注意收集证据，并立即报告上级处理

岗位名称	**城区供电中心渠道运营班班长**	风险星级	三星
序号	重点廉洁风险	涉及领域	主要防控措施
1	向客户推荐或指定设计、施工、物资供应单位	生产建设	（1）加强客户受电工程“三不指定”宣传。 （2）在营业厅配备 12398 电力监管信息查询电脑，方便客户查询设计、施工、物资供应单位。 （3）加强工作回访，主动向业扩客户了解情况，保障客户权益。 （4）畅通举报渠道，加大对“三指定”行为的查处力度

续表

岗位名称	**城区供电中心渠道运营班班长**	风险星级	三星
序号	重点廉洁风险	涉及领域	主要防控措施
2	假借线路超载、公用变压器过载理由拒绝客户或超出对外承诺接电时限	营销服务	（1）严禁体外流程流转，加强业扩时限考核。 （2）严格执行业扩工程客户经理负责制和营业窗口“一口对外”
3	泄露存量客户信息或潜在业扩客户信息，牟取私利	营销服务	（1）签订保密协议。 （2）进行客户调查回访，及时了解客户对业扩办理的评价。 （3）定期开展信息安全排查，严防信息系统漏洞
4	首问责任制度执行不力，在用户办理或咨询业务过程中推诿、搪塞，对不属于自己职责范围的事项不能正确引导	党风和作风建设	（1）加强职工的内部宣传和引导，优化机构职责分工和办事程序，加强限时办结的要求。 （2）建立首问责任登记制度，由首问单位跟踪业务事项进程，确保业务限期办理完结，形成闭环
5	业扩报装中向客户违规收取安装费用	营销服务	（1）通过各种渠道公开“三不指定”相关内容及业务办理流程、收费标准等内容，做到信息公开，保证客户知情权。 （2）对工程实施抽查回访，询问是否存在违规收取费用的情况。 （3）畅通举报渠道，加大对违纪违规行为的查处力度
6	不按规定执行一户一表制度，造成客户实际一户多表现象，以此帮助客户减少阶梯电费	营销服务	（1）严格按照规定办理“一户一表”申请。 （2）查勘人员对现场表计情况进行核实。 （3）现场查勘、计量作业时，人数不得少于2人。 （4）核实用户厂区红线范围，确保不出现一址多户
7	使用信用卡、互联网金融理财等网络方式缴纳电费套取现金或赚取利润	营销服务	（1）设置互联网收款账户专用码，避免个人收款资金风险。 （2）定期抽查电费刷卡回单，核对付款方式，防范资金风险
8	多头受理、业扩报装流程各环节间缺乏有效监督制约	营销服务	受理阶段，严格客户房屋或土地合法使用证明、身份证明、产权证明等资料审查，杜绝多头受理情况

岗位名称	**城区供电中心渠道运营班班长**	风险星级	三星
序号	重点廉洁风险	涉及领域	主要防控措施
9	电费（含预收电费）不按时存入电费专用账户，未落实“日清日结”要求	营销服务	电费收取应做到“日清日结”，收费人员每日定时将现金交款单、银行进账单、当日电费汇总表交电费账务人员，核对成功后完成移交，电费账务人员每周统计并向上级汇报
10	违规自立收费项目	营销服务	（1）严格遵守财务纪律，完善营销费用公示化。 （2）强化监督机制，收费项目有依据、有记录、有校核、有监督。 （3）加强营销稽查专项治理，杜绝乱收费

岗位名称	**城区供电中心电费班班长**	风险星级	三星
序号	重点廉洁风险	涉及领域	主要防控措施
1	首问责任制度执行不力，在用户办理或咨询业务过程中推诿、搪塞，对不属于自己职责范围的事项不能正确引导	党风和作风建设	（1）加强职工的内部宣传和引导，优化机构职责分工和办事程序，加强限时办结的要求。 （2）建立首问责任登记制度，由首问单位跟踪业务事项进程，确保业务限期办理完结，形成闭环
2	发现客户存在违约用电或者窃电行为，私下和客户协商，未按规定处理，牟取私利	营销服务	（1）现场检查时，用电检查员的人数不得少于 2 人，按规定填写用电检查工作单并交回存档。 （2）按照稽查监控主题和任务开展营销业务现场稽查，对疑似问题必须现场核实用电情况。 （3）通过线损分析或采集系统等发现有窃电或违约用电嫌疑的，应及时组织现场检查。 （4）加强封印管理，封印领用应有记录。 （5）对窃电和违约用电处理方案应严格审核。 （6）发现客户有违约用电、窃电嫌疑等异常情况，应注意收集证据，并立即报告上级处理
3	泄露存量客户信息或潜在业扩客户信息，牟取私利	营销服务	（1）签订保密协议。 （2）进行客户调查回访，及时了解客户对业扩办理的评价。 （3）定期开展信息安全排查，严防信息系统泄露

续表

岗位名称	**城区供电中心电费班班长**	风险星级	三星
序号	重点廉洁风险	涉及领域	主要防控措施
4	泄露客户用电工程相关信息	营销服务	加强对外泄露客户个人信息及商业秘密的单位、个人的责任追究
5	违规泄露上网电厂、售电公司商业信息	营销服务	严格执行输配电改革要求，建立良好的保密体系
6	电费（含预收电费）不按时存入电费专用账户，未落实“日清日结”要求	营销服务	电费收取应做到“日清日结”，收费人员每日定时将现金交款单、银行进账单、当日电费汇总表交电费账务人员，核对成功后完成移交，电费账务人员每周统计并向上级汇报
7	使用白条、商业汇票等收取电费或预收电费	营销服务	各级单位原则上不得收取商业承兑汇票，从严控制收取银行承兑汇票
8	违规办理电费退补业务	营销服务	加强电量电费差错管理，因抄表差错、计费参数错误、计量装置故障、违约用电、窃电等原因需要退补电量电费时，应发起电量电费退补流程，并经逐级审批后方可处理
9	违规减免客户电费违约金	营销服务	严格执行电费违约金制度，不得随意减免电费违约金，不得用电费违约金冲抵电费实收

4. 供 电 所

岗位名称	**供电所所长**	风险星级	五星
序号	重点廉洁风险	涉及领域	主要防控措施
1	在设备验收过程中人为设置障碍，吃拿卡要，放宽验收标准	生产建设	（1）加强组织领导、强化监督检查，加强对设备、项目的全过程管控。 （2）完善监督制约机制，规范工作流程，多人集体实施项目或费用的审批和验收。 （3）严格按照项目验收标准进行验收，强化自身修养，不得参加厂商的宴请
2	现场管理及工程量验收不严，存在工程量虚列等现象	生产建设	（1）设计变更文件应说明工程名称、变更的卷册号及图号、变更原因、变更提出方、变更内容、变更工程量及费用变化金额，并附变更图纸。 （2）涉及费用变化的设计变更，必须附有变更工程量清单和变更费用计算书。对于工程量签字不全的，不规范的，结算审价不予通过

续表

岗位名称	**供电所所长**	风险星级	五星
序号	重点廉洁风险	涉及领域	主要防控措施
3	向客户推荐或指定设计、施工、物资供应单位	营销服务	（1）严格执行项目供电方案复核制度。 （2）对照典型供电方案进行答复。 （3）充分运用网上电网智能生成供电方案
4	实行区域错避峰用电过程中，选择性执行错避峰政策	营销服务	（1）严格按照政府发文的企业分档、拉限电序位表等执行有序用电。 （2）提前做好有序用电方案的公告，确保参与错避峰客户知晓其限电负荷和限电日期。 （3）客户咨询时主动告知其有序用电方案及错避峰负荷及日期。 （4）设置专人配合政府部门通过需求侧实时管理系统对有序用电执行情况进行监控
5	工程变更、重大变更不严格履行报批程序，变更审核不严，擅自提高造价，扩大投资规模	生产建设	（1）做实设计前期现场查勘和政策处理，做到工程少变更。 （2）提高员工业务素质，培育员工设计审图能力，确保工程初设规模与实际工程量吻合，同时避免外施单位虚报变更工程和扩大工程量。 （3）工程变更必须严格执行工程变更审批（核）手续。 （4）工程变更手续完备后方可实施变更，事后补交的变更单一律作废

岗位名称	**供电所副所长（营销）**	风险星级	四星
序号	重点廉洁风险	涉及领域	主要防控措施
1	向客户推荐或指定设计、施工、物资供应单位	营销服务	（1）严格执行项目供电方案复核制度。 （2）对照典型供电方案进行答复。 （3）充分运用网上电网智能生成供电方案
2	实行区域错避峰用电过程中，选择性执行错避峰政策	营销服务	（1）严格按照政府发文的企业分档、拉限电序位表等执行有序用电。 （2）提前做好有序用电方案的公告，确保参与错避峰客户知晓其限电负荷和限电日期。 （3）客户咨询时主动告知其有序用电方案及错避峰负荷及日期。 （4）设置专人配合政府部门通过需求侧实时管理系统对有序用电执行情况进行监控

续表

岗位名称	供电所副所长（营销）	风险星级	四星
序号	重点廉洁风险	涉及领域	主要防控措施
3	泄露存量客户信息或潜在业扩客户信息，牟取私利	营销服务	（1）签订保密协议。 （2）进行客户调查回访，及时了解客户对业扩办理的评价。 （3）定期开展信息安全排查，严防信息系统漏洞
4	制定不合理或随意变供电方案	营销服务	严格依据公司业扩供电方案编制有关规定和技术标准要求，根据现场勘查结果，当地供电条件等因素，经过技术比较、与客户协商一致后，拟定供电方案，供电方案变更，应履行审批程序

岗位名称	供电所副所长（生产）	风险星级	四星
序号	重点廉洁风险	涉及领域	主要防控措施
1	工程监理不到位，规避工程缺陷、降低验收标准	生产建设	（1）加强对所辖工程验收管理工作的监督、检查、指导、考核。 （2）认真执行国家电网有限公司质量重度、标准，编制年度基建质量管理工作策划方案并组合落实。 （3）强化施工过程管理，加强对隐蔽工程及施工各阶段验收等关键环节的质量管控
2	废旧物资管控不到位，未应退尽退	生产建设	（1）按照规定办理本单位废旧物资报废申请并办理报废手续，规范实物移交、接收双方签字手续。 （2）建立设备实物台账、设备卡片、资产卡片的对应关系，开展废旧物资定期检查，并按时留底相关处理资料。 （3）按照规定做好废旧物资拆除、回收、集中、现场管理和移交工作，在进行退役、退出物资的技术鉴定时不得弄虚作假
3	向客户推荐或指定设计、施工、物资供应单位	生产建设	（1）加强客户受电工程“三不指定”宣传。 （2）在营业厅配备 12398 电力监管信息查询电脑，方便客户查询设计、施工、物资供应单位。 （3）加强工作回访，主动向业扩客户了解情况，保障客户权益。 （4）畅通举报渠道，加大对“三指定”行为的查处力度

续表

岗位名称	**供电所副所长（生产）**	风险星级	四星
序号	重点廉洁风险	涉及领域	主要防控措施
4	假借线路超载、公用变压器过载理由拒绝客户或超出对外承诺接电时限	生产建设	（1）严禁体外流程流转，加强业扩时限考核。 （2）认真执行业扩工程客户经理负责制和营业窗口“一口对外”
5	擅自缩小用户工程规模、降低用电装置配套标准	生产建设	客户经理、客户服务员、技术员为供电所层面的设计图纸审核责任人，分别签字认可后提交审核确认，严格把控工程、设备质量的源头
6	竣工验收环节，违反技术标准和时限要求，牟取私利	生产建设	（1）严格审核竣工资料、现场设备、工艺质量、安全工器具、标识标牌及安全隐患。 （2）竣工验收必须由客户服务员、技术员、供电服务班班长及客户经理共同参与。 （3）进行客户满意度调查回访，及时了解客户对业扩办理的评价
7	工程变更、重大变更不严格履行报批程序，变更审核不严，擅自提高造价，扩大投资规模	生产建设	（1）做实设计前期现场查勘和政策处理，做到工程少变更。 （2）提高员工业务素质，培育员工设计审图能力，确保工程初设规模与实际工程量吻合，同时避免外施单位虚报变更工程和扩大工程量。 （3）工程变更必须严格执行工程变更审批（核）手续。 （4）工程变更手续完备后方可实施变更，事后补交的变更单一律作废
8	将青苗赔偿费集中支付给少数赔偿对象，或采用现金交易方式支付赔偿费	财务资产生产建设	规范资金支付，所有款项均应通过银行转账支付，对直接支付给个人的赔偿等款项应签订协议，并取得收款人有效身份证复印件及本人签章的收据

岗位名称	**供电所支部书记**	风险星级	三星
序号	重点廉洁风险	涉及领域	主要防控措施
1	党工团等经费使用审核把关不严	综合管理	（1）严格规范可控费用使用申报、审批。 （2）加强廉洁自律，接受组织监督。 （3）依据党组织工作经费管理办法，严格在限定范围内发生费用，并明确报销基本支撑材料

续表

岗位名称	供电所支部书记	风险星级	三星
序号	重点廉洁风险	涉及领域	主要防控措施
2	套用党建工作经费，或在党建及企业文化展厅、支部阵地新建、修缮工作中进行利益输送	综合管理	（1）规范党建活动，实施事前审批制，严格活动全流程闭环管理。 （2）加强党建项目管控，严格费用审核，加强廉政教育。 （3）严格执行财务制度，规范审核流程，防止套取资金，挪用费用
3	首问责任制度执行不力，在用户办理或咨询业务过程中推诿、搪塞，对不属于自己职责范围的事项不能正确引导	党风和作风建设	（1）加强职工的内部宣传和引导，优化机构职责分工和办事程序，加强限时办结的要求。 （2）建立首问责任登记制度，由首问单位跟踪业务事项进程，确保业务限期办理完结，形成闭环

岗位名称	供电所供电服务班班长	风险星级	三星
序号	重点廉洁风险	涉及领域	主要防控措施
1	选择电源点时舍近求远，让客户加大工程成本，借机吃拿卡要	营销服务	（1）严格执行项目供电方案复核制度。 （2）对照典型供电方案进行答复。 （3）充分运用网上电网智能生成供电方案
2	向客户推荐或指定设计、施工、物资供应单位	营销服务	（1）严格执行项目供电方案复核制度。 （2）对照典型供电方案进行答复。 （3）充分运用网上电网智能生成供电方案
3	工程监理不到位，规避工程缺陷、降低验收标准	生产建设	（1）加强对所辖工程验收管理工作的监督、检查、指导、考核。 （2）认真执行国家电网有限公司质量重度、标准，编制年度基建质量管理工作策划方案并组合落实。 （3）强化施工过程管理，加强对隐蔽工程及施工各阶段验收等关键环节的质量管控
4	废旧物资管控不到位，未应退尽退	生产建设	（1）按照规定办理本单位废旧物资报废申请并办理报废手续，规范实物移交、接收双方签字手续。 （2）建立设备实物台账、设备卡片、资产卡片的对应关系，开展废旧物资定期检查，并按时留底相关处理资料。 （3）按照规定做好废旧物资拆除、回收、集中、现场管理和移交工作，在进行退役、退出物资的技术鉴定时不得弄虚作假

岗位名称	**供电所供电服务班班长**	风险星级	三星
序号	重点廉洁风险	涉及领域	主要防控措施
5	假借线路超载、公用变压器过载理由拒绝客户或超出对外承诺接电时限	生产建设	（1）严禁体外流程流转，加强业扩时限考核。 （2）认真执行业扩工程客户经理负责制和营业窗口“一口对外”
6	用户工程竣工验收环节，违反技术标准和时限要求，牟取私利	生产建设	（1）严格审核竣工资料、现场设备、工艺质量、安全工器具、标识标牌及安全隐患。 （2）竣工验收必须由客户服务员、技术员、供电服务班班长及客户经理共同参与。 （3）进行客户满意度调查回访，及时了解客户对业扩办理的评价
7	对线路改造项目进行中间检查或竣工验收时，对施工质量、工艺、安全、工程量等把关不严	生产建设	（1）中间检查或竣工验收时，应由 2 人及以上共同进行。 （2）严格管控隐蔽工程质量，做到留痕存证验收，按照工程管理办法、工程验收标准组织开展中间检查和竣工验收，做好验收记录，发现问题及时向有关部门反映。 （3）建立责任追究制，发生问题，严格按照每个环节的签字人员追究相应责任，并与绩效挂钩，情节严重者，报公司纪委备案处理

岗位名称	**供电所综合班班长**	风险星级	三星
序号	重点廉洁风险	涉及领域	主要防控措施
1	未按实际需求，私自领用物资	生产建设	（1）完善专业仓台账信息化管理，通过专业仓管理系统加强物资出入库管理。 （2）加强单据审核，领料应使用统一的领料单，经技术员核定，副所长审批。 （3）强化领料管控，领料数量应由领用人员和综合事务员共同确认后方能出库。（使用无人值守仓库的，逐笔核查系统记录的领料差异） （4）落实定期检查，每月开展仓库物资盘点，确保库存物、账、卡一致性
2	工器具、施工设备私自出借，牟取私利	物资管理	（1）加强工器具领用审核，严格根据工作内容，加强工器具领用合理性审核。 （2）完善工器具使用管理，建立工器具使用台账，每日工作结束后，核实工器具归还情况

续表

岗位名称	**供电所综合班班长**	风险星级	三星
序号	重点廉洁风险	涉及领域	主要防控措施
3	电商化物资采购违规私下换货，从中获利	招标采购	（1）严格执行电商采购物资的审批流程。 （2）执行选购与验收分离，直接发到供电所的电商物资，应由两人或以上人员同时参加现场验收，并详细对物资的规格型号等进行核对。 （3）验收无误后，通过“E 选购”平台上传验收照片
4	临时接电退费、销户客户预收电费退费不及时	营销服务	（1）建立临时接电费未退清单，及时联系用户办理退费手续，对未退资金进行退费进度说明，最终形成闭环，确保完全清退。 （2）用户销户时，应核对预收电费情况，在用户办理销户时，应与用户做好预收电费退款约定，确保销户后及时完成预收退费。 （3）对存量销毁预收电费应做好清单管理机制，逐户联系，与用户约定退费渠道及业务办理时间，对放弃退费的用户应做好记录留存证明，定期进行公示后转为营业外收入
5	使用信用卡、互联网金融理财等网络方式缴纳电费套取现金或赚取利润	营销服务	（1）设置互联网收款账户专用码，避免个人收款资金风险。 （2）定期抽查电费刷卡回单，核对付款方式，防范资金风险

岗位名称	**供电所供电服务员**	风险星级	三星
序号	重点廉洁风险	涉及领域	主要防控措施
1	未按实际情况确定用户行业类别及电价	营销服务	（1）查勘、计量作业、验收等现场工作人员数量不少于 2 人。业扩查勘与验收工作安排不同人员进行。 （2）加强业务流程审核，对客户用电性质与执行电价正确性进行校核，重点关注农业排灌、农业生产、居民合表电价。 （3）对于违约用电户，严格按照《供电营业规则》，收取违约使用电费

续表

岗位名称	**供电所供电服务员**	风险星级	三星
序号	重点廉洁风险	涉及领域	主要防控措施
2	利用村路灯、移动、电信等无表户，牟取私利，造成企业电量电费损失	营销服务	加大营配贯通数据运用，利用 SG186 后台数据库稽查和信息化手段，清理冗余数据，逐步消除有户无表、有表无户现象
3	利用职务之便向客户推荐或指定设计、施工、物资供应单位，牟取私利	生产建设	（1）通过各种渠道公开“三不指定”相关内容及业务办理流程、收费标准等内容，做到信息公开，保证客户知情权。 （2）受理环节主动提供并指导客户自主查询经审核合规的设计、施工、物资供应单位建议清单
4	业扩报装中向客户违规收取安装费用	营销服务	（1）通过各种渠道公开“三不指定”相关内容及业务办理流程、收费标准等内容，做到信息公开，保证客户知情权。 （2）对工程实施抽查回访，询问是否存在违规收取费用的情况。 （3）畅通举报渠道，加大对违纪违规行为的查处力度
5	协助客户更换变压器容量或铭牌，私增容量，或者降低土建、设备安装标准，牟取私利	营销服务	（1）严格按照设计图纸配置设备、规范施工，客户经理为第一责任人，客户服务员严格做好监督，严禁擅自降低装置标准的情况发生。 （2）加强营销稽查力度，重点加强对实际电量大于报装容量客户的营业普查。 （3）加强竣工检验及资料审核，保证现场设备与资料的一致性
6	客户受电装置损坏，瞒报并私下帮助客户购买安装，从中牟利	营销服务	（1）故障抢修应至少 2 人进行，相互监督。 （2）利用各种渠道加强“三不指定”宣传，保障客户知情权
7	抢修不及时，或故意找理由刁难客户，吃拿卡要	营销服务	（1）故障抢修应至少 2 人进行，相互监督。 （2）所长、副所长、班长定期主动走访了解员工从业行为。 （3）推广应用智慧抢修平台，规范抢修流程。 （4）主动公开抢修值班电话或行风监督电话

续表

岗位名称	**供电所供电服务员**	风险星级	三星
序号	重点廉洁风险	涉及领域	主要防控措施
8	故障抢修中，抢修人员虚报材料用量，从中牟利	营销服务	（1）故障抢修应至少2人进行，相互监督。 （2）抢修完成后，应对抢修材料使用情况及时进行记录。 （3）对抢修工程的物资材料使用情况（材料使用数量、使用范围等）进行现场校核
9	发现客户存在违约用电或者窃电行为，私下和客户协商，未按规定处理，牟取私利	营销服务	（1）现场检查时，用电检查员的人数不得少于2人，按规定填写用电检查工作单并交回存档。 （2）按照稽查监控主题和任务开展营销业务现场稽查，对疑似问题必须现场核实用电情况。 （3）通过线损分析或采集系统等发现有窃电或违约用电嫌疑的，应及时组织现场检查。 （4）加强封印管理，封印领用应有记录。 （5）对窃电和违约用电处理方案应严格审核。 （6）发现客户有违约用电、窃电嫌疑等异常情况，应注意收集证据，并立即报告上级处理
10	未办理相关手续，私自移表，牟取私利	营销服务	（1）应用智能电力客户档案管理系统，加强用电申请资料管理。 （2）加强营销技术支持系统的个人账户管理，杜绝一人多个账号、一人拥有全部权限。 （3）严格营销系统客户抄表段管理，明确责任分工。 （4）加快台区营配贯通工作，切实提升台区线损率管理水平，从技术上杜绝私自表计移位的现象

第五节　产业单位重要岗位廉洁风险

1. 浙江启明海洋电力工程有限公司

单位名称	**浙江启明海洋电力工程有限公司**	主要风险领域	生产建设、财务资产、招标采购、营销服务	
风险等级	高	重点岗位组成	五星岗位：0个	四星岗位：15个	三星岗位：13个

岗位名称	**综合管理部主任**	风险星级	四星
序号	重点廉洁风险	涉及领域	主要防控措施
1	利用后勤服务、仓库及车辆租赁、劳务外包、广告宣传、办公设备采购等管理职权，违规干预供应商选择	招标采购	（1）加强法律审核、把关，避免出现法律纠纷。 （2）认真贯彻落实中央八项规定精神，严格执行公务用车、办公用房、因公出国（境）等方面制度，防范“四风”问题发生
2	会议管理、接待工作管理等有关制度要求审核把关不严	党风和作风建设	（1）严格执行网、省公司会议管理、接待工作管理等有关制度要求。 （2）严格履行相关审核、审批手续，加强费用管控，确保规范
3	其他服务项目招标采购、执行管控不严	招标采购	严格执行《中华人民共和国招标投标法》有关规定，杜绝应招未招、指定供应商等违反纪律事件发生
4	对涉密文件保密管理不严	综合管理	（1）深入学习《中华人民共和国保守国家秘密法》及上级公司保密工作有关规定。 （2）自觉遵守保密法律法规开展工作

岗位名称	**综合管理部副主任**	风险星级	三星
序号	重点廉洁风险	涉及领域	主要防控措施
1	对涉密文件管理不严，造成泄密事件	综合管理	（1）深入学习《中华人民共和国保守国家秘密法》及上级公司保密工作有关规定。 （2）自觉遵守保密法律法规，开展保密风险的排查治理，对发现的问题进行清单式销号管理
2	未按照信访、接待要求开展工作	综合管理	严格执行信访方面管理制度，加强信访管理，确保不发生失泄密事件
3	档案、印章等管理不严，造成不良影响	综合管理	（1）严格执行保密、档案、印章、信访等方面管理制度。 （2）加强信访、保密管理，确保不发生失泄密事件

岗位名称	**财务资产部主任**	风险星级	四星
序号	重点廉洁风险	涉及领域	主要防控措施
1	违反决策和审批程序支出预算外资金或超权限批准资金支出	财务资产	（1）严格按照预算批准的付款项目、额度及时间安排资金支出，无、超预算均不得办理对外支付。 （2）未列入预算的资金、确需追加支付，应先履行相关预算调整程序后，方可办理
2	未经批准在金融机构开立单位银行账户	财务资产	（1）严格落实银行账户管控标准，严控开户范围和开户数量。 （2）加强本单位及所属单位银行账户审批备案管理
3	一人全程办理资金支付业务，执行、代办多岗位审批职能	财务资产	（1）加强支出预算管理，完善审批程序。 （2）及时核对往来款项，保证支付业务安全

续表

岗位名称	**财务资产部主任**	风险星级	四星
序号	重点廉洁风险	涉及领域	主要防控措施
4	银行账户余额管理不严	财务资产	（1）及时取得银行结算回单并进行账务核算，指定专人按日核对银行账户资金余额及收支交易明细，按月编制银行存款余额调节表。 （2）指定出纳以外的专人核对编制银行存款余额调节表，并由财务部门负责人审核签字。对于银行未达账项，必须查明原因、及时清理，不得出现3个月以上未达账项。人员和收费人员应每日进行现金盘点并保留现金盘点表等相关记录，做到日清日结、账实相符。财务部门负责人每月至少现场监督盘点现金一次，编制现金盘点表并签字确认。收现的现金原则上应当天存入银行

岗位名称	**财务资产部主管**	风险星级	三星
序号	重点廉洁风险	涉及领域	主要防控措施
1	工程资金支付金额、进度与合同约定不一致，且缺少充分依据	财务资产	工程进度款按约定抵扣相应的预付款，进度款总额不高于合同金额的85%
2	未按规定对改制重组企业进行审计、评估，或审计、评估结果失真	财务资产	组织对改制重组企业进行必要的财务审计、资产评估及审核备案（核准）
3	备用金使用过程管控不到位	财务资产	（1）严格限定备用金使用范围，控制备用金限额。 （2）设立专用备查账簿，按月进行核对、清理并回笼资金

岗位名称	**安全质量部主任**	风险星级	四星
序号	重点廉洁风险	涉及领域	主要防控措施
1	工程变更、重大变更不严格履行报批程序，变更审核不严	生产建设	（1）严格设计变更与现场签证审批流程，加强设计变更与现场签证管理。 （2）设计变更费用应根据变更内容对应概算或预算的计价原则编制，现场签证费用应按合同确定的原则编制。 （3）设计变更与现场签证费用应由相关单位技经人员签署意见并加盖造价专业资格执业章
2	擅自提高造价，扩大投资规模	生产建设	（1）提高员工业务素质，培育员工设计审图能力。 （2）确保工程初设规模与实际工程量吻合。 （3）避免外施单位虚报变更工程和扩大工程量
3	对督查工作中出现的问题不够重视，发现隐患不登记，产生不良影响，造成安全生产事故	党风和作风建设	根据建设工作的部署和要求，每半年至少召开一次关于安全生产主题会议，深入分析问题，严肃执行考核机制

岗位名称	**市场营销部主任**	风险星级	四星
序号	重点廉洁风险	涉及领域	主要防控措施
1	用户工程结算不规范、依据不充分，结算工作量与实际不符	生产建设	（1）严格执行工程结算管理办法，认真审核分包单位提交的竣工结算书。 （2）严格执行工程造价第三方审价制度
2	在市场开拓过程中，与客户接触的过于频繁紧密	市场营销	（1）完善业务流程，建立和健全工作业务管理标准、工作标准和流程标准。 （2）加强廉政谈话制度执行，增加廉政谈话次数，每年不少于 4 次
3	在经营决策过程中，利用职务便利，为客户或个人谋取私利	市场营销	利用招投标上线平台加强对关键环节的监控
4	利用职权干涉工程结算和合同签订的首付比例	综合管理	成立经营管理平台监控小组不定期对经营管理平台实施情况进行稽查，并将稽查情况纳入绩效考核

岗位名称	**市场营销部副主任**	风险星级	四星
序号	重点廉洁风险	涉及领域	主要防控措施
1	在市场开拓过程中，与客户接触的过于频繁紧密	市场营销	（1）完善业务流程，建立和健全工作业务管理标准、工作标准和流程标准。 （2）加强廉政谈话制度执行，增加廉政谈话次数，每年不少于 4 次
2	受分包单位请托，工程款支付未履行资金支付申请和审核程序；或在工程资金支付金额、进度与合同约定、竣工资料不一致的情况下，擅自支付工程款，从中获得私利	生产建设	严格执行工程款支付申请和审核程序
3	在与客户的交往过程中，吃拿卡要，刁难客户	党风和作风建设	深入学习《国家电网公司员工奖惩规定》并严格执行

岗位名称	**合同管理**	风险星级	三星
序号	重点廉洁风险	涉及领域	主要防控措施
1	合同签订不及时，因价格波动重新订立合同，造成公司损失	综合管理	及时签订合同，中标通知书发出之日起 30 日内，签订书面合同
2	擅自变更合同内容，或与中标人/中选人订立背离合同实质性内容的协议	招标采购	签订合同外的约定或附加协议，须严格执行合同会签审核流程
3	工程资金支付金额、进度与合同约定不一致，且缺少充分依据	综合管理	工程进度款按约定抵扣相应的预付款，进度款总额不高于合同金额的 85%

岗位名称	**市场营销**	风险星级	四星
序号	重点廉洁风险	涉及领域	主要防控措施
1	受分包单位请托，工程款支付未履行资金支付申请和审核程序；或在工程资金支付金额、进度与合同约定、竣工资料不一致的情况下，擅自支付工程款，从中获得私利	生产建设	严格执行工程款支付申请和审核程序
2	私自将工程介绍到个人、亲友名下，损害公司利益	党风和作风建设	严格执行工程承接审批程序
3	受客户请托，擅自变更工程量或者增加未批准的工程量，变更内容与实际不符，从中获得私利	生产建设	严格执行工程变更审批程序，加强工程变更管理力度，定期进行督察
4	在与客户的交往过程中，吃拿卡要，刁难客户	营销服务	深入学习《国家电网公司员工奖惩规定》及相关廉洁制度并严格执行

岗位名称	**工程技术部主任**	风险星级	四星
序号	重点廉洁风险	涉及领域	主要防控措施
1	招标文件载明的评标标准及细则不够具体量化，设置歧视性或不合理条款，限制或排斥潜在投标人，指定品牌、厂家或地产等	招标采购	（1）完善业务流程，建立和健全工作业务管理标准、工作标准和流程标准。 （2）利用招投标上线平台加强对关键环节的监控。 （3）严格审查资质、业绩等否决性条件，对社会化程度高的业务（如生产车辆委托运行、维修、租赁等），加强社会市场化调查，强化项目立项、招标文件的经济性审查。 （4）施工承包商根据批准的分包计划，在合格分包商名录中择优选择工程的分包商，施工项目部不得自行招用分包商
2	分包管理过程中降低标准，如资质审核、施工质量、监督管理等方面不严，容易造成安全生产事故隐患	生产建设	（1）严格依据公司分包队伍分包管理及考核办法。 （2）强化管理，严把准入、监督管理关

续表

岗位名称	**工程技术部主任**	风险星级	四星
序号	重点廉洁风险	涉及领域	主要防控措施
3	在招标过程中，违反招标法律法规，设置带有倾向性的条件，造成竞争有失公平公正的现象	招标采购	严格遵守《中华人民共和国招标投标法》及公司有关规定及相关制度，依法开展招标工作；严于律己，强化依法办事意识
4	对工程量签证、工程款支付审核签字把关不严	生产建设	加强对工程量签证的审核监督、严格遵守支付审核流程

岗位名称	**工程技术部副主任（安全生产）**	风险星级	三星
序号	重点廉洁风险	涉及领域	主要防控措施
1	分包队伍准入阶段对单位资质、人员资质等报备审核不严，施工阶段对人证合不符，施工安全、质理监督管理及标准要求不高	生产建设	严格执行和落实公司外包队伍管理及考核要求，加强全过程监督管理
2	现场监督检查过程中，对分包队伍实际到位的人证及船舶合规性审查和违规监督管理不到位或降低施工安全质量标准，弄虚作假	生产建设	严格落实公司分包队伍及船舶管理考核要求，加强现场监督管理，对发现的违规问题及时上报
3	办理施工许可手续及工程政策协调过程中，未按法律法规办事造成管理风险	生产建设	（1）严格遵守国家法律法规，按规定开展施工许可及政策协调工作。 （2）加强对政策协调工作专职人员的监督管理，防止违法违规办事
4	参与市场承接工程业务技术标编写过程中向其他竞争方泄露关键信息，造成投标失利	生产建设	严格落实公司规章制度，加强对专职人员的监督管理，对于违规泄密行为增大处罚力度

岗位名称	**工程技术部副主任（科技创新及招标）**	风险星级	四星
序号	重点廉洁风险	涉及领域	主要防控措施
1	违反招标法律法规，设置倾向性条件，招标过程中监督管理不严，造成招标有失公平、违法违规	招标采购	（1）严格执行《中华人民共和国招标投标法》有关规定及相关制度，依法开展招标工作。 （2）加强物资验收，招标项目的审核监督管理工作
2	在科技创新工作中，立项投资申报策划建议与实际不符造成项目投资风险，在与第三方科研机构合作中创新成果不按规定或降低标准考核验收	综合管理	严格执行公司科技创新实际细则，认真做好科创成项的验收考核等关键环节的管控
3	向相关第三方泄露招标重要信息，造成竞争有失公平公正	招标采购	加强招标管理人员的保密教育及考核，落实信息保密工作要求

岗位名称	**招标管理专职**	风险星级	四星
序号	重点廉洁风险	涉及领域	主要防控措施
1	招标工作具体实施过程中对相关资料审核把关不严，存在违法违规招标现象	招标采购	严格执行《中华人民共和国招标投标法》有关规定及相关制度，依法合规开展招标工作
2	向相关第三方泄露招标重要信息，造成竞争有失公平公正	招标采购	加强招标管理人员的保密教育及考核，落实信息保密工作要求
3	违反管理规定与投标方私自接触	招标采购	严格执行《中华人民共和国招标投标法》有关规定及相关制度，依法合规开展招标工作
4	招标文件载明的评标标准及细则不够具体量化，设置歧视性或不合理条款，限制或排斥潜在投标人，指定品牌、厂家或地产等	招标采购	严格执行《中华人民共和国招标投标法》有关规定及相关制度，依法合规开展招标工作；加强招标项目的审核监督管理工作

岗位名称	**政策协调专职**	风险星级	三星
序号	重点廉洁风险	涉及领域	主要防控措施
1	泄露公司重要会议文件及信息，造成队伍管理不稳定，影响公司正常管理秩序	生产建设	（1）落实公司重要会议及信息管理要求，对人员调整、重在事项决策控制知密范围，做好文件、纪要等资料的管控。 （2）加强专职岗位人员的保密教育和管理，树立牢固的保密观念，切实保好保密管理工作
2	办理施工许可手续及工程政策协调过程中，未按法律法规办事造成管理风险	生产建设	（1）严格遵守国家法律法规，按规定开展施工许可及政策协调工作。 （2）加强对政策协调工作专职人员的监督管理，防止违法违规办事
3	泄露公司重要会议文件及信息，造成队伍管理不稳定，影响公司正常管理秩序	生产建设	（1）落实公司重要会议及信息管理要求，对人员调整、重在事项决策控制知密范围，做好文件、纪要等资料的管控。 （2）加强专职岗位人员的保密教育和管理，树立牢固的保密观念，切实保好保密管理工作

岗位名称	**物资装备中心主任**	风险星级	四星
序号	重点廉洁风险	涉及领域	主要防控措施
1	未经核准或审批，自行采用邀请招标或非招标方式违规采购	招标采购	（1）严格执行招标采购的审批及操作流程，强化执行应用。 （2）严格执行招标领导小组审查制度，确定采购方式
2	不执行目录及批次刚性管理要求上报需求计划	招标采购	（1）需求计划连同项目核准的批复文件报送。 （2）对于未提交项目批复文件的需求计划单独列出，上报时同步提交说明原因的书面报告
3	在科技创新工作中，立项投资申报策划建议与实际不符造成项目投资风险，在与第三方科研机构合作中创新成果不按规定或降低标准考核验收	招标采购	加强物资验收，招标项目的审核监督管理工作，严格按规定执行
4	向供应商泄露物资需求计划等信息	招标采购	严格遵守公司保密规定和物资需求计划信息，并逐级上报审核
5	船舶航修、年修项目审核、工程量签证把关不严	生产建设	严格执行船舶航修、年修招标清单标准，工程量签证应先由第三方审查后，再进行签证确认

岗位名称	**物资装备中心副主任**	风险星级	三星
序号	重点廉洁风险	涉及领域	主要防控措施
1	安全工作把关不严	生产建设	认真学习并严格落实各项安全规章制度，对发现不安全因素督促、整改
2	船舶航修、年修项目审核、工程量现场签证把关不严	生产建设	严格执行船舶航修、年修招标清单标准，工程量签证应先由第三方审查后，再进行签证
3	擅自调整需求计划，虚报、多报物资需求	招标采购	严格执行物资计划审批流程，杜绝计划外项目、内容

岗位名称	**项目管理中心主任**	风险星级	四星
序号	重点廉洁风险	涉及领域	主要防控措施
1	招标策略不科学或涉嫌指定	招标采购	（1）严格执行招标文件审查机制，不得设置倾向性条款。 （2）招标人不得以不合理的条件限制或者排斥潜在投标人，不得对潜在投标人实行歧视待遇。 （3）招标文件、澄清函等严格按照审查意见，按公司发布的统一范本进行编制，须由法律人员审核
2	未经集体研究或竞争性谈判等，由个别人或部门直接指定分包商	生产建设	施工承包商根据批准的分包计划，在合格分包商名录中择优选择工程的分包商，施工项目部不得自行招用分包商
3	未签订分包合同就已通知分包商进场或先行开工	生产建设	在施工招标文件和施工承包合同中，明确分包管理相关要求，禁止工程转包
4	招标策略不科学或涉嫌指定	生产建设	加强本单位工程其他费用使用情况的财务稽核和监督检查，严格按照相关规定制度执行

岗位名称	**项目管理中心副主任**	风险星级	四星
序号	重点廉洁风险	涉及领域	主要防控措施
1	分包商资质不符	生产建设	加强合格分包商基本条件的审核，及时发布合格分包商名录
2	计列与工程项目无关的会议、差旅、薪酬等费用	生产建设	加强本单位工程其他费用使用情况的财务稽核和监督检查
3	提前退还质量保证金	生产建设	严格落实工程质量责任，质保期满经验收合格后方可办理质保金的支付
4	未签订分包合同就已通知分包商进场或先行开工	生产建设	在施工招标文件和施工承包合同中，明确分包管理相关要求，禁止工程转包

岗位名称	**项目经理**	风险星级	三星
序号	重点廉洁风险	涉及领域	主要防控措施
1	对工程建设项目存在的问题未按要求上报	生产建设	（1）严格执行工程施工质量验收及评定规程、验评项目划分表的规定。 （2）开展施工三级自检、监理初检、工程阶段验收等质量控制工作
2	计列与工程项目无关的会议、差旅、薪酬等费用	生产建设	加强本单位工程其他费用使用情况的财务稽核和监督检查，严格按照相关规定制度执行
3	提前退还质量保证金	生产建设	严格落实工程质量责任，质保期满经验收合格后方可办理质保金的支付
4	不按合同约定进行质量、安全、进度等方面公正管理，影响工程项目正常进展	生产建设	建立规范化的施工管理体系，严格执行公司相关规定；学习加强廉洁教育，追究违反廉洁规定行为的责任

岗位名称	**技术员**	风险星级	三星
序号	重点廉洁风险	涉及领域	主要防控措施
1	对工程建设项目存在的问题未按要求上报	生产建设	（1）严格执行工程施工质量验收及评定规程、验评项目划分表的规定。 （2）开展施工三级自检、监理初检、工程阶段验收等质量控制工作

续表

岗位名称	**技术员**	风险星级	三星
序号	重点廉洁风险	涉及领域	主要防控措施
2	工程废旧物资未应退尽退	招标采购	（1）加强可研阶段对拆除资产的论证，明确拆除清单，在项目实施过程中，项目管理部门组织做好拆除移交等工作。 （2）项目管理部门组织做好对拆除资产的技术鉴定及清点工作，核对资产台账，确保拆旧与回收数量一致
3	实际保管拆旧、剩余物资数量与理论退回数据差距较大，且无合理依据	生产建设	加强可研阶段对拆除资产的论证，明确拆除清单，在项目实施过程中，做好拆除移交等工作

岗位名称	**施工员**	风险星级	三星
序号	重点廉洁风险	涉及领域	主要防控措施
1	对工程建设项目存在的问题未按要求上报	生产建设	（1）严格执行工程施工质量验收及评定规程、验评项目划分表的规定。 （2）开展施工三级自检、监理初检、工程阶段验收等质量控制工作
2	工程废旧物资未应退尽退	招标采购	（1）加强可研阶段对拆除资产的论证，明确拆除清单，在项目实施过程中，项目管理部门组织做好拆除移交等工作。 （2）项目管理部门组织做好对拆除资产的技术鉴定及清点工作，核对资产台账，确保拆旧与回收数量一致
3	对工程建设项目存在的问题未按要求上报	生产建设	（1）严格执行工程施工质量验收及评定规程、验评项目划分表的规定。 （2）开展施工三级自检、监理初检、工程阶段验收等质量控制工作

岗位名称	**安全员**	风险星级	三星
序号	重点廉洁风险	涉及领域	主要防控措施
1	分包商资质不符	生产建设	加强合格分包商基本条件的审核，及时发布合格分包商名录
2	对工程建设项目存在的问题未按要求上报	生产建设	（1）严格执行工程施工质量验收及评定规程、验评项目划分表的规定。 （2）开展施工三级自检、监理初检、工程阶段验收等质量控制工作

岗位名称	**质量员**	风险星级	三星
序号	重点廉洁风险	涉及领域	主要防控措施
1	提前退还质量保证金	生产建设	严格落实工程质量责任，质保期满经验收合格后方可办理质保金的支付
2	对工程建设项目存在的问题未按要求上报	生产建设	（1）严格执行工程施工质量验收及评定规程、验评项目划分表的规定。 （2）开展施工三级自检、监理初检、工程阶段验收等质量控制工作
3	工程质量控制和海缆出厂验收中为自己和他人牟取利益	生产建设	（1）明晰岗位职责，严格按照标准和规范的管理流程办理各项业务工作。 （2）加强监督与制约机制控制，加强履职监督检查，防止越权、擅权行为

岗位名称	**海缆运检中心主任**	风险星级	四星
序号	重点廉洁风险	涉及领域	主要防控措施
1	违规报销费用，报销审核把关不严	财务资产	规范费用报销管理，加强监督与制约机制控制
2	不按规定出勤或考勤管理不严格	人力资源	出台考勤细则，强化劳动纪律管理，加强对分管主任和管理人员的检查考核
3	故意隐瞒安全生产责任事故	生产建设	严格执行安全事故报送制度，不瞒报、迟报、漏报

续表

岗位名称	**海缆运检中心主任**	风险星级	四星
序号	重点廉洁风险	涉及领域	主要防控措施
4	在施工过程中设备、物资管理不规范	生产建设	强化海缆运检项目施工设备、物资的规范管理，履行出入库手续，严格审批把关，严格执行设备现场操作规程和物资使用现场管控
5	违规购买、处置、变卖设备及工程物资	生产建设	督察海缆运检项目施工设备、物资的使用处置情况，尤其是废料处理情况
6	项目实施未按合同执行或与批复不符	生产建设	加强监督与制约机制控制，严格按照合同约定或项目批复的内容编制施工方案并进行施工质量进度管控

岗位名称	**海缆运检中心副主任**	风险星级	四星
序号	重点廉洁风险	涉及领域	主要防控措施
1	违规报销费用	财务资产	规范费用报销管理，加强监督与制约机制控制
2	不按规定出勤或考勤管理不严格	人力资源	认真执行考勤细则，加强对班组长的监督检查
3	物资管理不规范	生产建设	严把工程材料物资领用和退料审核关，加强监督与制约机制控制
4	项目实施未按合同执行或与批复不符	生产建设	加强监督与制约机制控制，严格按照合同约定或项目批复的内容编制施工方案并进行施工质量进度管控
5	故意隐瞒安全生产责任事故	生产建设	严格执行安全事故报送制度，不瞒报、迟报、漏报

岗位名称	**海缆运检中心班长**	风险星级	三星
序号	重点廉洁风险	涉及领域	主要防控措施
1	违规报销费用	财务资产	规范费用报销管理，加强对班组员工的监督检查
2	不按规定出勤	人力资源	认真执行考勤细则，加强对班组员工的检查考核

续表

岗位名称	**海缆运检中心班长**	风险星级	三星
序号	重点廉洁风险	涉及领域	主要防控措施
3	违规处置、变卖设备及工程物资	生产建设	严格执行海缆运检项目材料物资领用和退料，督查作业人员现场违规行为
4	项目实施未按合同执行或与批复不符	生产建设	现场施工严格执行符合合同或批复内容的专项施工方案
5	故意隐瞒安全生产责任事故	生产建设	严格执行安全事故报送制度，不瞒报、迟报、漏报

岗位名称	**咨询设计中心主任**	风险星级	四星
序号	重点廉洁风险	涉及领域	主要防控措施
1	工程变更、重大变更审核不严，擅自提高造价，扩大投资规模	生产建设	（1）一般设计变更（签证）发生后，提出单位应及时通知相关单位，建设管理单位组织各单位 7 天内完成审批。 （2）重大设计变更（签证）发生后，提出单位应及时通知相关单位，建设管理单位组织各单位 14 天内完成审批
2	设计变更依据不充分	生产建设	设计变更与现场签证批准后，由监理单位下发现场执行
3	对工程和行政涉密文件管理不严，造成泄密事件	综合管理	（1）深入学习《中华人民共和国保守国家秘密法》及上级公司保密工作有关规定。 （2）严格执行保密相关管理制度，加强保密管理，确保不发生失泄密事件
4	未按规定批准擅自将工程资料向无关单位或人员借阅、泄露重要资料信息给公司造成损失	生产建设	（1）严格遵守信息资料保密工作要求，加强工程资料的归档管理，防止重要资料信息透露给无关人员或单位。 （2）加强工程资料的归档管理及保密工作，对于重要资料区别管理

岗位名称	**咨询设计中心主管**	风险星级	三星
序号	重点廉洁风险	涉及领域	主要防控措施
1	工程变更、重大变更审核不严，擅自提高造价，扩大投资规模	生产建设	（1）一般设计变更（签证）发生后，提出单位应及时通知相关单位，建设管理单位组织各单位 7 天内完成审批。 （2）重大设计变更（签证）发生后，提出单位应及时通知相关单位，建设管理单位组织各单位 14 天内完成审批
2	设计变更依据不充分	生产建设	设计变更与现场签证批准后，由监理单位下发现场执行
3	对工程和行政涉密文件管理不严，造成泄密事件	综合管理	（1）深入学习《中华人民共和国保守国家秘密法》及上级公司保密工作有关规定。 （2）严格执行保密相关管理制度，加强保密管理，确保不发生失泄密事件

2. 浙江启明电力集团有限公司

单位名称	**浙江启明电力集团有限公司**	主要风险领域	招标采购、财务资产、党风和作风建设等		
风险等级	高	重点岗位组成	五星岗位：**1** 个	四星岗位：**6** 个	三星岗位：**16** 个

岗位名称	**综合管理部主任**	风险星级	四星
序号	重点廉洁风险	涉及领域	主要防控措施
1	会议、业务接待等三公经费审核把关不严，超标准发生	党风和作风建设	（1）严格执行网、省公司会议管理、接待工作管理等有关制度要求，严格履行相关审核、审批手续，加强费用管控，确保规范。 （2）认真贯彻落实中央八项规定精神，严格执行办公用房、因公出国（境）等方面制度，防范“四风”问题发生

岗位名称	**综合管理部主任**	风险星级	四星
序号	重点廉洁风险	涉及领域	主要防控措施
2	合同管理审核把关不严，存在签订不及时、擅自变更合同内容等行为	综合管理	强化合同审核，认真审核合同签订时间等关键要素，对存在纸质与电子合同不一致严禁用印
3	违规使用印章，产生负面影响	党风和作风建设	（1）严格执行印章管理制度，明确印章使用审批流程，确保每次用印均有登记。 （2）常态化开展用印情况抽查，对发现的问题进行清单式销号管理，并对相关责任人严肃考核
4	违规购置办公用品、广告宣传、印刷品等，实际数量、质量与合同不一致，利用差额私设小金库	招标采购	（1）严格遵守财务纪律，管好、用好公私财物，杜绝违反财经纪律事件的出现。 （2）强化监督机制，严控物品“出入关”，确保物品、资金使用有依据、有记录、有校核、有监督。 （3）做好“小金库”专项治理工作，认真开展自查自纠

岗位名称	**综合管理部副主任**	风险星级	三星
序号	重点廉洁风险	涉及领域	主要防控措施
1	会议、业务接待等三公经费审核把关不严，超标准发生	党风和作风建设	（1）严格执行网、省公司会议管理、接待工作管理等有关制度要求，严格履行相关审核、审批手续，加强费用管控，确保规范。 （2）认真贯彻落实中央八项规定精神，严格执行办公用房、因公出国（境）等方面制度，防范“四风”问题发生
2	合同管理审核把关不严，存在签订不及时、擅自变更合同内容等行为	综合管理	强化合同审核，认真审核合同签订时间等关键要素，对存在纸质与电子合同不一致严禁用印

续表

岗位名称	**综合管理部副主任**	风险星级	三星
序号	重点廉洁风险	涉及领域	主要防控措施
3	违规使用印章，产生负面影响	党风和作风建设	（1）严格执行印章管理制度，明确印章使用审批流程，确保每次用印均有登记。 （2）常态化开展用印情况抽查，对发现的问题进行清单式销号管理，并对相关责任人严肃考核
4	违规购置办公用品、广告宣传、印刷品等，实际数量、质量与合同不一致，利用差额私设小金库	招标采购	（1）严格遵守财务纪律，管好、用好公私财物，杜绝违反财经纪律事件的出现。 （2）强化监督机制，严控物品“出入关”，确保物品、资金使用有依据、有记录、有校核、有监督。 （3）做好“小金库”专项治理工作，认真开展自查自纠

岗位名称	**企业管理**	风险星级	三星
序号	重点廉洁风险	涉及领域	主要防控措施
1	合同管理审核把关不严，存在签订不及时、擅自变更合同内容等行为	综合管理	（1）严格按合同条款审核，接受监督。 （2）定期分析管控
2	违规使用印章，产生负面影响	党风和作风建设	（1）严格执行印章管理制度，明确印章使用审批流程，确保每次用印均有登记。 （2）常态化开展用印情况抽查，对发现的问题进行清单式销号管理，并对相关责任人严肃考核

岗位名称	**综合管理**	风险星级	三星
序号	重点廉洁风险	涉及领域	主要防控措施
1	利用办公设备采购等管理职权，违规干预供应商选择	招标采购	（1）切实落实“三重一大”“一岗双责”有关工作要求，不违反规定干预物资采购、项目管理等方面事项。 （2）严格执行招投标有关规定，杜绝应招未招、指定供应商等违反纪律事件发生。 （3）加强法律审核把关，避免出现法律纠纷

续表

岗位名称	**综合管理**	风险星级	三星
序号	重点廉洁风险	涉及领域	主要防控措施
2	违规使用印章，产生负面影响	党风和作风建设	（1）严格执行印章管理制度，明确印章使用审批流程，确保每次用印均有登记。 （2）常态化开展用印情况抽查，对发现的问题进行清单式销号管理，并对相关责任人严肃考核

岗位名称	**战略发展部主任**	风险星级	三星
序号	重点廉洁风险	涉及领域	主要防控措施
1	项目全流程管控不严，擅自调整需求计划，或通过将项目化整为零规避招标	招标采购	（1）建立项目全流程管控机制，会同项目前期、协调建设、项目后评价等专业管理环节，把控项目实施具体情况和建设效果。 （2）加强项目前期申报的审核把关，严格审批制度

岗位名称	**财务资产部主任**	风险星级	四星
序号	重点廉洁风险	涉及领域	主要防控措施
1	违反决策和审批程序支出预算外资金或超权限批准资金支出	财务资产	（1）严格按照预算批准的付款项目、额度及时间安排资金支出，无、超预算均不得办理对外支付。 （2）未列入预算的资金、确需追加支付，应先履行相关预算调整程序后，方可办理
2	财务收支等重大资金使用监督不到位，造成企业经济损失	财务资产	（1）健全内控制度，加强制度执行力建设，加强制度执行关键环节监控。 （2）完善业务流程，建立和健全工作业务管理标准、工作标准和流程标准

续表

岗位名称	**财务资产部主任**	风险星级	四星
序号	重点廉洁风险	涉及领域	主要防控措施
3	差旅、培训等费用报销审核把关不严	财务资产	（1）严格控制培训费用项目类别，培训班预算项目主要包括培训师酬金、培训师食宿费和交通费、教材资料费、实训材料费、杂费等。 （2）坚持按需培训，培训内容应紧密结合专业重点工作，符合公司发展对各类人员知识结构和能力的需求。 （3）严格遵守财务纪律，管好、用好公私财物，杜绝违反财经纪律事件的出现
4	违规对外捐赠、出借资金	财务资产	（1）严格规范捐赠决策、审批流程。 （2）不定期组织对捐赠事项执行情况进行监督检查，督促认真落实整改意见

岗位名称	**财务资产部副主任**	风险星级	三星
序号	重点廉洁风险	涉及领域	主要防控措施
1	违反决策和审批程序支出预算外资金或超权限批准资金支出	财务资产	（1）严格按照预算批准的付款项目、额度及时间安排资金支出，无、超预算均不得办理对外支付。 （2）未列入预算的资金、确需追加支付，应先履行相关预算调整程序后，方可办理
2	财务收支等重大资金使用监督不到位，造成企业经济损失	财务资产	（1）健全内控制度，加强制度执行力建设，加强制度执行关键环节监控。 （2）完善业务流程，建立和健全工作业务管理标准、工作标准和流程标准
3	差旅、培训等费用报销审核把关不严	财务资产	（1）严格控制培训费用项目类别，培训班预算项目主要包括培训师酬金、培训师食宿费和交通费、教材资料费、实训材料费、杂费等。 （2）坚持按需培训，培训内容应紧密结合专业重点工作，符合公司发展对各类人员知识结构和能力的需求。 （3）严格遵守财务纪律，管好、用好公私财物，杜绝违反财经纪律事件的出现
4	违规对外捐赠、出借资金	财务资产	（1）严格规范捐赠决策、审批流程。 （2）不定期组织对捐赠事项执行情况进行监督检查，督促认真落实整改意见

岗位名称	**安全质量部主任**	风险星级	四星
序号	重点廉洁风险	涉及领域	主要防控措施
1	安全措施费使用不规范	生产建设	（1）编制安全措施费的月度计划和年度需求总计划。 （2）安全措施费的使用需经支委会讨论研究。 （3）认真学习安全措施费用使用管理办法，严格执行相关规定。 （4）加强对经办人员的提醒与监督，自觉践行廉洁从业各项规定
2	安全稽查工作中查处、考核违章行为或事故调查时，因人情往来影响稽查结果	党风和作风建设	（1）安全稽查中应由 2 人以上共同进行。 （2）严格按照安全稽查相关管理办法执行，并做好检查验收记录。 （3）建立责任追究制度，发生问题严格落实每个签字人员的责任，并与绩效挂钩
3	分包商管理、考核和退出机制执行不到位，在督察考核时不公正、不严格	生产建设	（1）加强对工程管理相关人员的日常管理，对工程项目检查的同时，听取廉洁从业和行风建设的工作情况汇报，并提出工作要求。 （2）严格执行安全生产监督管理制度。 （3）加强现场安全稽查力度，按规定处理违章作业行为。 （4）建立重复性违章档案，对重复性违章加大处罚力度
4	收受合作单位礼品礼金、消费卡或接受宴请等吃拿卡要行为	党风和作风建设	（1）强化正反两方面教育，提升教育的有效性和针对性，严格执行廉政谈话制度。 （2）开展岗位交流工作，定期交流工作岗位。 （3）加强监督与制约机制控制，加强履职监督检查，防止越权、擅权行为。 （4）严肃工作纪律，畅通举报渠道，接受群众监督

岗位名称	**安全质量部副主任**	风险星级	三星
序号	重点廉洁风险	涉及领域	主要防控措施
1	安全措施费使用不规范	生产建设	（1）编制安全措施费的月度计划和年度需求总计划。 （2）安全措施费的使用需经支委会讨论研究。 （3）认真学习安全措施费用使用管理办法，严格执行相关规定。 （4）加强对经办人员的提醒与监督，自觉践行廉洁从业各项规定
2	安全稽查工作中查处、考核违章行为或事故调查时，因人情往来影响稽查结果	党风和作风建设	（1）安全稽查中应由2人以上共同进行。 （2）严格按照安全稽查相关管理办法执行，并做好检查验收记录。 （3）建立责任追究制度，发生问题严格落实每个签字人员的责任，并与绩效挂钩
3	分包商管理、考核和退出机制执行不到位，在督察考核时不公正、不严格	生产建设	（1）加强对工程管理相关人员的日常管理，对工程项目检查的同时，听取廉洁从业和行风建设的工作情况汇报，并提出工作要求。 （2）严格执行安全生产监督管理制度。 （3）加强现场安全稽查力度，按规定处理违章作业行为。 （4）建立重复性违章档案，对重复性违章加大处罚力度
4	收受合作单位礼品礼金、消费卡或接受宴请等吃拿卡要行为	党风和作风建设	（1）强化正反两方面教育，提升教育的有效性和针对性，严格执行廉政谈话制度。 （2）开展岗位交流工作，定期交流工作岗位。 （3）加强监督与制约机制控制，加强履职监督检查，防止越权、擅权行为。 （4）严肃工作纪律，畅通举报渠道，接受群众监督

岗位名称	**市场营销部主任**	风险星级	五星
序号	重点廉洁风险	涉及领域	主要防控措施
1	向分包商、供应商泄露物资（服务）需求计划等信息	招标采购	（1）加强人员数据保密性教育，签订廉洁自律承诺书、保密协议。 （2）加强政治理论学习和廉政警示教育，认真执行廉政谈心谈话和廉政约谈制度。 （3）定期开展自查自纠
2	收受合作单位、客户礼品礼金、消费卡或接受宴请等吃拿卡要行为	党风和作风建设	（1）强化正反两方面教育，提升教育的有效性和针对性，严格执行廉政谈话制度。 （2）开展岗位交流工作，定期交流工作岗位。 （3）加强监督与制约机制控制，加强履职监督检查，防止越权、擅权行为。 （4）严肃工作纪律，畅通举报渠道，接受群众监督
3	泄露客户用电工程或企业核心市场业务信息，谋取私利	党风和作风建设	加强对外泄露客户个人信息及商业秘密的单位、个人的责任追究
4	泄露投标文件评审、中标候选人推荐等方面的情况	招标采购	（1）加强评标专家的日常管理，做好评标专家履职评价，建立定期通报考核制度，并严肃追究相关评标专家违规违纪责任。 （2）加强涉密信息管理，对于评标报告等涉密资料，涉及电子文件应禁止打印、复制、传输、拍照，纸质文件要及时回收、定期销毁。 （3）运用人防、技防等多种手段，减少下信息知情人员范围，隔断供应商围猎攻关获知信息渠道

岗位名称	**生产经营管理**	风险星级	四星
序号	重点廉洁风险	涉及领域	主要防控措施
1	收受合作单位、客户礼品礼金、消费卡或接受宴请等吃拿卡要行为	党风和作风建设	（1）强化正反两方面教育，提升教育的有效性和针对性，严格执行廉政谈话制度。 （2）开展岗位交流工作，定期交流工作岗位。 （3）加强监督与制约机制控制，加强履职监督检查，防止越权、擅权行为。 （4）严肃工作纪律，畅通举报渠道，接受群众监督

岗位名称	**物资管理部主任**	风险星级	四星
序号	重点廉洁风险	涉及领域	主要防控措施
1	服务项目招标采购、执行管控不严	招标采购	（1）切实落实“三重一大”“一岗双责”有关工作要求，不违反规定干预物资采购、项目管理等方面事项。 （2）严格执行招投标有关规定，杜绝应招未招、指定供应商等违反纪律事件发生。 （3）加强法律审核把关，避免出现法律纠纷
2	向分包商、供应商泄露物资（服务）需求计划等信息	招标采购	（1）加强人员数据保密性教育，签订廉洁自律承诺书、保密协议。 （2）加强政治理论学习和廉政警示教育，认真执行廉政谈心谈话和廉政约谈制度。 （3）定期开展自查自纠

岗位名称	**物资管理部副主任**	风险星级	三星
序号	重点廉洁风险	涉及领域	主要防控措施
1	服务项目招标采购、执行管控不严	招标采购	（1）切实落实“三重一大”“一岗双责”有关工作要求，不违反规定干预物资采购、项目管理等方面事项。 （2）严格执行招投标有关规定，杜绝应招未招、指定供应商等违反纪律事件发生。 （3）加强法律审核把关，避免出现法律纠纷

续表

岗位名称	**物资管理部副主任**	风险星级	三星
序号	重点廉洁风险	涉及领域	主要防控措施
2	向分包商、供应商泄露物资（服务）需求计划等信息	招标采购	（1）加强人员数据保密性教育，签订廉洁自律承诺书、保密协议。 （2）加强政治理论学习和廉政警示教育，认真执行廉政谈心谈话和廉政约谈制度。 （3）定期开展自查自纠

岗位名称	**物资管理部采购管理**	风险星级	三星
序号	重点廉洁风险	涉及领域	主要防控措施
1	服务项目招标采购、执行管控不严	招标采购	（1）切实落实“三重一大”“一岗双责”有关工作要求，不违反规定干预物资采购、项目管理等方面事项。 （2）严格执行招投标有关规定，杜绝应招未招、指定供应商等违反纪律事件发生。 （3）加强法律审核把关，避免出现法律纠纷
2	向分包商、供应商泄露物资（服务）需求计划等信息	招标采购	（1）加强人员数据保密性教育，签订廉洁自律承诺书、保密协议。 （2）加强政治理论学习和廉政警示教育，认真执行廉政谈心谈话和廉政约谈制度。 （3）定期开展自查自纠

岗位名称	**纪委办公室（合规审计部）主任**	风险星级	四星
序号	重点廉洁风险	涉及领域	主要防控措施
1	利用职权，违规办理举报事项或干预举报事件处理	党风和作风建设	（1）加强部门廉政教育和日常提醒，定期开展廉政谈心谈话。 （2）严肃工作纪律，畅通举报渠道，接受群众监督。 （3）定期向班子进行信访举报、案件处理专题汇报

续表

岗位名称	**纪委办公室（合规审计部）主任**	风险星级	四星
序号	重点廉洁风险	涉及领域	主要防控措施
2	对主动上交的钱款、物品不按规范进行处理	党风和作风建设	（1）加强部门廉政教育和日常提醒，定期开展廉政谈心谈话。 （2）严肃工作纪律，畅通举报渠道，接受群众监督。 （3）根据《国家电网有限公司监督执纪涉及款物管理工作规定（试行）》，加强纪律审查涉及财物管理工作，严格审批流程，规范交接手续，定期核对报告
3	利用职务之便，对督查中发现的案源线索不登记、隐瞒不报、不及时汇报或发现违规违纪隐患后不及时查处，产生不良影响，造成失职或渎职	党风和作风建设	（1）根据廉政工作的部署要求，每半年至少召开一次廉政建设专题分析会。 （2）遵守各项廉政法规制度，严于律己，防止发生违法违纪和不廉洁行为。 （3）加强对督查工作的监管，严格遵守督查工作制度
4	在审计业务对外委托中，有倾向性推荐审计辅助单位	党风和作风建设	（1）加强部门廉政教育和日常提醒，定期开展廉政谈心谈话。 （2）严肃工作纪律，畅通举报渠道，接受群众监督。 （3）在中介机构选择过程中，听取相关部门、专家的建议，杜绝私自指定中介机构的行为
5	在审计过程中，利用职务之便，对审计发现的问题隐瞒不报	党风和作风建设	（1）加强部门廉政教育和日常提醒，定期开展廉政谈心谈话。 （2）严肃工作纪律，畅通举报渠道，接受群众监督。 （3）履行审计工作常态化的要求，对放过、弱化审计职能的行为进行追责。 （4）坚持审计跟踪回访制度，做好每个环节监督监管，落实审计责任制追究

岗位名称	**纪委办公室（合规审计部）副主任**	风险星级	三星
序号	重点廉洁风险	涉及领域	主要防控措施
1	利用职权，违规办理举报事项或干预举报事件处理	党风和作风建设	（1）加强部门廉政教育和日常提醒，定期开展廉政谈心谈话。 （2）严肃工作纪律，畅通举报渠道，接受群众监督。 （3）定期向班子进行信访举报、案件处理专题汇报
2	对主动上交的钱款、物品不按规范进行处理	党风和作风建设	（1）加强部门廉政教育和日常提醒，定期开展廉政谈心谈话。 （2）严肃工作纪律，畅通举报渠道，接受群众监督。 （3）根据《国家电网有限公司监督执纪涉及款物管理工作规定（试行）》，加强纪律审查涉及财物管理工作，严格审批流程，规范交接手续，定期核对报告
3	利用职务之便，对督查中发现的案源线索不登记、隐瞒不报、不及时汇报或发现违规违纪隐患后不及时查处，产生不良影响，造成失职或渎职	党风和作风建设	（1）根据廉政工作的部署要求，每半年至少召开一次廉政建设专题分析会。 （2）遵守各项廉政法规制度，严于律己，防止发生违法违纪和不廉洁行为。 （3）加强对督查工作的监管，严格遵守督查工作制度

岗位名称	**审计专职**	风险星级	三星
序号	重点廉洁风险	涉及领域	主要防控措施
1	在审计业务对外委托中，有倾向性推荐审计辅助单位	党风和作风建设	（1）加强部门廉政教育和日常提醒，定期开展廉政谈心谈话。 （2）严肃工作纪律，畅通举报渠道，接受群众监督。 （3）在中介机构选择过程中，听取相关部门、专家的建议，杜绝私自指定中介机构的行为

续表

岗位名称	**审计专职**	风险星级	三星
序号	重点廉洁风险	涉及领域	主要防控措施
2	在审计过程中，利用职务之便，对审计发现的问题隐瞒不报	党风和作风建设	（1）加强部门廉政教育和日常提醒，定期开展廉政谈心谈话。 （2）严肃工作纪律，畅通举报渠道，接受群众监督。 （3）履行审计工作常态化的要求，对放过、弱化审计职能的行为进行追责。 （4）坚持审计跟踪回访制度，做好每个环节监督监管，落实审计责任制追究

岗位名称	**人力资源部主任**	风险星级	四星
序号	重点廉洁风险	涉及领域	主要防控措施
1	干部选拔任用不规范，存在动议推荐不合规、考察流于形式等问题	干部人事	（1）履行集体决策程序，个人不得擅自决定重要人事任免、人员调动。 （2）严格行任公示规定，规范受理公示期投诉举报，及时反馈处理结果。 （3）严格执行干部考察任用程序，真正做到干部提拔人选的档案“凡提必审”，个人有关事项报告“凡提必核”，纪检监察意见“凡提必听”，线索具体的信访举报“凡提必查”
2	招聘中未履行监督程序，不执行回避制度，泄露考题内容、评委名单等信息，不公正评分，协助、默许弄虚作假	干部人事	（1）严格按规定编制、审核和上报分解，下达毕业生招聘计划，防止指向性明显的计划。 （2）严格执行录用标准及资格信息审查。 （3）严格执行员工入口管理相关实施办法，对各单位毕业生计划执行情况明确责任落实考核。 （4）重点加强对笔试，面试评卷等重要环节的现场监督。 （5）严格按规定编制、审核和上报，分解，下达毕业生招聘计划，防止指向性明显的计划

岗位名称	**绩效管理**	风险星级	三星
序号	重点廉洁风险	涉及领域	主要防控措施
1	私自更改相关人员考核评价标准	干部人事	（1）成立绩效考评小组，健全完善绩效管理机制。 （2）对绩效考评结果进行公示。 （3）建立绩效申诉制度，对员工反映的问题及时答复

岗位名称	**薪酬福利和社保管理**	风险星级	三星
序号	重点廉洁风险	涉及领域	主要防控措施
1	因疏忽大意未能及时对工资、社保应发变动人员进行调整;工资、社保计算错误,损害当事人利益；审核不严格	人力资源	（1）明晰岗位职责，严格按照标准和规范的管理流程办理各项业务工作。 （2）完善廉洁从业监控机制。 （3）认真核实人员变动情况，及时做好人员薪酬核准发放、社保参保、调整相关工作

岗位名称	**员工招聘管理**	风险星级	三星
序号	重点廉洁风险	涉及领域	主要防控措施
1	招聘中未履行监督程序,不执行回避制度,泄露考题内容、评委名单等信息,不公正评分，协助、默许弄虚作假	干部人事	（1）严格按规定编制、审核和上报分解，下达毕业生招聘计划，防止指向性明显的计划。 （2）严格执行录用标准及资格信息审查。 （3）严格执行员工入口管理相关实施办法，对各单位毕业生计划执行情况明确责任落实考核。 （4）重点加强对笔试，面试评卷等重要环节的现场监督。 （5）严格按规定编制、审核和上报，分解，下达毕业生招聘计划，防止指向性明显的计划

岗位名称	**党建工作部（工会办公室、团委）主任**	风险星级	三星
序号	重点廉洁风险	涉及领域	主要防控措施
1	违规套用党建工作经费、广告宣传费	综合管理	（1）规范党建活动，实施事前审批制，严格活动全流程闭环管理。 （2）加强党建和广告宣传项目管控，严格费用审核。 （3）严格执行财务制度，规范审核流程，防止套取资金，挪用费用。 （4）审核广告公司开展主题传播、影视传播等项目时严格按照合同规定，每个环节分管领导做好把关工作
2	党团经费、工会经费管理不规范	综合管理	（1）加强党工团活动方案审核，严格执行财务制度，严格把关网上报销流程。 （2）合理设置工作流程，完善监督机制，将监督制约体现于流程之中，用制度管人。 （3）加强对经办人员的提醒与监督，自觉践行廉洁从业各项规定

岗位名称	**党建工作部（工会办公室、团委）副主任**	风险星级	三星
序号	重点廉洁风险	涉及领域	主要防控措施
1	违规套用品牌宣传费	综合管理	（1）加强品牌宣传项目管控，严格费用审核。 （2）严格执行财务制度，规范审核流程，防止套取资金，挪用费用。 （3）审核广告公司开展主题传播、影视传播等项目时严格按照合同规定，每个环节分管领导做好把关工作

3. 浙江启明电力集团有限公司电力安装公司

<table>
<tr><td>单位名称</td><td>浙江启明电力集团有限公司电力安装公司</td><td>主要风险领域</td><td colspan="3">生产建设、招标采购</td></tr>
<tr><td>风险等级</td><td>高</td><td>重点岗位组成</td><td>五星岗位：10 个</td><td>四星岗位：11 个</td><td>三星岗位：5 个</td></tr>
</table>

岗位名称	**综合管理部主任**	风险星级	四星
序号	重点廉洁风险	涉及领域	主要防控措施
1	合同管理审核把关不严，存在签订不及时、擅自变更合同内容等行为	综合管理	（1）强化合同审核，认真审核合同金额、使用税率、组价依据、结算方法及签订时间等要素，对不符合要求的一律回退修改。 （2）严格执行预算第三方审核和工程合同会签制度。 （3）严格按照工程分包廉政协议书履约
2	会议、业务接待等三公经费审核把关不严，超标准发生	党风和作风建设	（1）严格执行网、省公司会议管理、接待工作管理等有关制度要求，严格履行相关审核、审批手续，加强费用管控，确保规范。 （2）认真贯彻落实中央八项规定精神，严格执行公务用车、办公用房、因公出国（境）等方面制度，防范“四风”问题发生
3	利用后勤服务、仓库及车辆租赁、劳务外包、广告宣传、办公设备采购等管理职权，违规干预供应商选择	招标采购	（1）切实落实“三重一大”“一岗双责”有关工作要求，不违反规定干预物资采购、项目管理等方面事项。 （2）严格执行招投标有关规定，杜绝应招未招、指定供应商等违反纪律事件发生。 （3）加强法律审核把关，避免出现法律纠纷
4	违规使用印章，产生负面影响	党风和作风建设	（1）严格执行印章管理制度，明确印章使用审批流程，确保每次用印均有登记。 （2）常态化开展用印情况抽查，对发现的问题进行清单式销号管理，并对相关责任人严肃考核

续表

岗位名称	**综合管理部主任**	风险星级	四星
序号	重点廉洁风险	涉及领域	主要防控措施
5	公务用车管理不严，存在“公车私用、私车公养、违规入禁”，不按车辆管理流程办理出车手续等情况	党风和作风建设	（1）严格执行《浙江舟山启明电力集团公司车辆管理办法》，按照集中管理、统一调度的原则，严格公务用车和生产用车使用界限，规范派车审批流程，严格执行带工单出行，严禁将企业用车配备到个人或部门，严禁未经审批出车、违规停放、违规接送领导上下班、公车私用等。 （2）加强车辆信息化管控。推广应用公司统一车辆管理平台，实现公务用车购置、租赁、运行、费用、 处置、监督管理全过程规范管理，严禁私自拆除或拔下车载终端设备，加强运行维护，确保在线监控，强化台账数据维护，及时更新车辆信息。 （3）加强使用情况抽查和费用审批监督

岗位名称	**综合管理部副主任（人资）**	风险星级	三星
序号	重点廉洁风险	涉及领域	主要防控措施
1	违反薪酬分配和绩效考核制度，擅自更改绩效考核数据或相关人员的工资、奖金金额	人力资源	（1）认真执行劳动工资和劳动保障方面法律、法规及规章制度，根据相关文件精神和上级指示，制定、修改职工工薪管理方案，并组织实施和检查落实情况。 （2）严格执行上级薪酬管理办法，严格落实薪酬计发有依据、有交叉审核、有审批的相关规定
2	差旅、培训等费用报销审核把关不严	财务资产	（1）严格控制培训费用项目类别，培训班预算项目主要包括培训师酬金、培训师食宿费和交通费、教材资料费、实训材料费、杂费等。 （2）坚持按需培训，培训内容应紧密结合专业重点工作，符合公司发展对各类人员知识结构和能力的需求。培训对象应明确到具体部门、岗位或职务。 （3）严格遵守财务纪律，管好、用好公私财物，杜绝违反财经纪律事件的出现。 （4）日常出差报销审核严格，员工不得随意报销私人车船票，确保报销费用与实际要相符

续表

岗位名称	**综合管理部副主任（人资）**	风险星级	三星
序号	重点廉洁风险	涉及领域	主要防控措施
3	对员工加班、值班等考勤情况等把关不严	干部人事	（1）严格实行考勤制度，对加班、值班、日常考勤等情况进行公示。 （2）自觉接受员工监督，对于员工反映的问题应及时答复
4	私自更改相关人员考核评价标准	干部人事	（1）成立绩效考评小组，健全完善绩效管理机制。 （2）对绩效考评结果进行公示。 （3）建立绩效申诉制度，对员工反映的问题及时答复

岗位名称	**综合管理部副主任（政工）**	风险星级	三星
序号	重点廉洁风险	涉及领域	主要防控措施
1	违规套用党建工作经费、广告宣传费	综合管理	（1）规范党建活动，实施事前审批制，严格活动全流程闭环管理。 （2）加强党建和广告宣传项目管控，严格费用审核。 （3）严格执行财务制度，规范审核流程，防止套取资金，挪用费用。 （4）审核广告公司开展主题传播、影视传播等项目时严格按照合同规定，每个环节分管领导做好把关工作
2	党团经费、工会经费管理不规范	综合管理	（1）加强党工团活动方案审核，严格执行财务制度，严格把关网上报销流程。 （2）合理设置工作流程，完善监督机制，将监督制约体现于流程之中，用制度管人。 （3）加强对经办人员的提醒与监督，自觉践行廉洁从业各项规定。

岗位名称	**安全管理部主任**	风险星级	四星
序号	重点廉洁风险	涉及领域	主要防控措施
1	安全稽查工作中查处、考核违章行为或事故调查时，因人情往来影响稽查结果	党风和作风建设	（1）安全稽查中应由2人以上共同进行。 （2）严格按照安全稽查相关管理办法执行，并做好检查验收记录。 （3）建立责任追究制度，发生问题严格落实每个签字人员的责任，并与绩效挂钩
2	在各施工作业现场检查、监督整改过程中虚假上报	生产建设	严格落实党风廉政建设责任制，严格履行一岗双责；认真贯彻执行公司有关廉政建设和工程管理各项规章制度
3	安全措施费使用不规范	生产建设	（1）编制安全措施费的月度计划和年度需求总计划。 （2）安全措施费的使用需经支委会讨论研究。 （3）认真学习安全措施费用使用管理办法，严格执行相关规定。 （4）加强对经办人员的提醒与监督，自觉践行廉洁从业各项规定
4	分包商管理、考核和退出机制执行不到位，在督察考核时不公正、不严格	生产建设	（1）加强对工程管理相关人员的日常管理，对工程项目检查的同时，听取廉洁从业和行风建设的工作情况汇报，并提出工作要求。 （2）严格执行安全生产监督管理制度。 （3）加强现场安全稽查力度，按规定处理违章作业行为。 （4）建立重复性违章档案，对重复性违章加大处罚力度

岗位名称	**安全管理部副主任**	风险星级	三星
序号	重点廉洁风险	涉及领域	主要防控措施
1	安全措施费使用不规范	生产建设	（1）编制安全措施费的月度计划和年度需求总计划。 （2）安全措施费的使用需经支委会讨论研究。 （3）认真学习安全措施费用使用管理办法，严格执行相关规定。 （4）加强对经办人员的提醒与监督，自觉践行廉洁从业各项规定
2	安全稽查工作中查处、考核违章行为或事故调查时，因人情往来影响稽查结果	党风和作风建设	（1）安全稽查中应由 2 人以上共同进行。 （2）严格按照安全稽查相关管理办法执行，并做好检查验收记录。 （3）建立责任追究制度，发生问题严格落实每个签字人员的责任，并与绩效挂钩
3	分包商管理、考核和退出机制执行不到位，在督察考核时不公正、不严格	生产建设	（1）加强对工程管理相关人员的日常管理，对工程项目检查的同时，听取廉洁从业和行风建设的工作情况汇报，并提出工作要求。 （2）严格执行安全生产监督管理制度。 （3）加强现场安全稽查力度，按规定处理违章作业行为。 （4）建立重复性违章档案，对重复性违章加大处罚力度
4	收受合作单位礼品礼金、消费卡或接受宴请等吃拿卡要行为	党风和作风建设	（1）强化正反两方面教育，提升教育的有效性和针对性，严格执行廉政谈话制度。 （2）开展岗位交流工作，定期交流工作岗位。 （3）加强监督与制约机制控制，加强履职监督检查，防止越权、擅权行为。 （4）严肃工作纪律，畅通举报渠道，接受群众监督

岗位名称	**工程管理（技术）部主任**	风险星级	五星
序号	重点廉洁风险	涉及领域	主要防控措施
1	未核实政策处理实际赔偿情况，虚增赔偿费牟利	生产建设	（1）建立监督制约机制，执行人与审批人交叉监督。 （2）政策处理由 2 人及以上参与，政策处理费用需专项审核并严格执行当地政府赔偿标准。 （3）赔偿支付履行银行公对公凭证支付，避免执行人直接付款。 （4）对于政策处理中无法避免的有关招待事宜，经班长或分管副所长上报所长同意后，在职工食堂就餐（按工作餐标准执行）
2	工程变更、重大变更不严格履行报批程序，变更审核不严，擅自提高造价，扩大投资规模	生产建设	（1）严格设计变更与现场签证审批流程，加强设计变更与现场签证管理。 （2）设计变更费用应根据变更内容对应概算或预算的计价原则编制，现场签证费用应按合同确定的原则编制。 （3）设计变更与现场签证费用应由相关单位技经人员签署意见并加盖造价专业资格执业章。 （4）做实设计前期现场查勘和政策处理，做到工程少变更。 （5）提高员工业务素质，培育员工设计审图能力，确保工程初设规模与实际工程量吻合，同时避免外施单位虚报变更工程和扩大工程量。 （6）工程变更手续完备后方可实施变更，事后补交的变更单一律作废
3	假借反违章稽查，故意扰乱正常作业进程，牟取私利	生产建设	（1）实行各类安全稽查痕迹化管理和安全事件问责制度，严肃查处利用职务之便扰乱正常作业，设卡寻租行为。 （2）加强安全稽查人员廉洁教育、警示教育

续表

岗位名称	**工程管理（技术）部主任**	风险星级	五星
序号	重点廉洁风险	涉及领域	主要防控措施
4	接受施工单位好处，对竣工资料中反映的工程量多报现象，未依规核减	生产建设	（1）提高员工业务素质，培育员工设计审图能力，确保工程初设规模与实际工程量吻合，同时避免外施单位虚报变更工程和扩大工程量。 （2）竣工资料严格进行现场核对，履行相关验收程序。 （3）建立责任追究制，发生问题，严格按照每个环节的签字人员追究相应责任，并与绩效挂钩，情节严重者，报公司纪委备案处理
5	费用审核不严，赔偿项目及费用不合理	生产建设	严格按照预算水平控制费用支出，审核费用支出合理性、手续完备性、票据真实性

岗位名称	**工程管理（技术）部副主任（生产）**	风险星级	四星
序号	重点廉洁风险	涉及领域	主要防控措施
1	工程变更、重大变更不严格履行报批程序，变更审核不严，擅自提高造价，扩大投资规模	生产建设	（1）严格设计变更与现场签证审批流程，加强设计变更与现场签证管理。 （2）设计变更费用应根据变更内容对应概算或预算的计价原则编制，现场签证费用应按合同确定的原则编制。 （3）设计变更与现场签证费用应由相关单位技经人员签署意见并加盖造价专业资格执业章。 （4）做实设计前期现场查勘和政策处理，做到工程少变更。 （5）提高员工业务素质，培育员工设计审图能力，确保工程初设规模与实际工程量吻合，同时避免外施单位虚报变更工程和扩大工程量。 （6）工程变更手续完备后方可实施变更，事后补交的变更单一律作废

续表

岗位名称	**工程管理（技术）部副主任（生产）**	风险星级	四星
序号	重点廉洁风险	涉及领域	主要防控措施
2	假借反违章稽查，故意扰乱正常作业进程，牟取私利	生产建设	（1）实行各类安全稽查痕迹化管理和安全事件问责制度，严肃查处利用职务之便扰乱正常作业，设卡寻租行为。 （2）加强安全稽查人员廉洁教育、警示教育
3	接受施工单位好处，对竣工资料中反映的工程量多报现象，未依规核减	生产建设	（1）提高员工业务素质，培育员工设计审图能力，确保工程初设规模与实际工程量吻合，同时避免外施单位虚报变更工程和扩大工程量。 （2）竣工资料严格进行现场核对，履行相关验收程序。 （3）建立责任追究制，发生问题，严格按照每个环节的签字人员追究相应责任，并与绩效挂钩，情节严重者，报公司纪委备案处理

岗位名称	**工程管理（技术）部副主任（政策处理）**	风险星级	四星
序号	重点廉洁风险	涉及领域	主要防控措施
1	无依据多列青苗赔偿费、征地费等费用	生产建设	严格执行政府赔偿标准和国家电网公司有关规章制度，依据赔偿协议、原始凭证、赔偿明细清单等依据性资料按实结算费用，严禁无依据、无原则赔偿现象发生
2	将青苗赔偿费集中支付给少数赔偿对象，或采用现金交易方式支付赔偿费	生产建设	规范资金支付，所有款项均应通过银行转账支付，对直接支付给个人的赔偿等款项应签订协议，并取得收款人有效身份证复印件及本人签章的收据
3	工程建设大额备用金转入个人银行卡，以青苗赔偿等费用报账冲销	生产建设	加强监督检查，严肃查处虚列、多列赔偿行为

续表

岗位名称	**工程管理（技术）部副主任（政策处理）**	风险星级	四星
序号	重点廉洁风险	涉及领域	主要防控措施
4	未核实政策处理实际赔偿情况，虚增赔偿费牟利	生产建设	（1）建立监督制约机制，执行人与审批人交叉监督。 （2）政策处理由 2 人及以上参与，政策处理费用需专项审核并严格执行当地政府赔偿标准。 （3）赔偿支付履行银行公对公凭证支付，避免执行人直接付款。 （4）对于政策处理中无法避免的有关招待事宜，经班长或分管副所长上报所长同意后，在职工食堂就餐（按工作餐标准执行）

岗位名称	**物资装备中心主任**	风险星级	五星
序号	重点廉洁风险	涉及领域	主要防控措施
1	对电力设施、应急、热电等物资及小额物资采购监督不严	招标采购	（1）加强项目采购方式确定过程的监督检查。 （2）加强物资采购审核制度，会同物资等部门联合验收。 （3）采购需求与入库验收人员不能是同一人，在验收现场应保证有 2 人及以上在场
2	向分包商、供应商泄露物资（服务）需求计划等信息	招标采购	（1）加强人员数据保密性教育，签订廉洁自律承诺书、保密协议。 （2）加强政治理论学习和廉政警示教育，认真执行廉政谈心谈话和廉政约谈制度。 （3）定期开展自查自纠
3	招标文件载明的评标标准及细则不够具体量化，设置歧视性或不合理条款，限制或排斥潜在投标人，指定品牌、厂家或地产等	招标采购	（1）完善业务流程，建立和健全工作业务管理标准、工作标准和流程标准。 （2）利用招投标上线平台加强对关键环节的监控。 （3）从严查处吃拿卡要行为。 （4）严格审查资质、业绩等否决性条件，对社会化程度高的业务（如生产车辆委托运行、维修、租赁等），加强社会市场化调查，强化项目立项、招标文件的经济性审查。 （5）施工承包商根据批准的分包计划，在合格分包商名录中择优选择工程的分包商，施工项目部不得自行招用分包商

续表

岗位名称	**物资装备中心主任**	风险星级	五星
序号	重点廉洁风险	涉及领域	主要防控措施
4	应招未招，将项目化整为零规避招标或自行采用邀请招标或非招标方式违规采购	招标采购	（1）严格执行招标采购的审批及操作流程。 （2）建立项目物资全流程管控机制，会同项目前期、协调建设、项目后评价等专业管理环节，把控项目实施具体情况和建设效果。 （3）组建专业可靠的物资招标采购专家库，确保物资招标采购评标工作的科学、公平、有效。 （4）成立物资采购监督小组，常态化开展热电物资招标采购的监督检查活动
5	安全工器具和施工设施入库、出库环节管理不严	物资管理	（1）加强对所负责安全管理工作的监督、检查、指导、考核。 （2）认真执行相关制度、标准，编制年度安全工器具需求方案并组织落实。 （3）强化过程管理，加强对安全监督工作的各阶段审批等关键环节的管控。 （4）采购、入库、验收现场应保证有 2 人及以上在场
6	不按规定对供应商履约情况进行考核评价，供应商产品质量、串标围标等问题未及时追责	招标采购	加强与招标采购和合同执行环节的协同，及时收集供应商产品质量、交货、服务等信息，纳入绩效评价考核，问题严重的要进行合同违约处罚、供应商不良行为处理，加大供应商违约的惩处力度
7	供应商库更新不及时，不按规定认定、处理、上报或发布不合格供应商，供应商有关投诉信息不公开，不良行为处置标准不统一	招标采购	（1）严格执行产品质量监督和供应商“黑名单”制度。 （2）对供应商不良行为的处理视其情节轻重和危害程度，在公司招标采购活动中分别给予暂停中标资格 2～6 个月、取消中标资格 1～3 年、永久取消中保资格（“黑名单”）等处理措施
8	安全工器具和施工设施入库、出库环节管理不严	物资管理	（1）加强工器具领用审核，严格根据工作内容，加强工器具领用合理性审核。 （2）完善工器具使用管理，建立工器具使用台账，每日工作结束后，核实工器具归还情况

岗位名称	**物资装备中心副主任**	风险星级	四星
序号	重点廉洁风险	涉及领域	主要防控措施
1	向分包商、供应商泄露物资（服务）需求计划等信息	招标采购	（1）加强人员数据保密性教育，签订廉洁自律承诺书、保密协议。 （2）加强政治理论学习和廉政警示教育，认真执行廉政谈心谈话和廉政约谈制度。 （3）定期开展自查自纠
2	安全工器具和施工设施入库、出库环节管理不严	物资管理	（1）加强工器具领用审核，严格根据工作内容，加强工器具领用合理性审核。 （2）完善工器具使用管理，建立工器具使用台账，每日工作结束后，核实工器具归还情况
3	在机施配套设备采购中为厂商量身定制设备标准，谋取私利	招标采购	（1）完善业务流程，建立和健全工作业务管理标准、工作标准和流程标准。 （2）利用招投标上线平台加强对关键环节的监控。 （3）从严查处吃拿卡要行为。 （4）严格执行招标文件审查机制
4	机施设备维修中虚列维修工作量	生产建设	（1）加强对机施维修验收管理工作的监督、检查、指导、考核。 （2）强化维修保养过程管理，加强对关键环节的管控。 （3）建立责任追究制度，发生问题，严格落实人员责任，并且与绩效挂钩
5	吊机汽车租赁管理不到位，施工现场签单管理混乱，造成企业经济损失	生产建设	（1）加强政策、制度的宣贯，做好各环节的审批审核，规范流程，加强对经费使用的监控和车辆管理。 （2）提高员工业务素质，培育员工工程管理能力，确保工程预期签证与实际工程量吻合，同时避免外施单位虚报变更工程和扩大工作量

岗位名称	**物资采购专职**	风险星级	三星
序号	重点廉洁风险	涉及领域	主要防控措施
1	向分包商、供应商泄露物资（服务）需求计划等信息	招标采购	（1）加强人员数据保密性教育，签订廉洁自律承诺书、保密协议。 （2）加强政治理论学习和廉政警示教育，认真执行廉政谈心谈话和廉政约谈制度。 （3）定期开展自查自纠
2	应招未招，将项目化整为零规避招标或自行采用邀请招标或非招标方式违规采购	招标采购	（1）严格执行招标采购的审批及操作流程。 （2）建立项目物资全流程管控机制，会同项目前期、协调建设、项目后评价等专业管理环节，把控项目实施具体情况和建设效果。 （3）组建专业可靠的物资招标采购专家库，确保物资招标采购评标工作的科学、公平、有效。 （4）成立物资采购监督小组，常态化开展热电物资招标采购的监督检查活动
3	招标文件载明的评标标准及细则不够具体量化，设置歧视性或不合理条款，限制或排斥潜在投标人，指定品牌、厂家或地产等	招标采购	（1）完善业务流程，建立和健全工作业务管理标准、工作标准和流程标准。 （2）利用招投标上线平台加强对关键环节的监控。 （3）从严查处吃拿卡要行为。 （4）严格审查资质、业绩等否决性条件，对社会化程度高的业务（如生产车辆委托运行、维修、租赁等），加强社会市场化调查，强化项目立项、招标文件的经济性审查。 （5）施工承包商根据批准的分包计划，在合格分包商名录中择优选择工程的分包商，施工项目部不得自行招用分包商

岗位名称	**市场经营部主任**	风险星级	五星
序号	重点廉洁风险	涉及领域	主要防控措施
1	工程结算不规范、依据不充分，结算工作量与实际不符	生产建设	（1）严格执行工程结算管理办法，认真审核分包单位提交的竣工结算书。 （2）严格执行工程造价第三方审价制度
2	分包商管理、考核和退出机制执行不到位，在督察考核时不公正、不严格	招标采购	（1）加强对工程管理相关人员的日常管理，对工程项目检查的同时，听取廉洁从业和行风建设的工作情况汇报，并提出工作要求。 （2）严格执行安全生产监督管理制度。 （3）加强现场安全稽查力度，按规定处理违章作业行为。 （4）建立重复性违章档案，对重复性违章加大处罚力度
3	项目违规分包，存在违规指定分包商、先施工后补手续、分包商资质不符等风险	招标采购	（1）组织相关人员签订廉洁自律承诺书、保密协议。 （2）加强相关领域监督检查，严肃追究存在问题的单位和个人。 （3）完善项目分包流程，持续修订项目分包审批表格，并严格执行
4	向分包商、供应商泄露物资（服务）需求计划等信息	招标采购	（1）加强人员数据保密性教育，签订廉洁自律承诺书、保密协议。 （2）加强政治理论学习和廉政警示教育，认真执行廉政谈心谈话和廉政约谈制度。 （3）定期开展自查自纠
5	招标文件载明的评标标准及细则不够具体量化，设置歧视性或不合理条款，限制或排斥潜在投标人，指定品牌、厂家或地产等	招标采购	（1）完善业务流程，建立和健全工作业务管理标准、工作标准和流程标准。 （2）利用招投标上线平台加强对关键环节的监控。 （3）从严查处吃拿卡要行为。 （4）严格审查资质、业绩等否决性条件，对社会化程度高的业务（如生产车辆委托运行、维修、租赁等），加强社会市场化调查，强化项目立项、招标文件的经济性审查。 （5）施工承包商根据批准的分包计划，在合格分包商名录中择优选择工程的分包商，施工项目部不得自行招用分包商

续表

岗位名称	**市场经营部主任**	风险星级	五星
序号	重点廉洁风险	涉及领域	主要防控措施
6	合同管理审核把关不严，存在签订不及时、擅自变更合同内容等行为	综合管理	（1）强化合同审核，认真审核合同金额、使用税率、组价依据、结算方法及签订时间等要素，对不符合要求的一律回退修改。 （2）严格执行预算第三方审核和工程合同会签制度。 （3）严格按照工程分包廉政协议书履约
7	收受合作单位、客户礼品礼金、消费卡或接受宴请等吃拿卡要行为	党风和作风建设	（1）强化正反两方面教育，提升教育的有效性和针对性，严格执行廉政谈话制度。 （2）开展岗位交流工作，定期交流工作岗位。 （3）加强监督与制约机制控制，加强履职监督检查，防止越权、擅权行为。 （4）严肃工作纪律，畅通举报渠道，接受群众监督
8	未经核准或审批，自行采用邀请招标或非招标方式违规采购，导致非招标方式采购的确定理由支撑不充分	招标采购	（1）严格执行招标领导小组审查制度，确定采购方式。 （2）利用产业单位信息化平台加强对合同审核的管控
9	不按规定对供应商履约情况进行考核评价，供应商产品质量、串标围标等问题未及时追责	招标采购	加强与招标采购和合同执行环节的协同，及时收集供应商产品质量、交货、服务等信息，纳入绩效评价考核，问题严重的要进行合同违约处罚、供应商不良行为处理，加大供应商违约的惩处力度
10	供应商库更新不及时，不按规定认定、处理、上报或发布不合格供应商，供应商有关投诉信息不公开，不良行为处置标准不统一	招标采购	（1）严格执行产品质量监督和供应商“黑名单”制度。 （2）对供应商不良行为的处理视其情节轻重和危害程度，在公司招标采购活动中分别给予暂停中标资格 2~6 个月、取消中标资格 1~3 年、永久取消中保资格（“黑名单”）等处理措施

岗位名称	**市场经营部副主任**	风险星级	四星
序号	重点廉洁风险	涉及领域	主要防控措施
1	工程结算不规范、依据不充分，结算工作量与实际不符	生产建设	（1）严格执行工程结算管理办法，认真审核分包单位提交的竣工结算书。 （2）严格执行工程造价第三方审价制度
2	项目违规分包，存在违规指定分包商、先施工后补手续、分包商资质不符等风险	招标采购	（1）组织相关人员签订廉洁自律承诺书、保密协议。 （2）加强相关领域监督检查，严肃追究存在问题的单位和个人。 （3）完善项目分包流程，持续修订项目分包审批表格，并严格执行
3	向分包商、供应商泄露物资（服务）需求计划等信息	招标采购	（1）加强人员数据保密性教育，签订廉洁自律承诺书、保密协议。 （2）加强政治理论学习和廉政警示教育，认真执行廉政谈心谈话和廉政约谈制度。 （3）定期开展自查自纠
4	合同管理审核把关不严，存在签订不及时、擅自变更合同内容等行为	综合管理	（1）强化合同审核，认真审核合同金额、使用税率、组价依据、结算方法及签订时间等要素，对不符合要求的一律回退修改。 （2）严格执行预算第三方审核和工程合同会签制度。 （3）严格按照工程分包廉政协议书履约
5	收受合作单位、客户礼品礼金、消费卡或接受宴请等吃拿卡要行为	党风和作风建设	（1）强化正反两方面教育，提升教育的有效性和针对性，严格执行廉政谈话制度。 （2）开展岗位交流工作，定期交流工作岗位。 （3）加强监督与制约机制控制，加强履职监督检查，防止越权、擅权行为。 （4）严肃工作纪律，畅通举报渠道，接受群众监督
6	供应商库更新不及时，不按规定认定、处理、上报或发布不合格供应商，供应商有关投诉信息不公开，不良行为处置标准不统一	招标采购	（1）严格执行产品质量监督和供应商“黑名单”制度。 （2）对供应商不良行为的处理视其情节轻重和危害程度，在公司招标采购活动中分别给予暂停中标资格2~6个月、取消中标资格1~3年、永久取消中保资格（“黑名单”）等处理措施

岗位名称	**技经专职**	风险星级	四星
序号	重点廉洁风险	涉及领域	主要防控措施
1	工程结算不规范、依据不充分，结算工作量与实际不符	生产建设	（1）严格执行工程结算管理办法，认真审核分包单位提交的竣工结算书。 （2）严格执行工程造价第三方审价制度
2	收受合作单位、客户礼品礼金、消费卡或接受宴请等吃拿卡要行为	党风和作风建设	（1）强化正反两方面教育，提升教育的有效性和针对性，严格执行廉政谈话制度。 （2）开展岗位交流工作，定期交流工作岗位。 （3）加强监督与制约机制控制，加强履职监督检查，防止越权、擅权行为。 （4）严肃工作纪律，畅通举报渠道，接受群众监督
3	向分包商、供应商泄露物资（服务）需求计划等信息	招标采购	（1）加强人员数据保密性教育，签订廉洁自律承诺书、保密协议。 （2）加强政治理论学习和廉政警示教育，认真执行廉政谈心谈话和廉政约谈制度。 （3）定期开展自查自纠

岗位名称	**送电项目中心主任**	风险星级	五星
序号	重点廉洁风险	涉及领域	主要防控措施
1	工程变更、重大变更不严格履行报批程序，变更审核不严，擅自提高造价，扩大投资规模	生产建设	（1）做实设计前期现场查勘和政策处理，做到工程少变更。 （2）提高员工业务素质，培育员工设计审图能力，确保工程初设规模与实际工程量吻合，同时避免外施单位虚报变更工程和扩大工程量。 （3）工程变更必须严格执行工程变更审批（核）手续。 （4）工程变更手续完备后方可实施变更，事后补交的变更单一律作废
2	竣工验收把关不严，未依规核减多报工程量或竣工资料缺失	生产建设	（1）提高员工业务素质，培育员工设计审图能力，确保工程初设规模与实际工程量吻合，同时避免外施单位虚报变更工程和扩大工程量。 （2）竣工资料严格进行现场核对，履行相关验收程序。 （3）建立责任追究制，发生问题，严格按照每个环节的签字人员追究相应责任，并与绩效挂钩，情节严重者，报公司纪委备案处理

续表

岗位名称	**送电项目中心主任**	风险星级	五星
序号	重点廉洁风险	涉及领域	主要防控措施
3	废旧物资及工程余料管控不到位，未应退尽退	生产建设	（1）加强可研阶段对拆除资产的论证，明确拆除清单，在项目实施过程中，项目管理部门组织做好拆除移交等工作。 （2）项目管理部门组织做好对拆除资产的技术鉴定及清点工作，核对资产台账，确保拆旧与回收数量一致。 （3）严格执行《浙江舟山启明电力集团公司废旧物资处置管理办法（试行）》等制度，严格废旧物资管理，定期监督检查，确保不发生违规违纪问题
4	隐蔽工程验收执行不到位，规避工程缺陷、降低验收标准	生产建设	（1）加强对所辖工程验收管理工作的监督、检查、指导、考核。 （2）认真执行国家电网有限公司质量制度、标准，编制年度基建质量管理工作策划方案并组织落实。 （3）强化施工过程管理，加强对隐蔽工程及施工各阶段验收等关键环节的质量管控。 （4）严格执行工程施工质量验收及评定规程及验评项目划分表的规定，开展施工三级自检、监理初检、工程阶段验收等质量控制工作。 （5）严格落实工程质量责任，质保期满经验收合格后方可办理质保金的支付
5	分包结算工作量与实际不符	生产建设	（1）加强对所辖工程验收管理工作的监督、检查、指导、考核。 （2）强化施工过程管理，加强对隐蔽工程及施工各阶段验收等关键环节的质量管控。 （3）严格执行工程施工质量验收及评定规程及验评项目划分表的规定，开展施工三级自检、监理初检、工程阶段验收等质量控制工作。 （4）建立责任追究制度，发生问题，严格落实负责人员的责任，并且与绩效挂钩
6	收受合作单位、客户礼品礼金、消费卡或接受宴请等吃拿卡要行为	党风和作风建设	（1）强化正反两方面教育，提升教育的有效性和针对性，严格执行廉政谈话制度。 （2）开展岗位交流工作，定期交流工作岗位。 （3）加强监督与制约机制控制，加强履职监督检查，防止越权、擅权行为。 （4）严肃工作纪律，畅通举报渠道，接受群众监督

续表

岗位名称	**送电项目中心主任**	风险星级	五星
序号	重点廉洁风险	涉及领域	主要防控措施
7	工程分包管理不到位，对分包单位、人员资质等报备审核不严，施工阶段存在人证不符、施工安全和质量标准要求不高的情况	生产建设	（1）加强合格分包商基本条件的审核，及时发布合格分包商名录。 （2）不定期组织分包管理督查或专项检查，加强分包管理工作的考核评价。 （3）施工承包商根据批准的分包计划，在合格分包商名录中择优选择工程的分包商，施工项目部不得自行招用分包商。 （4）在施工招标文件和施工承包合同中，明确分包管理相关要求，禁止工程转包。 （5）严格考核评价，严肃处理，相关信息在公司范围内统一发布

岗位名称	**送电项目中心副主任**	风险星级	四星
序号	重点廉洁风险	涉及领域	主要防控措施
1	工程变更、重大变更不严格履行报批程序，变更审核不严，擅自提高造价，扩大投资规模	生产建设	（1）做实设计前期现场查勘和政策处理，做到工程少变更。 （2）提高员工业务素质，培育员工设计审图能力，确保工程初设规模与实际工程量吻合，同时避免外施单位虚报变更工程和扩大工程量。 （3）工程变更必须严格执行工程变更审批（核）手续。 （4）工程变更手续完备后方可实施变更，事后补交的变更单一律作废
2	竣工验收把关不严，未依规核减多报工程量或竣工资料缺失	生产建设	（1）提高员工业务素质，培育员工设计审图能力，确保工程初设规模与实际工程量吻合，同时避免外施单位虚报变更工程和扩大工程量。 （2）竣工资料严格进行现场核对，履行相关验收程序。 （3）建立责任追究制，发生问题，严格按照每个环节的签字人员追究相应责任，并与绩效挂钩，情节严重者，报公司纪委备案处理

续表

岗位名称	**送电项目中心副主任**	风险星级	四星
序号	重点廉洁风险	涉及领域	主要防控措施
3	废旧物资及工程余料管控不到位，未应退尽退	生产建设	（1）加强可研阶段对拆除资产的论证，明确拆除清单，在项目实施过程中，项目管理部门组织做好拆除移交等工作。 （2）项目管理部门组织做好对拆除资产的技术鉴定及清点工作，核对资产台账，确保拆旧与回收数量一致。 （3）严格执行《浙江舟山启明电力集团公司废旧物资处置管理办法（试行）》等制度，严格废旧物资管理，定期监督检查，确保不发生违规违纪问题
4	隐蔽工程验收执行不到位，规避工程缺陷、降低验收标准	生产建设	（1）加强对所辖工程验收管理工作的监督、检查、指导、考核。 （2）认真执行国家电网有限公司质量制度、标准，编制年度基建质量管理工作策划方案并组织落实。 （3）强化施工过程管理，加强对隐蔽工程及施工各阶段验收等关键环节的质量管控。 （4）严格执行工程施工质量验收及评定规程及验评项目划分表的规定，开展施工三级自检、监理初检、工程阶段验收等质量控制工作。 （5）严格落实工程质量责任，质保期满经验收合格后方可办理质保金的支付
5	分包结算工作量与实际不符	生产建设	（1）加强对所辖工程验收管理工作的监督、检查、指导、考核。 （2）强化施工过程管理，加强对隐蔽工程及施工各阶段验收等关键环节的质量管控。 （3）严格执行工程施工质量验收及评定规程及验评项目划分表的规定，开展施工三级自检、监理初检、工程阶段验收等质量控制工作。 （4）建立责任追究制度，发生问题，严格落实负责人员的责任，并且与绩效挂钩
6	收受合作单位、客户礼品礼金、消费卡或接受宴请等吃拿卡要行为	党风和作风建设	（1）强化正反两方面教育，提升教育的有效性和针对性，严格执行廉政谈话制度。 （2）开展岗位交流工作，定期交流工作岗位。 （3）加强监督与制约机制控制，加强履职监督检查，防止越权、擅权行为。 （4）严肃工作纪律，畅通举报渠道，接受群众监督

续表

岗位名称	**送电项目中心副主任**	风险星级	四星
序号	重点廉洁风险	涉及领域	主要防控措施
7	工程分包管理不到位，对分包单位、人员资质等报备审核不严，施工阶段存在人证不符、施工安全和质量标准要求不高的情况	生产建设	（1）加强合格分包商基本条件的审核，及时发布合格分包商名录。 （2）不定期组织分包管理督查或专项检查，加强分包管理工作的考核评价。 （3）施工承包商根据批准的分包计划，在合格分包商名录中择优选择工程的分包商，施工项目部不得自行招用分包商。 （4）在施工招标文件和施工承包合同中，明确分包管理相关要求，禁止工程转包。 （5）严格考核评价，严肃处理，相关信息在公司范围内统一发布

岗位名称	**变电项目中心主任**	风险星级	五星
序号	重点廉洁风险	涉及领域	主要防控措施
1	工程变更、重大变更不严格履行报批程序，变更审核不严，擅自提高造价，扩大投资规模	生产建设	（1）做实设计前期现场查勘和政策处理，做到工程少变更。 （2）提高员工业务素质，培育员工设计审图能力，确保工程初设规模与实际工程量吻合，同时避免外施单位虚报变更工程和扩大工程量。 （3）工程变更必须严格执行工程变更审批（核）手续。 （4）工程变更手续完备后方可实施变更，事后补交的变更单一律作废
2	竣工验收把关不严，未依规核减多报工程量或竣工资料缺失	生产建设	（1）提高员工业务素质，培育员工设计审图能力，确保工程初设规模与实际工程量吻合，同时避免外施单位虚报变更工程和扩大工程量。 （2）竣工资料严格进行现场核对，履行相关验收程序。 （3）建立责任追究制，发生问题，严格按照每个环节的签字人员追究相应责任，并与绩效挂钩，情节严重者，报公司纪委备案处理

续表

岗位名称	**变电项目中心主任**	风险星级	五星
序号	重点廉洁风险	涉及领域	主要防控措施
3	废旧物资及工程余料管控不到位，未应退尽退	生产建设	（1）加强可研阶段对拆除资产的论证，明确拆除清单，在项目实施过程中，项目管理部门组织做好拆除移交等工作。 （2）项目管理部门组织做好对拆除资产的技术鉴定及清点工作，核对资产台账，确保拆旧与回收数量一致。 （3）严格执行《浙江舟山启明电力集团公司废旧物资处置管理办法（试行）》等制度，严格废旧物资管理，定期监督检查，确保不发生违规违纪问题
4	隐蔽工程验收执行不到位，规避工程缺陷、降低验收标准	生产建设	（1）加强对所辖工程验收管理工作的监督、检查、指导、考核。 （2）认真执行国家电网有限公司质量制度、标准，编制年度基建质量管理工作策划方案并组织落实。 （3）强化施工过程管理，加强对隐蔽工程及施工各阶段验收等关键环节的质量管控。 （4）严格执行工程施工质量验收及评定规程及验评项目划分表的规定，开展施工三级自检、监理初检、工程阶段验收等质量控制工作。 （5）严格落实工程质量责任，质保期满经验收合格后方可办理质保金的支付
5	分包结算工作量与实际不符	生产建设	（1）加强对所辖工程验收管理工作的监督、检查、指导、考核。 （2）强化施工过程管理，加强对隐蔽工程及施工各阶段验收等关键环节的质量管控。 （3）严格执行工程施工质量验收及评定规程及验评项目划分表的规定，开展施工三级自检、监理初检、工程阶段验收等质量控制工作。 （4）建立责任追究制度，发生问题，严格落实负责人员的责任，并且与绩效挂钩
6	收受合作单位、客户礼品礼金、消费卡或接受宴请等吃拿卡要行为	党风和作风建设	（1）强化正反两方面教育，提升教育的有效性和针对性，严格执行廉政谈话制度。 （2）开展岗位交流工作，定期交流工作岗位。 （3）加强监督与制约机制控制，加强履职监督检查，防止越权、擅权行为。 （4）严肃工作纪律，畅通举报渠道，接受群众监督

续表

岗位名称	**变电项目中心主任**	风险星级	五星
序号	重点廉洁风险	涉及领域	主要防控措施
7	工程分包管理不到位，对分包单位、人员资质等报备审核不严，施工阶段存在人证不符、施工安全和质量标准要求不高的情况	生产建设	（1）加强合格分包商基本条件的审核，及时发布合格分包商名录。 （2）不定期组织分包管理督查或专项检查，加强分包管理工作的考核评价。 （3）施工承包商根据批准的分包计划，在合格分包商名录中择优选择工程的分包商，施工项目部不得自行招用分包商。 （4）在施工招标文件和施工承包合同中，明确分包管理相关要求，禁止工程转包。 （5）严格考核评价，严肃处理，相关信息在公司范围内统一发布

岗位名称	**变电项目中心副主任**	风险星级	四星
序号	重点廉洁风险	涉及领域	主要防控措施
1	工程变更、重大变更不严格履行报批程序，变更审核不严，擅自提高造价，扩大投资规模	生产建设	（1）做实设计前期现场查勘和政策处理，做到工程少变更。 （2）提高员工业务素质，培育员工设计审图能力，确保工程初设规模与实际工程量吻合，同时避免外施单位虚报变更工程和扩大工程量。 （3）工程变更必须严格执行工程变更审批（核）手续。 （4）工程变更手续完备后方可实施变更，事后补交的变更单一律作废
2	竣工验收把关不严，未依规核减多报工程量或竣工资料缺失	生产建设	（1）提高员工业务素质，培育员工设计审图能力，确保工程初设规模与实际工程量吻合，同时避免外施单位虚报变更工程和扩大工程量。 （2）竣工资料严格进行现场核对，履行相关验收程序。 （3）建立责任追究制，发生问题，严格按照每个环节的签字人员追究相应责任，并与绩效挂钩，情节严重者，报公司纪委备案处理

续表

岗位名称	**变电项目中心副主任**	风险星级	四星
序号	重点廉洁风险	涉及领域	主要防控措施
3	废旧物资及工程余料管控不到位，未应退尽退	生产建设	（1）加强可研阶段对拆除资产的论证，明确拆除清单，在项目实施过程中，项目管理部门组织做好拆除移交等工作。 （2）项目管理部门组织做好对拆除资产的技术鉴定及清点工作，核对资产台账，确保拆旧与回收数量一致。 （3）严格执行《浙江舟山启明电力集团公司废旧物资处置管理办法（试行）》等制度，严格废旧物资管理，定期监督检查，确保不发生违规违纪问题
4	隐蔽工程验收执行不到位，规避工程缺陷、降低验收标准	生产建设	（1）加强对所辖工程验收管理工作的监督、检查、指导、考核。 （2）认真执行国家电网有限公司质量制度、标准，编制年度基建质量管理工作策划方案并组织落实。 （3）强化施工过程管理，加强对隐蔽工程及施工各阶段验收等关键环节的质量管控。 （4）严格执行工程施工质量验收及评定规程及验评项目划分表的规定，开展施工三级自检、监理初检、工程阶段验收等质量控制工作。 （5）严格落实工程质量责任，质保期满经验收合格后方可办理质保金的支付
5	分包结算工作量与实际不符	生产建设	（1）加强对所辖工程验收管理工作的监督、检查、指导、考核。 （2）强化施工过程管理，加强对隐蔽工程及施工各阶段验收等关键环节的质量管控。 （3）严格执行工程施工质量验收及评定规程及验评项目划分表的规定，开展施工三级自检、监理初检、工程阶段验收等质量控制工作。 （4）建立责任追究制度，发生问题，严格落实负责人员的责任，并且与绩效挂钩
6	收受合作单位、客户礼品礼金、消费卡或接受宴请等吃拿卡要行为	党风和作风建设	（1）强化正反两方面教育，提升教育的有效性和针对性，严格执行廉政谈话制度。 （2）开展岗位交流工作，定期交流工作岗位。 （3）加强监督与制约机制控制，加强履职监督检查，防止越权、擅权行为。 （4）严肃工作纪律，畅通举报渠道，接受群众监督

续表

岗位名称	**变电项目中心副主任**	风险星级	四星
序号	重点廉洁风险	涉及领域	主要防控措施
7	工程分包管理不到位，对分包单位、人员资质等报备审核不严，施工阶段存在人证不符、施工安全和质量标准要求不高的情况	生产建设	（1）加强合格分包商基本条件的审核，及时发布合格分包商名录。 （2）不定期组织分包管理督查或专项检查，加强分包管理工作的考核评价。 （3）施工承包商根据批准的分包计划，在合格分包商名录中择优选择工程的分包商，施工项目部不得自行招用分包商。 （4）在施工招标文件和施工承包合同中，明确分包管理相关要求，禁止工程转包。 （5）严格考核评价，严肃处理，相关信息在公司范围内统一发布

岗位名称	**新能源项目中心主任**	风险星级	五星
序号	重点廉洁风险	涉及领域	主要防控措施
1	工程变更、重大变更不严格履行报批程序，变更审核不严，擅自提高造价，扩大投资规模	生产建设	（1）做实设计前期现场查勘和政策处理，做到工程少变更。 （2）提高员工业务素质，培育员工设计审图能力，确保工程初设规模与实际工程量吻合，同时避免外施单位虚报变更工程和扩大工程量。 （3）工程变更必须严格执行工程变更审批（核）手续。 （4）工程变更手续完备后方可实施变更，事后补交的变更单一律作废
2	竣工验收把关不严，未依规核减多报工程量或竣工资料缺失	生产建设	（1）提高员工业务素质，培育员工设计审图能力，确保工程初设规模与实际工程量吻合，同时避免外施单位虚报变更工程和扩大工程量。 （2）竣工资料严格进行现场核对，履行相关验收程序。 （3）建立责任追究制，发生问题，严格按照每个环节的签字人员追究相应责任，并与绩效挂钩，情节严重者，报公司纪委备案处理

续表

岗位名称	**新能源项目中心主任**	风险星级	五星
序号	重点廉洁风险	涉及领域	主要防控措施
3	废旧物资及工程余料管控不到位，未应退尽退	生产建设	（1）加强可研阶段对拆除资产的论证，明确拆除清单，在项目实施过程中，项目管理部门组织做好拆除移交等工作。 （2）项目管理部门组织做好对拆除资产的技术鉴定及清点工作，核对资产台账，确保拆旧与回收数量一致。 （3）严格执行《浙江舟山启明电力集团公司废旧物资处置管理办法（试行）》等制度，严格废旧物资管理，定期监督检查，确保不发生违规违纪问题
4	隐蔽工程验收执行不到位，规避工程缺陷、降低验收标准	生产建设	（1）加强对所辖工程验收管理工作的监督、检查、指导、考核。 （2）认真执行国家电网有限公司质量制度、标准，编制年度基建质量管理工作策划方案并组织落实。 （3）强化施工过程管理，加强对隐蔽工程及施工各阶段验收等关键环节的质量管控。 （4）严格执行工程施工质量验收及评定规程及验评项目划分表的规定，开展施工三级自检、监理初检、工程阶段验收等质量控制工作。 （5）严格落实工程质量责任，质保期满经验收合格后方可办理质保金的支付
5	分包结算工作量与实际不符	生产建设	（1）加强对所辖工程验收管理工作的监督、检查、指导、考核。 （2）强化施工过程管理，加强对隐蔽工程及施工各阶段验收等关键环节的质量管控。 （3）严格执行工程施工质量验收及评定规程及验评项目划分表的规定，开展施工三级自检、监理初检、工程阶段验收等质量控制工作。 （4）建立责任追究制度，发生问题，严格落实负责人员的责任，并且与绩效挂钩
6	收受合作单位、客户礼品礼金、消费卡或接受宴请等吃拿卡要行为	党风和作风建设	（1）强化正反两方面教育，提升教育的有效性和针对性，严格执行廉政谈话制度。 （2）开展岗位交流工作，定期交流工作岗位。 （3）加强监督与制约机制控制，加强履职监督检查，防止越权、擅权行为。 （4）严肃工作纪律，畅通举报渠道，接受群众监督

续表

岗位名称	**新能源项目中心主任**	风险星级	五星
序号	重点廉洁风险	涉及领域	主要防控措施
7	市外热电项目商务接待超标	财务资产	（1）加强对热电项目经理及班组长的廉政教育。 （2）定期开展商务接待费用检查，核实费用报销明细。 （3）规范商务接待费用报销流程，增强执行力度，在基层项目部设立党风廉政监督示范点

岗位名称	**新能源项目中心副主任**	风险星级	四星
序号	重点廉洁风险	涉及领域	主要防控措施
1	工程变更、重大变更不严格履行报批程序，变更审核不严，擅自提高造价，扩大投资规模	生产建设	（1）做实设计前期现场查勘和政策处理，做到工程少变更。 （2）提高员工业务素质，培育员工设计审图能力，确保工程初设规模与实际工程量吻合，同时避免外施单位虚报变更工程和扩大工程量。 （3）工程变更必须严格执行工程变更审批（核）手续。 （4）工程变更手续完备后方可实施变更，事后补交的变更单一律作废
2	竣工验收把关不严，未依规核减多报工程量或竣工资料缺失	生产建设	（1）提高员工业务素质，培育员工设计审图能力，确保工程初设规模与实际工程量吻合，同时避免外施单位虚报变更工程和扩大工程量。 （2）竣工资料严格进行现场核对，履行相关验收程序。 （3）建立责任追究制，发生问题，严格按照每个环节的签字人员追究相应责任，并与绩效挂钩，情节严重者，报公司纪委备案处理
3	废旧物资及工程余料管控不到位，未应退尽退	生产建设	（1）加强可研阶段对拆除资产的论证，明确拆除清单，在项目实施过程中，项目管理部门组织做好拆除移交等工作。 （2）项目管理部门组织做好对拆除资产的技术鉴定及清点工作，核对资产台账，确保拆旧与回收数量一致。 （3）严格执行《浙江舟山启明电力集团公司废旧物资处置管理办法（试行）》等制度，严格废旧物资管理，定期监督检查，确保不发生违规违纪问题

续表

岗位名称	**新能源项目中心副主任**	风险星级	四星
序号	重点廉洁风险	涉及领域	主要防控措施
4	隐蔽工程验收执行不到位，规避工程缺陷、降低验收标准	生产建设	（1）加强对所辖工程验收管理工作的监督、检查、指导、考核。 （2）认真执行国家电网有限公司质量制度、标准，编制年度基建质量管理工作策划方案并组织落实。 （3）强化施工过程管理，加强对隐蔽工程及施工各阶段验收等关键环节的质量管控。 （4）严格执行工程施工质量验收及评定规程及验评项目划分表的规定，开展施工三级自检、监理初检、工程阶段验收等质量控制工作。 （5）严格落实工程质量责任，质保期满经验收合格后方可办理质保金的支付
5	分包结算工作量与实际不符	生产建设	（1）加强对所辖工程验收管理工作的监督、检查、指导、考核。 （2）强化施工过程管理，加强对隐蔽工程及施工各阶段验收等关键环节的质量管控。 （3）严格执行工程施工质量验收及评定规程及验评项目划分表的规定，开展施工三级自检、监理初检、工程阶段验收等质量控制工作。 （4）建立责任追究制度，发生问题，严格落实负责人员的责任，并且与绩效挂钩
6	收受合作单位、客户礼品礼金、消费卡或接受宴请等吃拿卡要行为	党风和作风建设	（1）强化正反两方面教育，提升教育的有效性和针对性，严格执行廉政谈话制度。 （2）开展岗位交流工作，定期交流工作岗位。 （3）加强监督与制约机制控制，加强履职监督检查，防止越权、擅权行为。 （4）严肃工作纪律，畅通举报渠道，接受群众监督
7	市外热电项目商务接待超标	财务资产	（1）加强对热电项目经理及班组长的廉政教育。 （2）定期开展商务接待费用检查，核实费用报销明细。 （3）规范商务接待费用报销流程，增强执行力度，在基层项目部设立党风廉政监督示范点

岗位名称	**运维检修项目中心主任**	风险星级	五星
序号	重点廉洁风险	涉及领域	主要防控措施
1	工程变更、重大变更不严格履行报批程序，变更审核不严，擅自提高造价，扩大投资规模	生产建设	（1）做实设计前期现场查勘和政策处理，做到工程少变更。 （2）提高员工业务素质，培育员工设计审图能力，确保工程初设规模与实际工程量吻合，同时避免外施单位虚报变更工程和扩大工程量。 （3）工程变更必须严格执行工程变更审批（核）手续。 （4）工程变更手续完备后方可实施变更，事后补交的变更单一律作废
2	竣工验收把关不严，未依规核减多报工程量或竣工资料缺失	生产建设	（1）提高员工业务素质，培育员工设计审图能力，确保工程初设规模与实际工程量吻合，同时避免外施单位虚报变更工程和扩大工程量。 （2）竣工资料严格进行现场核对，履行相关验收程序。 （3）建立责任追究制，发生问题，严格按照每个环节的签字人员追究相应责任，并与绩效挂钩，情节严重者，报公司纪委备案处理
3	废旧物资及工程余料管控不到位，未应退尽退	生产建设	（1）加强可研阶段对拆除资产的论证，明确拆除清单，在项目实施过程中，项目管理部门组织做好拆除移交等工作。 （2）项目管理部门组织做好对拆除资产的技术鉴定及清点工作，核对资产台账，确保拆旧与回收数量一致。 （3）严格执行《浙江舟山启明电力集团公司废旧物资处置管理办法（试行）》等制度，严格废旧物资管理，定期监督检查，确保不发生违规违纪问题

续表

岗位名称	**运维检修项目中心主任**	风险星级	五星
序号	重点廉洁风险	涉及领域	主要防控措施
4	隐蔽工程验收执行不到位，规避工程缺陷、降低验收标准	生产建设	（1）加强对所辖工程验收管理工作的监督、检查、指导、考核。 （2）认真执行国家电网有限公司质量制度、标准，编制年度基建质量管理工作策划方案并组织落实。 （3）强化施工过程管理，加强对隐蔽工程及施工各阶段验收等关键环节的质量管控。 （4）严格执行工程施工质量验收及评定规程及验评项目划分表的规定，开展施工三级自检、监理初检、工程阶段验收等质量控制工作。 （5）严格落实工程质量责任，质保期满经验收合格后方可办理质保金的支付
5	分包结算工作量与实际不符	生产建设	（1）加强对所辖工程验收管理工作的监督、检查、指导、考核。 （2）强化施工过程管理，加强对隐蔽工程及施工各阶段验收等关键环节的质量管控。 （3）严格执行工程施工质量验收及评定规程及验评项目划分表的规定，开展施工三级自检、监理初检、工程阶段验收等质量控制工作。 （4）建立责任追究制度，发生问题，严格落实负责人员的责任，并且与绩效挂钩
6	收受合作单位、客户礼品礼金、消费卡或接受宴请等吃拿卡要行为	党风和作风建设	（1）强化正反两方面教育，提升教育的有效性和针对性，严格执行廉政谈话制度。 （2）开展岗位交流工作，定期交流工作岗位。 （3）加强监督与制约机制控制，加强履职监督检查，防止越权、擅权行为。 （4）严肃工作纪律，畅通举报渠道，接受群众监督
7	工程分包管理不到位，对分包单位、人员资质等报备审核不严，施工阶段存在人证不符、施工安全和质量标准要求不高的情况	生产建设	（1）加强合格分包商基本条件的审核，及时发布合格分包商名录。 （2）不定期组织分包管理督查或专项检查，加强分包管理工作的考核评价。 （3）施工承包商根据批准的分包计划，在合格分包商名录中择优选择工程的分包商，施工项目部不得自行招用分包商。 （4）在施工招标文件和施工承包合同中，明确分包管理相关要求，禁止工程转包。 （5）严格考核评价，严肃处理，相关信息在公司范围内统一发布

岗位名称	**运维检修项目中心副主任**	风险星级	四星
序号	重点廉洁风险	涉及领域	主要防控措施
1	工程变更、重大变更不严格履行报批程序，变更审核不严，擅自提高造价，扩大投资规模	生产建设	（1）做实设计前期现场查勘和政策处理，做到工程少变更。 （2）提高员工业务素质，培育员工设计审图能力，确保工程初设规模与实际工程量吻合，同时避免外施单位虚报变更工程和扩大工程量。 （3）工程变更必须严格执行工程变更审批（核）手续。 （4）工程变更手续完备后方可实施变更，事后补交的变更单一律作废
2	竣工验收把关不严，未依规核减多报工程量或竣工资料缺失	生产建设	（1）提高员工业务素质，培育员工设计审图能力，确保工程初设规模与实际工程量吻合，同时避免外施单位虚报变更工程和扩大工程量。 （2）竣工资料严格进行现场核对，履行相关验收程序。 （3）建立责任追究制，发生问题，严格按照每个环节的签字人员追究相应责任，并与绩效挂钩，情节严重者，报公司纪委备案处理
3	废旧物资及工程余料管控不到位，未应退尽退	生产建设	（1）加强可研阶段对拆除资产的论证，明确拆除清单，在项目实施过程中，项目管理部门组织做好拆除移交等工作。 （2）项目管理部门组织做好对拆除资产的技术鉴定及清点工作，核对资产台账，确保拆旧与回收数量一致。 （3）严格执行《浙江舟山启明电力集团公司废旧物资处置管理办法（试行）》等制度，严格废旧物资管理，定期监督检查，确保不发生违规违纪问题

续表

岗位名称	**运维检修项目中心副主任**	风险星级	四星
序号	重点廉洁风险	涉及领域	主要防控措施
4	隐蔽工程验收执行不到位，规避工程缺陷、降低验收标准	生产建设	（1）加强对所辖工程验收管理工作的监督、检查、指导、考核。 （2）认真执行国家电网有限公司质量制度、标准，编制年度基建质量管理工作策划方案并组织落实。 （3）强化施工过程管理，加强对隐蔽工程及施工各阶段验收等关键环节的质量管控。 （4）严格执行工程施工质量验收及评定规程及验评项目划分表的规定，开展施工三级自检、监理初检、工程阶段验收等质量控制工作。 （5）严格落实工程质量责任，质保期满经验收合格后方可办理质保金的支付
5	分包结算工作量与实际不符	生产建设	（1）加强对所辖工程验收管理工作的监督、检查、指导、考核。 （2）强化施工过程管理，加强对隐蔽工程及施工各阶段验收等关键环节的质量管控。 （3）严格执行工程施工质量验收及评定规程及验评项目划分表的规定，开展施工三级自检、监理初检、工程阶段验收等质量控制工作。 （4）建立责任追究制度，发生问题，严格落实负责人员的责任，并且与绩效挂钩
6	收受合作单位、客户礼品礼金、消费卡或接受宴请等吃拿卡要行为	党风和作风建设	（1）强化正反两方面教育，提升教育的有效性和针对性，严格执行廉政谈话制度。 （2）开展岗位交流工作，定期交流工作岗位。 （3）加强监督与制约机制控制，加强履职监督检查，防止越权、擅权行为。 （4）严肃工作纪律，畅通举报渠道，接受群众监督
7	工程分包管理不到位，对分包单位、人员资质等报备审核不严，施工阶段存在人证不符、施工安全和质量标准要求不高的情况	生产建设	（1）加强合格分包商基本条件的审核，及时发布合格分包商名录。 （2）不定期组织分包管理督查或专项检查，加强分包管理工作的考核评价。 （3）施工承包商根据批准的分包计划，在合格分包商名录中择优选择工程的分包商，施工项目部不得自行招用分包商。 （4）在施工招标文件和施工承包合同中，明确分包管理相关要求，禁止工程转包。 （5）严格考核评价，严肃处理，相关信息在公司范围内统一发布

岗位名称	**电缆施工班长**	风险星级	五星
序号	重点廉洁风险	涉及领域	主要防控措施
1	电缆隐蔽工程验收执行不到位，规避工程缺陷、降低验收标准	生产建设	（1）加强对所辖工程验收管理工作的监督、检查、指导、考核。 （2）认真执行国家电网有限公司质量制度、标准，编制年度基建质量管理工作策划方案并组织落实。 （3）强化施工过程管理，加强对隐蔽工程及施工各阶段验收等关键环节的质量管控。 （4）严格执行工程施工质量验收及评定规程及验评项目划分表的规定，开展施工三级自检、监理初检、工程阶段验收等质量控制工作。 （5）严格落实工程质量责任，质保期满经验收合格后方可办理质保金的支付
2	收受合作单位、客户礼品礼金、消费卡或接受宴请等吃拿卡要行为	党风和作风建设	（1）强化正反两方面教育，提升教育的有效性和针对性，严格执行廉政谈话制度。 （2）开展岗位交流工作，定期交流工作岗位。 （3）加强监督与制约机制控制，加强履职监督检查，防止越权、擅权行为。 （4）严肃工作纪律，畅通举报渠道，接受群众监督
3	分包结算工作量与实际不符	生产建设	（1）加强对所辖工程验收管理工作的监督、检查、指导、考核。 （2）强化施工过程管理，加强对隐蔽工程及施工各阶段验收等关键环节的质量管控。 （3）严格执行工程施工质量验收及评定规程及验评项目划分表的规定，开展施工三级自检、监理初检、工程阶段验收等质量控制工作。 （4）建立责任追究制度，发生问题，严格落实负责人员的责任，并且与绩效挂钩
4	废旧物资及工程余料管控不到位，未应退尽退	生产建设	（1）加强可研阶段对拆除资产的论证，明确拆除清单，在项目实施过程中，项目管理部门组织做好拆除移交等工作。 （2）项目管理部门组织做好对拆除资产的技术鉴定及清点工作，核对资产台账，确保拆旧与回收数量一致。 （3）严格执行《浙江舟山启明电力集团公司废旧物资处置管理办法（试行）》等制度，严格废旧物资管理，定期监督检查，确保不发生违规违纪问题

续表

岗位名称	**电缆施工班长**	风险星级	五星
序号	重点廉洁风险	涉及领域	主要防控措施
5	工程变更、重大变更不严格履行报批程序，变更审核不严，擅自提高造价，扩大投资规模	生产建设	（1）做实设计前期现场查勘和政策处理，做到工程少变更。 （2）提高员工业务素质，培育员工设计审图能力，确保工程初设规模与实际工程量吻合，同时避免外施单位虚报变更工程和扩大工程量。 （3）工程变更必须严格执行工程变更审批（核）手续。 （4）工程变更手续完备后方可实施变更，事后补交的变更单一律作废

岗位名称	**工程项目经理（热电）**	风险星级	五星
序号	重点廉洁风险	涉及领域	主要防控措施
1	工程变更、重大变更不严格履行报批程序，变更审核不严，擅自提高造价，扩大投资规模	生产建设	（1）做实设计前期现场查勘和政策处理，做到工程少变更。 （2）提高员工业务素质，培育员工设计审图能力，确保工程初设规模与实际工程量吻合，同时避免外施单位虚报变更工程和扩大工程量。 （3）工程变更必须严格执行工程变更审批（核）手续。 （4）工程变更手续完备后方可实施变更，事后补交的变更单一律作废
2	竣工验收把关不严，未依规核减多报工程量或竣工资料缺失	生产建设	（1）提高员工业务素质，培育员工设计审图能力，确保工程初设规模与实际工程量吻合，同时避免外施单位虚报变更工程和扩大工程量。 （2）竣工资料严格进行现场核对，履行相关验收程序。 （3）建立责任追究制，发生问题，严格按照每个环节的签字人员追究相应责任，并与绩效挂钩，情节严重者，报公司纪委备案处理

续表

岗位名称	**工程项目经理（热电）**	风险星级	五星
序号	重点廉洁风险	涉及领域	主要防控措施
3	废旧物资及工程余料管控不到位，未应退尽退	生产建设	（1）加强可研阶段对拆除资产的论证，明确拆除清单，在项目实施过程中，项目管理部门组织做好拆除移交等工作。 （2）项目管理部门组织做好对拆除资产的技术鉴定及清点工作，核对资产台账，确保拆旧与回收数量一致。 （3）严格执行《浙江舟山启明电力集团公司废旧物资处置管理办法（试行）》等制度，严格废旧物资管理，定期监督检查，确保不发生违规违纪问题
4	隐蔽工程验收执行不到位，规避工程缺陷、降低验收标准	生产建设	（1）加强对所辖工程验收管理工作的监督、检查、指导、考核。 （2）认真执行国家电网有限公司质量制度、标准，编制年度基建质量管理工作策划方案并组织落实。 （3）强化施工过程管理，加强对隐蔽工程及施工各阶段验收等关键环节的质量管控。 （4）严格执行工程施工质量验收及评定规程及验评项目划分表的规定，开展施工三级自检、监理初检、工程阶段验收等质量控制工作。 （5）严格落实工程质量责任，质保期满经验收合格后方可办理质保金的支付
5	分包结算工作量与实际不符	生产建设	（1）加强对所辖工程验收管理工作的监督、检查、指导、考核。 （2）强化施工过程管理，加强对隐蔽工程及施工各阶段验收等关键环节的质量管控。 （3）严格执行工程施工质量验收及评定规程及验评项目划分表的规定，开展施工三级自检、监理初检、工程阶段验收等质量控制工作。 （4）建立责任追究制度，发生问题，严格落实负责人员的责任，并且与绩效挂钩
6	收受合作单位、客户礼品礼金、消费卡或接受宴请等吃拿卡要行为	党风和作风建设	（1）强化正反两方面教育，提升教育的有效性和针对性，严格执行廉政谈话制度。 （2）开展岗位交流工作，定期交流工作岗位。 （3）加强监督与制约机制控制，加强履职监督检查，防止越权、擅权行为。 （4）严肃工作纪律，畅通举报渠道，接受群众监督

续表

岗位名称	**工程项目经理（热电）**	风险星级	五星
序号	重点廉洁风险	涉及领域	主要防控措施
7	工程分包管理不到位，对分包单位、人员资质等报备审核不严，施工阶段存在人证不符、施工安全和质量标准要求不高的情况	生产建设	（1）加强合格分包商基本条件的审核，及时发布合格分包商名录。 （2）不定期组织分包管理督查或专项检查，加强分包管理工作的考核评价。 （3）施工承包商根据批准的分包计划，在合格分包商名录中择优选择工程的分包商，施工项目部不得自行招用分包商。 （4）在施工招标文件和施工承包合同中，明确分包管理相关要求，禁止工程转包。 （5）严格考核评价，严肃处理，相关信息在公司范围内统一发布
8	市外热电项目商务接待超标	财务资产	（1）加强对热电项目经理及班组长的廉政教育。 （2）定期开展商务接待费用检查，核实费用报销明细。 （3）规范商务接待费用报销流程，增强执行力度，在基层项目部设立党风廉政监督示范点

岗位名称	**工程项目经理（输变电）**	风险星级	五星
序号	重点廉洁风险	涉及领域	主要防控措施
1	工程变更、重大变更不严格履行报批程序，变更审核不严，擅自提高造价，扩大投资规模	生产建设	（1）做实设计前期现场查勘和政策处理，做到工程少变更。 （2）提高员工业务素质，培育员工设计审图能力，确保工程初设规模与实际工程量吻合，同时避免外施单位虚报变更工程和扩大工程量。 （3）工程变更必须严格执行工程变更审批（核）手续。 （4）工程变更手续完备后方可实施变更，事后补交的变更单一律作废

续表

岗位名称	**工程项目经理（输变电）**	风险星级	五星
序号	重点廉洁风险	涉及领域	主要防控措施
2	竣工验收把关不严，未依规核减多报工程量或竣工资料缺失	生产建设	（1）提高员工业务素质，培育员工设计审图能力，确保工程初设规模与实际工程量吻合，同时避免外施单位虚报变更工程和扩大工程量。 （2）竣工资料严格进行现场核对，履行相关验收程序。 （3）建立责任追究制，发生问题，严格按照每个环节的签字人员追究相应责任，并与绩效挂钩，情节严重者，报公司纪委备案处理
3	废旧物资及工程余料管控不到位，未应退尽退	生产建设	（1）加强可研阶段对拆除资产的论证，明确拆除清单，在项目实施过程中，项目管理部门组织做好拆除移交等工作。 （2）项目管理部门组织做好对拆除资产的技术鉴定及清点工作，核对资产台账，确保拆旧与回收数量一致。 （3）严格执行《浙江舟山启明电力集团公司废旧物资处置管理办法（试行）》等制度，严格废旧物资管理，定期监督检查，确保不发生违规违纪问题
4	隐蔽工程验收执行不到位，规避工程缺陷、降低验收标准	生产建设	（1）加强对所辖工程验收管理工作的监督、检查、指导、考核。 （2）认真执行国家电网有限公司质量制度、标准，编制年度基建质量管理工作策划方案并组织落实。 （3）强化施工过程管理，加强对隐蔽工程及施工各阶段验收等关键环节的质量管控。 （4）严格执行工程施工质量验收及评定规程及验评项目划分表的规定，开展施工三级自检、监理初检、工程阶段验收等质量控制工作。 （5）严格落实工程质量责任，质保期满经验收合格后方可办理质保金的支付

续表

岗位名称	**工程项目经理（输变电）**	风险星级	五星
序号	重点廉洁风险	涉及领域	主要防控措施
5	分包结算工作量与实际不符	生产建设	（1）加强对所辖工程验收管理工作的监督、检查、指导、考核。 （2）强化施工过程管理，加强对隐蔽工程及施工各阶段验收等关键环节的质量管控。 （3）严格执行工程施工质量验收及评定规程及验评项目划分表的规定，开展施工三级自检、监理初检、工程阶段验收等质量控制工作。 （4）建立责任追究制度，发生问题，严格落实负责人员的责任，并且与绩效挂钩
6	收受合作单位、客户礼品礼金、消费卡或接受宴请等吃拿卡要行为	党风和作风建设	（1）强化正反两方面教育，提升教育的有效性和针对性，严格执行廉政谈话制度。 （2）开展岗位交流工作，定期交流工作岗位。 （3）加强监督与制约机制控制，加强履职监督检查，防止越权、擅权行为。 （4）严肃工作纪律，畅通举报渠道，接受群众监督
7	工程分包管理不到位，对分包单位、人员资质等报备审核不严，施工阶段存在人证不符、施工安全和质量标准要求不高的情况	生产建设	（1）加强合格分包商基本条件的审核，及时发布合格分包商名录。 （2）不定期组织分包管理督查或专项检查，加强分包管理工作的考核评价。 （3）施工承包商根据批准的分包计划，在合格分包商名录中择优选择工程的分包商，施工项目部不得自行招用分包商。 （4）在施工招标文件和施工承包合同中，明确分包管理相关要求，禁止工程转包。 （5）严格考核评价，严肃处理，相关信息在公司范围内统一发布

岗位名称	**物资机具仓库负责人**	风险星级	三星
序号	重点廉洁风险	涉及领域	主要防控措施
1	物资采购、入库、出库环节管理不严	物资管理	（1）加强对各类资产新增、转移等全过程的管理与跟踪。 （2）完善资产需求管理制度，设备采购需求由班组提出、科室确定，分管领导审核。 （3）采购需求与入库验收人员不能是同一人，在验收现场应保证有 2 人及以上在场。 （4）在与设备厂商交流中应坚持原则，坚决不参加供应商组织的宴请、礼品、红包等行贿行为。 （5）定期接受廉政谈话提醒，自觉践行廉洁从业各项规定
2	废旧物资及工程余料管控不到位，未应退尽退	生产建设	（1）加强可研阶段对拆除资产的论证，明确拆除清单，在项目实施过程中，项目管理部门组织做好拆除移交等工作。 （2）项目管理部门组织做好对拆除资产的技术鉴定及清点工作，核对资产台账，确保拆旧与回收数量一致。 （3）严格执行《浙江舟山启明电力集团公司废旧物资处置管理办法（试行）》等制度，严格废旧物资管理，定期监督检查，确保不发生违规违纪问题
3	收受合作单位、客户礼品礼金、消费卡或接受宴请等吃拿卡要行为	党风和作风建设	（1）强化正反两方面教育，提升教育的有效性和针对性，严格执行廉政谈话制度。 （2）开展岗位交流工作，定期交流工作岗位。 （3）加强监督与制约机制控制，加强履职监督检查，防止越权、擅权行为。 （4）严肃工作纪律，畅通举报渠道，接受群众监督
4	安全工器具和消防设施入库、出库环节管理不严	物资管理	（1）加强对所负责安全管理工作的监督、检查、指导、考核。 （2）认真执行相关制度、标准，编制年度安全工器具需求方案并组织落实。 （3）强化过程管理，加强对安全监督工作的各阶段审批等关键环节的管控。 （4）采购、入库、验收现场应保证有 2 人及以上在场

4. 浙江启明电力集团有限公司启明电建分公司

单位名称	**浙江启明电力集团有限公司启明电建分公司**	主要风险领域	生产建设、招标采购		
风险等级	高	重点岗位组成	五星岗位：**4** 个	四星岗位：**6** 个	三星岗位：**5** 个

岗位名称	**工程管理部主任**	风险星级	五星
序号	重点廉洁风险	涉及领域	主要防控措施
1	工程变更、重大变更不严格履行报批程序，变更审核不严	生产建设	（1）严格设计变更与现场签证审批流程，加强设计变更与现场签证管理。 （2）设计变更费用应根据变更内容对应概算或预算的计价原则编制，现场签证费用应按合同确定的原则编制。 （3）设计变更与现场签证费用应由相关单位技经人员签署意见并加盖造价专业资格执业章。 （4）做实设计前期现场查勘和政策处理，做到工程少变更。 （5）工程变更手续完备后方可实施变更，事后补交的变更单一律作废
2	假借反违章稽查，故意扰乱正常作业进程，牟取私利	生产建设	（1）实行各类安全稽查痕迹化管理和安全事件问责制度，严肃查处利用职务之便扰乱正常作业，设卡寻租行为。 （2）加强安全稽查人员廉洁教育、警示教育

续表

岗位名称	**工程管理部主任**	风险星级	五星
序号	重点廉洁风险	涉及领域	主要防控措施
3	接受施工单位好处，对竣工资料中反映的工程量多报现象，未依规核减	生产建设	（1）提高员工业务素质，培育员工设计审图能力，确保工程初设规模与实际工程量吻合，同时避免外施单位虚报变更工程和扩大工程量。 （2）竣工资料严格进行现场核对，履行相关验收程序。 （3）建立责任追究制，发生问题，严格按照每个环节的签字人员追究相应责任，并与绩效挂钩，情节严重者，报公司纪委备案处理
4	对年度生产设备和调试设备采购不规范	生产建设	严格执行费用使用和物资采购的相关管理规定

岗位名称	**工程管理部副主任**	风险星级	四星
序号	重点廉洁风险	涉及领域	主要防控措施
1	工程变更、重大变更不严格履行报批程序，变更审核不严	生产建设	（1）严格设计变更与现场签证审批流程，加强设计变更与现场签证管理。 （2）设计变更费用应根据变更内容对应概算或预算的计价原则编制，现场签证费用应按合同确定的原则编制。 （3）设计变更与现场签证费用应由相关单位技经人员签署意见并加盖造价专业资格执业章。 （4）做实设计前期现场查勘和政策处理，做到工程少变更。 （5）工程变更手续完备后方可实施变更，事后补交的变更单一律作废
2	假借反违章稽查，故意扰乱正常作业进程，牟取私利	生产建设	（1）实行各类安全稽查痕迹化管理和安全事件问责制度，严肃查处利用职务之便扰乱正常作业，设卡寻租行为。 （2）加强安全稽查人员廉洁教育、警示教育

续表

岗位名称	**工程管理部副主任**	风险星级	四星
序号	重点廉洁风险	涉及领域	主要防控措施
3	接受施工单位好处，对竣工资料中反映的工程量多报现象，未依规核减	生产建设	（1）提高员工业务素质，培育员工设计审图能力，确保工程初设规模与实际工程量吻合，同时避免外施单位虚报变更工程和扩大工程量。 （2）竣工资料严格进行现场核对，履行相关验收程序。 （3）建立责任追究制，发生问题，严格按照每个环节的签字人员追究相应责任，并与绩效挂钩，情节严重者，报公司纪委备案处理
4	对工程竣工资料复查审核和监督把关不严	生产建设	严格执行工程验收的相关管理规定，加强对隐蔽工程的验收管理

岗位名称	**仓储班副班长**	风险星级	三星
序号	重点廉洁风险	涉及领域	主要防控措施
1	工器具、施工设备私自出借，牟取私利	物资管理	（1）加强工器具领用审核，严格根据工作内容，加强工器具领用合理性审核。 （2）完善工器具使用管理，建立工器具使用台账，核实工器具归还情况
2	向分包商、供应商泄露物资需求计划等信息	招标采购	（1）加强人员数据保密性教育，签订廉洁自律承诺书、保密协议。 （2）加强政治理论学习和廉政警示教育，认真执行廉政谈心谈话和廉政约谈制度。 （3）定期开展自查自纠

岗位名称	**安全质量部主任**	风险星级	五星
序号	重点廉洁风险	涉及领域	主要防控措施
1	安全稽查工作中查处、考核违章行为或事故调查时，因人情往来影响稽查结果	生产建设	（1）安全稽查中应由 2 人以上共同进行。 （2）严格按照安全稽查相关管理办法执行，并做好检查验收记录。 （3）建立责任追究制度，发生问题严格落实每个签字人员的责任，并与绩效挂钩

续表

岗位名称	**安全质量部主任**	风险星级	五星
序号	重点廉洁风险	涉及领域	主要防控措施
2	收受合作单位礼品礼金、消费卡或接受宴请等吃拿卡要行为	生产建设	（1）强化正反两方面教育，提升教育的有效性和针对性，严格执行廉政谈话制度。 （2）开展岗位交流工作，定期交流工作岗位。 （3）加强监督与制约机制控制，加强履职监督检查，防止越权、擅权行为。 （4）严肃工作纪律，畅通举报渠道，接受群众监督
3	分包商管理、考核和退出机制执行不到位，在督察考核时不公正、不严格	生产建设	（1）加强对工程管理相关人员的日常管理，对工程项目检查的同时，听取廉洁从业和行风建设的工作情况汇报，并提出工作要求。 （2）严格执行安全生产监督管理制度。 （3）加强现场安全稽查力度，按规定处理违章作业行为。 （4）建立重复性违章档案，对重复性违章加大处罚力度
4	安全措施费使用不规范	生产建设	（1）编制安全措施费的月度计划和年度需求总计划。 （2）安全措施费的使用需经支委会讨论研究。 （3）认真学习安全措施费用使用管理办法，严格执行相关规定。 （4）加强对经办人员的提醒与监督，自觉践行廉洁从业各项规定

岗位名称	**安全质量部副主任**	风险星级	四星
序号	重点廉洁风险	涉及领域	主要防控措施
1	分包商管理、考核和退出机制执行不到位，在督察考核时不公正、不严格	生产建设	（1）加强对工程管理相关人员的日常管理，对工程项目检查的同时，听取廉洁从业和行风建设的工作情况汇报，并提出工作要求。 （2）严格执行安全生产监督管理制度。 （3）加强现场安全稽查力度，按规定处理违章作业行为。 （4）建立重复性违章档案，对重复性违章加大处罚力度

续表

岗位名称	**安全质量部副主任**	风险星级	四星
序号	重点廉洁风险	涉及领域	主要防控措施
2	假借反违章稽查，故意扰乱正常作业进程，牟取私利	生产建设	（1）实行各类安全稽查痕迹化管理和安全事件问责制度，严肃查处利用职务之便扰乱正常作业，设卡寻租行为。 （2）加强安全稽查人员廉洁教育、警示教育
3	安全教育、培训、考试不严格	生产建设	严格执行教育培训制度，加强人员考试监考力度

岗位名称	**安全监察专职**	风险星级	三星
序号	重点廉洁风险	涉及领域	主要防控措施
1	在各施工作业现场检查、监督整改过程中虚假上报	生产建设	严格落实党风廉政建设责任制，严格履行一岗双责；认真贯彻执行公司有关廉政建设和工程管理各项规章制度
2	假借反违章稽查，故意扰乱正常作业进程，牟取私利	生产建设	（1）实行各类安全稽查痕迹化管理和安全事件问责制度，严肃查处利用职务之便扰乱正常作业，设卡寻租行为。 （2）加强安全稽查人员廉洁教育、警示教育
3	安全教育、培训、考试不严格	生产建设	严格执行教育培训制度，加强人员考试监考力度

岗位名称	**带电工作项目部主任**	风险星级	四星
序号	重点廉洁风险	涉及领域	主要防控措施
1	工器具、施工设备私自出借，牟取私利	物资管理	（1）加强工器具领用审核，严格根据工作内容，加强工器具领用合理性审核。 （2）完善工器具使用管理，建立工器具使用台账，每日工作结束后，核实工器具归还情况
2	带电作业工器具和消防设施采购、入库、出库环节管理不严	生产建设	（1）加强对所负责安全管理工作的监督、检查、指导、考核。 （2）认真执行相关制度、标准，编制年度安全工器具需求方案并组织落实。 （3）强化过程管理，加强对安全监督工作的各阶段审批等关键环节的管控。 （4）采购、入库、验收现场应保证有 2 人及以上在场

续表

岗位名称	**带电工作项目部主任**	风险星级	四星
序号	重点廉洁风险	涉及领域	主要防控措施
3	工程安全质量管理不到位	生产建设	（1）加强工程安全质量全过程管控。 （2）开展工程安全质量施工管理培训、宣贯。 （3）加强施工自验收
4	各类津贴、报销审批不严	综合管理	（1）严格按照公司规定执行办公用品申领、项目部需求申报手续。 （2）做好各类津贴统计、审核、审批。 （3）按集团公司费用报销规定执行

岗位名称	**带电工作项目部技经员**	风险星级	三星
序号	重点廉洁风险	涉及领域	主要防控措施
1	工程分包结算不规范、依据不充分，结算工作量与实际不符，结算口径不一致	生产建设	（1）严格执行工程结算管理办法，认真审核分包单位提交的竣工结算书。 （2）严格执行工程造价第三方审价制度。 （3）建立分包审价抽查复核机制，严格执行分包合同约定的结算条款和劳务计件清单约定的单价
2	合同管理审核把关不严，存在签订不及时、擅自变更合同内容等行为	综合管理	（1）强化合同审核，认真审核合同金额、使用税率、组价依据、结算方法及签订时间等要素，对不符合要求的一律回退修改。 （2）严格执行预算第三方审核和工程合同会签制度。 （3）严格按照工程分包廉政协议书履约
3	收受合作单位、客户礼品礼金、消费卡或接受宴请等吃拿卡要行为	党风和作风建设	（1）强化正反两方面教育，提升教育的有效性和针对性，严格执行廉政谈话制度。 （2）开展岗位交流工作，定期交流工作岗位。 （3）加强监督与制约机制控制，加强履职监督检查，防止越权、擅权行为。 （4）严肃工作纪律，畅通举报渠道，接受群众监督

岗位名称	**带电工作项目部带电作业班班长**	风险星级	三星
序号	重点廉洁风险	涉及领域	主要防控措施
1	工程安全质量管理不到位	生产建设	（1）加强工程安全质量全过程管控。 （2）开展工程安全质量施工管理培训、宣贯。 （3）加强施工自验收
2	工程量审核，废旧物资及工程余料管控不严	生产建设	（1）加强分包工程工程量现场复查和审核。 （2）加强废旧物资及工程余料退库闭环管控。 （3）做好按实签证和复核
3	工器具、施工设备私自出借，牟取私利	物资管理	（1）加强工器具领用审核，严格根据工作内容，加强工器具领用合理性审核。 （2）完善工器具使用管理，建立工器具使用台账，每日工作结束后，核实工器具归还情况

岗位名称	**经营管理部主任**	风险星级	五星
序号	重点廉洁风险	涉及领域	主要防控措施
1	工程分包结算不规范、依据不充分，结算工作量与实际不符，结算口径不一致	生产建设	（1）严格执行工程结算管理办法，认真审核分包单位提交的竣工结算书。 （2）严格执行工程造价第三方审价制度。 （3）建立分包审价抽查复核机制，严格执行分包合同约定的结算条款和劳务计件清单约定的单价
2	合同管理审核把关不严，存在签订不及时、擅自变更合同内容等行为	综合管理	（1）强化合同审核，认真审核合同金额、使用税率、组价依据、结算方法及签订时间等要素，对不符合要求的一律回退修改。 （2）严格执行预算第三方审核和工程合同会签制度。 （3）严格按照工程分包廉政协议书履约
3	收受合作单位、客户礼品礼金、消费卡或接受宴请等吃拿卡要行为	党风和作风建设	（1）强化正反两方面教育，提升教育的有效性和针对性，严格执行廉政谈话制度。 （2）开展岗位交流工作，定期交流工作岗位。 （3）加强监督与制约机制控制，加强履职监督检查，防止越权、擅权行为。 （4）严肃工作纪律，畅通举报渠道，接受群众监督
4	多头受理、业扩报装流程各环节间缺乏有效监督制约	营销服务	受理阶段，严格客户房屋或土地合法使用证明、身份证明、产权证明等资料审查，杜绝多头受理情况

岗位名称	**施工项目部主任、副主任**	风险星级	五星、四星
序号	重点廉洁风险	涉及领域	主要防控措施
1	工程变更、重大变更不严格履行报批程序，变更审核不严，擅自提高造价，扩大投资规模	生产建设	（1）严格设计变更与现场签证审批流程，加强设计变更与现场签证管理。 （2）设计变更费用应根据变更内容对应概算或预算的计价原则编制，现场签证费用应按合同确定的原则编制。 （3）设计变更与现场签证费用应由相关单位技经人员签署意见并加盖造价专业资格执业章。 （4）做实设计前期现场查勘和政策处理，做到工程少变更。 （5）提高员工业务素质，培育员工设计审图能力，确保工程初设规模与实际工程量吻合，同时避免外施单位虚报变更工程和扩大工程量。 （6）工程变更手续完备后方可实施变更，事后补交的变更单一律作废
2	废旧物资及工程余料管控不到位，未应退尽退	生产建设	（1）加强可研阶段对拆除资产的论证，明确拆除清单，在项目实施过程中，项目管理部门组织做好拆除移交等工作。 （2）项目管理部门组织做好对拆除资产的技术鉴定及清点工作，核对资产台账，确保拆旧与回收数量一致。 （3）严格执行《浙江舟山启明电力集团公司废旧物资处置管理办法（试行）》等制度，严格废旧物资管理，定期监督检查，确保不发生违规违纪问题
3	隐蔽工程验收执行不到位，规避工程缺陷、降低验收标准	生产建设	（1）加强对所辖工程验收管理工作的监督、检查、指导、考核。 （2）认真执行国家电网有限公司质量制度、标准，编制年度基建质量管理工作策划方案并组织落实。 （3）强化施工过程管理，加强对隐蔽工程及施工各阶段验收等关键环节的质量管控。 （4）严格执行工程施工质量验收及评定规程及验评项目划分表的规定，开展施工三级自检、监理初检、工程阶段验收等质量控制工作。 （5）严格落实工程质量责任，质保期满经验收合格后方可办理质保金的支付

续表

岗位名称	**施工项目部主任、副主任**	风险星级	五星、四星
序号	重点廉洁风险	涉及领域	主要防控措施
4	分包结算工作量与实际不符	生产建设	（1）加强对所辖工程验收管理工作的监督、检查、指导、考核。 （2）强化施工过程管理，加强对隐蔽工程及施工各阶段验收等关键环节的质量管控。 （3）严格执行工程施工质量验收及评定规程及验评项目划分表的规定，开展施工三级自检、监理初检、工程阶段验收等质量控制工作。 （4）建立责任追究制度，发生问题，严格落实负责人员的责任，并且与绩效挂钩
5	各类津贴、报销审批未严格履行程序，未管控不实顶格报销	生产建设	（1）严格按照公司规定执行办公用品申领、项目部需求申报手续。 （2）按公司要求做好各类津贴统计、审核、审批

岗位名称	**施工项目部班组长**	风险星级	三星
序号	重点廉洁风险	涉及领域	主要防控措施
1	工程安全质量管理不到位	生产建设	（1）加强工程安全质量全过程管控。 （2）开展工程安全质量施工管理培训、宣贯。 （3）加强施工自验收
2	废旧物资及工程余料管控不到位，未应退尽退	生产建设	（1）加强可研阶段对拆除资产的论证，明确拆除清单，在项目实施过程中，项目管理部门组织做好拆除移交等工作。 （2）项目管理部门组织做好对拆除资产的技术鉴定及清点工作，核对资产台账，确保拆旧与回收数量一致。 （3）严格执行《浙江舟山启明电力集团公司废旧物资处置管理办法（试行）》等制度，严格废旧物资管理，定期监督检查，确保不发生违规违纪问题

续表

岗位名称	**施工项目部班组长**	风险星级	三星
序号	重点廉洁风险	涉及领域	主要防控措施
3	隐蔽工程验收执行不到位，规避工程缺陷、降低验收标准	生产建设	（1）加强对所辖工程验收管理工作的监督、检查、指导、考核。 （2）认真执行国家电网有限公司质量制度、标准，编制年度基建质量管理工作策划方案并组织落实。 （3）强化施工过程管理，加强对隐蔽工程及施工各阶段验收等关键环节的质量管控。 （4）严格执行工程施工质量验收及评定规程及验评项目划分表的规定，开展施工三级自检、监理初检、工程阶段验收等质量控制工作。 （5）严格落实工程质量责任，质保期满经验收合格后方可办理质保金的支付

岗位名称	**综合管理部主任**	风险星级	四星
序号	重点廉洁风险	涉及领域	主要防控措施
1	利用后勤服务、仓库及车辆租赁、劳务外包、广告宣传、办公设备采购等管理职权，违规干预供应商选择	招标采购	（1）切实落实“三重一大”“一岗双责”有关工作要求，不违反规定干预物资采购、项目管理等方面事项。 （2）严格执行招投标有关规定，杜绝应招未招、指定供应商等违反纪律事件发生。 （3）加强法律审核把关，避免出现法律纠纷
2	会议、业务接待等三公经费审核把关不严，超标准发生	党风和作风建设	（1）严格执行网、省公司会议管理、接待工作管理等有关制度要求，严格履行相关审核、审批手续，加强费用管控，确保规范。 （2）认真贯彻落实中央八项规定精神，严格执行公务用车、办公用房、因公出国（境）等方面制度，防范“四风”问题发生
3	差旅、培训等费用报销审核把关不严	财务资产	（1）宣贯学习《国家电网公司员工奖惩规定》，树牢员工规矩意识。 （2）严格日常出差、培训费用审核报销，严禁员工随意报销私人车船票，确保报销费用与实际相符

续表

岗位名称	**综合管理部主任**	风险星级	四星
序号	重点廉洁风险	涉及领域	主要防控措施
4	合同管理审核把关不严，存在签订不及时、擅自变更合同内容等行为	综合管理	（1）强化合同审核，认真审核合同金额、使用税率、组价依据、结算方法及签订时间等要素，对不符合要求的一律回退修改。 （2）严格执行预算第三方审核和工程合同会签制度。 （3）严格按照工程分包廉政协议书履约

岗位名称	**综合管理部副主任**	风险星级	四星
序号	重点廉洁风险	涉及领域	主要防控措施
1	违反薪酬分配和绩效考核制度，擅自更改绩效考核数据或相关人员的工资、奖金金额	人力资源	（1）明确表述考核分数或考核等级所对应的奖金金额。 （2）在支委会上，对每月绩效指标完成情况进行审核。 （3）认真执行劳动工资和劳动保障方面法律、法规及规章制度，根据相关文件精神和上级指示，组织实施和检查落实情况
2	在招聘人员资格审核、面试中弄虚作假	干部人事	严格执行市公司、集团公司人资部有关规定，事先办理招录批准手续，公开招聘，层层把关
3	轮岗制度执行不到位，关键岗位人员未按规定年限交流轮换或关键岗位交流不彻底	干部人事	（1）严格执行《浙江省电力公司重点专业和关键岗位人员轮换交流管理办法（试行）》（浙电监［2011］773 号）要求，按规范实行岗位轮换。 （2）纪检部门落实再监督职能
4	向分包商、供应商泄露物资（服务）需求计划等信息	招标采购	（1）组织相关人员签订廉洁自律承诺书、保密协议。 （2）加强相关领域监督检查，严肃追究存在问题的单位和个人

5. 舟山市启明电力设计院有限公司

单位名称	**舟山市启明电力设计院有限公司**	主要风险领域	生产建设、党风和作风建设、招标采购		
风险等级	高	重点岗位组成	五星岗位：**1** 个	四星岗位：**7** 个	三星岗位：**12** 个

岗位名称	**综合管理部主任**	风险星级	四星
序号	重点廉洁风险	涉及领域	主要防控措施
1	差旅、培训等费用报销审核把关不严	财务资产	（1）宣贯学习《国家电网公司员工奖惩规定》，树牢员工规矩意识。 （2）严格日常出差、培训费用审核报销，严禁员工随意报销私人车船票，确保报销费用与实际相符
2	利用后勤服务、仓库及车辆租赁、劳务外包、广告宣传、办公设备采购等管理职权，违规干预供应商选择	招标采购	（1）切实落实“三重一大”“一岗双责”有关工作要求，不违反规定干预物资采购、项目管理等方面事项。 （2）严格执行招投标有关规定，杜绝应招未招、指定供应商等违反纪律事件发生。 （3）加强法律审核把关，避免出现法律纠纷
3	违反薪酬分配和绩效考核制度，擅自更改绩效考核数据或相关人员的工资、奖金金额	人力资源	（1）认真执行劳动工资和劳动保障方面法律、法规及规章制度，根据相关文件精神和上级指示，制定、修改职工工薪管理方案，并组织实施和检查落实情况。 （2）严格执行上级薪酬管理办法，严格落实薪酬计发有依据、有交叉审核、有审批的相关规定
4	违规购置办公用品、广告宣传、印刷品等，实际数量、质量与合同不一致，利用差额私设小金库	招标采购	（1）严格遵守财务纪律，管好、用好公私财物，杜绝违反财经纪律事件的出现。 （2）强化监督机制，严控物品“出入关”，确保物品、资金使用有依据、有记录、有校核、有监督。 （3）做好“小金库”专项治理工作，认真开展自查自纠

岗位名称	**综合管理部副主任**	风险星级	三星
序号	重点廉洁风险	涉及领域	主要防控措施
1	党团经费、工会经费管理不规范	综合管理	（1）加强党工团活动方案审核，严格执行财务制度，严格把关网上报销流程。 （2）合理设置工作流程，完善监督机制，将监督制约体现于流程之中，用制度管人。 （3）加强对经办人员的提醒与监督，自觉践行廉洁从业各项规定
2	违规使用印章，产生负面影响	党风和作风建设	（1）严格执行印章管理制度，明确印章使用审批流程，确保每次用印均有登记。 （2）常态化开展用印情况抽查，对发现的问题进行清单式销号管理，并对相关责任人严肃考核
3	公务用车管理不严	党风和作风建设	（1）严格执行《浙江舟山启明电力集团公司车辆管理办法》，严格车辆审批流程。 （2）加强使用情况抽查和费用审批监督。 （3）加强车辆信息化管控，推广应用公司统一车辆管理平台，实现公务用车购置、租赁、运行、费用、处置、监督管理全过程规范管理，严禁私自拆除或拔下车载终端设备，加强运行维护，确保在线监控，强化台账数据维护，及时更新车辆信息
4	会议、业务接待等三公经费审核把关不严，超标准发生	党风和作风建设	（1）严格执行网、省公司会议管理、接待工作管理等有关制度要求，严格履行相关审核、审批手续，加强费用管控，确保规范。 （2）认真贯彻落实中央八项规定精神，严格执行公务用车、办公用房、因公出国（境）等方面制度，防范“四风”问题发生

岗位名称	**人力资源**	风险星级	三星
序号	重点廉洁风险	涉及领域	主要防控措施
1	违反薪酬分配和绩效考核制度，擅自更改绩效考核数据或相关人员的工资、奖金金额	人力资源	（1）认真执行劳动工资和劳动保障方面法律、法规及规章制度，根据相关文件精神和上级指示，制定、修改职工工薪管理方案，并组织实施和检查落实情况。 （2）严格执行上级薪酬管理办法，严格落实薪酬计发有依据、有交叉审核、有审批的相关规定
2	轮岗制度执行不到位，关键岗位人员未按规定年限交流轮换或关键岗位交流不彻底	干部人事	（1）实施关键岗位轮岗交流前充分研究岗位之间的关联性，并结合实际情况采取本部部门内部交流、部门间交流、本部与基层单位间交流、基层单位内部交流和基层单位间交流的方式开展。 （2）加强对干部员工轮岗交流工作监督，细化关键岗位轮岗交流工作的程序和要求，交流人员必须服从交流安排，须在规定时间内完成工作交接并到新岗位报到，调离原单位的不得携带原单位配备的交通通信工具以及其他办公物品等
3	差旅、培训等费用报销审核把关不严	干部人事财务资产	（1）严格控制培训费用项目类别，培训班预算项目主要包括培训师酬金、培训师食宿费和交通费、教材资料费、实训材料费、杂费等。 （2）坚持按需培训，培训内容应紧密结合专业重点工作，符合公司发展对各类人员知识结构和能力的需求。培训对象应明确到具体部门、岗位或职务。 （3）严格遵守财务纪律，管好、用好公私财物，杜绝违反财经纪律事件的出现。 （4）日常出差报销审核严格，员工不得随意报销私人车船票，确保报销费用与实际要相符

岗位名称	**市场经营室主任**	风险星级	五星
序号	重点廉洁风险	涉及领域	主要防控措施
1	收受合作单位礼品礼金、消费卡或接受宴请等吃拿卡要行为	党风和作风建设	(1)强化正反两方面教育,提升教育的有效性和针对性，严格执行廉政谈话制度。 (2)开展岗位交流工作，定期交流工作岗位。 (3)加强监督与制约机制控制,加强履职监督检查，防止越权、擅权行为。 (4)严肃工作纪律，畅通举报渠道，接受群众监督
2	用户工程洽谈中设计折扣率未按相关规定操作	营销服务	(1)规范工作职责和岗位纪律,加强岗位责任制。 (2)加强预算，严格资金运作管理，自觉接受审计。 (3)严格执行合同、财务、招投标管理办法,合同洽谈必须两人以上做到互相监督，严肃合同签署与结算工作。 (4)完善健全相关制度机制,提高源头防控能力。 (5)完善业务流程,建立和健全工作业务管理标准、工作标准和流程标准
3	分包商管理、考核和退出机制执行不到位,在监督考核时不公正、不严格	生产建设	(1)严查工程项目建设中的转包违规行为,分包事项按照合同约定进行，合同没有约定的,分包必须经建设单位同意。做好分包备案管理工作，杜绝非国网“备选分包商”进场施工。 (2)规范工作职责和岗位纪律，加强岗位责任制。 (3)加强预算，严格资金运作管理，自觉接受审计
4	用户工程结算不规范、依据不充分,结算工作量与实际不符	生产建设	(1)严格执行工程结算管理办法,认真审核分包单位提交的竣工结算书。 (2)严格执行工程造价第三方审价制度
5	合同管理审核把关不严,存在签订不及时、擅自变更合同内容等行为	综合管理	(1)强化合同审核，认真审核合同金额、使用税率、组价依据、结算方法及签订时间等要素,对不符合要求的一律回退修改。 (2)严格执行预算第三方审核和工程合同会签制度。 (3)严格按照工程分包廉政协议书履约

岗位名称	**市场经营部副主任**	风险星级	四星
序号	重点廉洁风险	涉及领域	主要防控措施
1	收受合作单位礼品礼金、消费卡或接受宴请等吃拿卡要行为	党风和作风建设	（1）强化正反两方面教育，提升教育的有效性和针对性，严格执行廉政谈话制度。 （2）开展岗位交流工作，定期交流工作岗位。 （3）加强监督与制约机制控制,加强履职监督检查，防止越权、擅权行为。 （4）严肃工作纪律，畅通举报渠道，接受群众监督
2	用户工程洽谈中设计折扣率未按相关规定操作	营销服务	（1）规范工作职责和岗位纪律，加强岗位责任制。 （2）加强预算，严格资金运作管理，自觉接受审计。 （3）严格执行合同、财务、招投标管理办法，合同洽谈必须两人以上做到互相监督，严肃合同签署与结算工作。 （4）完善健全相关制度机制，提高源头防控能力。 （5）完善业务流程，建立和健全工作业务管理标准、工作标准和流程标准
3	分包商管理、考核和退出机制执行不到位，在督监督考核时不公正、不严格	生产建设	（1）严查工程项目建设中的转包违规行为，分包事项按照合同约定进行，合同没有约定的，分包必须经建设单位同意。做好分包备案管理工作，杜绝非国家电网“备选分包商”进场施工。 （2）规范工作职责和岗位纪律，加强岗位责任制。 （3）加强预算，严格资金运作管理，自觉接受审计
4	用户工程结算不规范、依据不充分，结算工作量与实际不符	生产建设	（1）严格执行工程结算管理办法，认真审核分包单位提交的竣工结算书。 （2）严格执行工程造价第三方审价制度
5	合同管理审核把关不严，存在签订不及时、擅自变更合同内容等行为	综合管理	（1）强化合同审核，认真审核合同金额、使用税率、组价依据、结算方法及签订时间等要素，对不符合要求的一律回退修改。 （2）严格执行预算第三方审核和工程合同会签制度。 （3）严格按照工程分包廉政协议书履约

岗位名称	**合同专职**	风险星级	三星
序号	重点廉洁风险	涉及领域	主要防控措施
1	合同签订不规范、不及时，存在招标文件与合同条款不一致、合同基本条款表述不严谨等问题	财务资产	（1）严格执行合同、财务、招投标管理办法，合同洽谈必须两人以上做到互相监督。 （2）加强思想政治学习，维护国家和集体的利益，反腐倡廉不谋私利，遵纪守法，遵守职业道德
2	擅自变更合同内容，或与中标人/中选人订立背离合同实质性内容的协议	招标采购	（1）强化合同审核，认真审核合同金额、使用税率、组价依据、结算方法及签订时间等要素，对不符合要求的一律回退修改。 （2）严格执行预算第三方审核和工程合同会签制度。 （3）严格按照工程分包廉政协议书履约
3	合同台账管理不规范，存在应归未归、超范围归档、档案资料不准确、不完整等问题	综合管理	（1）规范工作职责和岗位纪律，加强岗位责任制。 （2）加强专业知识学习，提高管理人员业务能力水平

岗位名称	**技经管理**	风险星级	三星
序号	重点廉洁风险	涉及领域	主要防控措施
1	工程造价管理（含概预算、结算、变更签证）等结算依据不充分	生产建设	（1）做实设计前期结算深度，做到工程少变更。 （2）工程变更必须严格执行工程变更审批（核）手续。 （3）不定期抽查造价组签证的完结资料，加强对造价人员的监督管理
2	工程审计不到位，提高项目造价，增加工程结算款	生产建设	（1）加强专业知识学习，提高管理人员业务能力水平。 （2）加强预算，严格资金运作管理，自觉接受审计。 （3）完善业务流程，建立和健全工作业务管理标准、工作标准和流程标准
3	费用审核不严，赔偿项目及费用不合理	生产建设 财务资产	严格按照预算水平控制费用支出，审核费用支出合理性、手续完备性、票据真实性

岗位名称	**招标专职**	风险星级	三星
序号	重点廉洁风险	涉及领域	主要防控措施
1	向分包商、供应商泄露物资（服务）需求计划等信息	招标采购	（1）组织相关人员签订廉洁自律承诺书、保密协议。 （2）加强相关领域监督检查，严肃追究存在问题的单位和个人
2	未经核准或审批，自行采用邀请招标或非招标方式违规采购，导致非招标方式采购的确定理由支撑不充分	招标采购	（1）完善业务流程，建立和健全工作业务管理标准、工作标准和流程标准。 （2）利用招投标上线平台加强对关键环节的监控。 （3）严格执行招标领导小组审查制度，确定采购方式
3	招标文件载明的评标标准及细则不够具体量化，设置歧视性或不合理条款，限制或排斥潜在投标人，指定品牌、厂家或地产等	招标采购	（1）完善业务流程，建立和健全工作业务管理标准、工作标准和流程标准。 （2）利用招投标上线平台加强对关键环节的监控。 （3）从严查处吃拿卡要行为。 （4）严格审查资质、业绩等否决性条件，对社会化程度高的业务（如生产车辆委托运行、维修、租赁等），加强社会市场化调查，强化项目立项、招标文件的经济性审查。 （5）施工承包商根据批准的分包计划，在合格分包商名录中择优选择工程的分包商，施工项目部不得自行招用分包商

岗位名称	**各专业科室主任（系统、变电、土建、送电、配电）**	风险星级	四星
序号	重点廉洁风险	涉及领域	主要防控措施
1	工程变更、重大变更审核不严，设计变更依据不充分，擅自提高造价，扩大投资规模	生产建设	（1）做实设计前期现场查勘和敏感点处理，做到工程少变更。 （2）提高员工业务素质，培育员工现场处理能力，确保工程初设规模与实际工程量一致，同时避免施工单位虚报变更工程量和扩大工程量。 （3）工程变更必须严格执行工程变更审批（核）手续。 （4）工程变更手续完备后方可实施变更，事后补交的变更单一律作废

续表

岗位名称	**各专业科室主任（系统、变电、土建、送电、配电）**	风险星级	四星
序号	重点廉洁风险	涉及领域	主要防控措施
2	在设计过程中发生产品设备“三指定”行为	生产建设	（1）在每项用户工程的合同、设计文件等审议中将是否有“三指定”问题作为重要内容进行各级审查，严格防止三指定事件发生。 （2）完善健全相关制度机制，提高源头防控能力。 （3）畅通举报渠道，在醒目处公布举报电话，加大对“三指定”行为的查处力度
3	在新产品发布及调研活动中，接受厂家吃请，违规使用不合规的新产品	党风和作风建设	（1）严格落实中央“八项规定”，加强对业务人员的廉政教育。 （2）加强业务人员专业知识学习，提高业务能力水平及自我保护能力
4	收受合作单位礼品礼金、消费卡或接受宴请等吃拿卡要行为	党风和作风建设	（1）强化正反两方面教育，提升教育的有效性和针对性，严格执行廉政谈话制度。 （2）开展岗位交流工作，定期交流工作岗位。 （3）加强监督与制约机制控制,加强履职监督检查，防止越权、擅权行为。 （4）严肃工作纪律，畅通举报渠道，接受群众监督

岗位名称	**各专业科室副主任（系统、变电、土建、送电、配电）**	风险星级	三星
序号	重点廉洁风险	涉及领域	主要防控措施
1	工程变更、重大变更审核不严，设计变更依据不充分，擅自提高造价，扩大投资规模	生产建设	（1）做实设计前期现场查勘和敏感点处理，做到工程少变更。 （2）提高员工业务素质，培育员工现场处理能力，确保工程初设规模与实际工程量一致，同时避免施工单位虚报变更工程量和扩大工程量。 （3）工程变更必须严格执行工程变更审批（核）手续。 （4）工程变更手续完备后方可实施变更，事后补交的变更单一律作废

续表

岗位名称	**各专业科室副主任（系统、变电、土建、送电、配电）**	风险星级	三星
序号	重点廉洁风险	涉及领域	主要防控措施
2	在设计过程中发生产品设备“三指定”行为	生产建设	（1）在每项用户工程的合同、设计文件等审议中将是否有“三指定”问题作为重要内容进行各级审查，严格防止三指定事件发生。 （2）完善健全相关制度机制，提高源头防控能力。 （3）畅通举报渠道，在醒目处公布举报电话，加大对“三指定”行为的查处力度
3	在新产品发布及调研活动中，接受厂家吃请，违规使用不合规的新产品	党风和作风建设	（1）严格落实中央“八项规定”，加强对业务人员的廉政教育。 （2）加强业务人员专业知识学习，提高业务能力水平及自我保护能力
4	收受合作单位礼品礼金、消费卡或接受宴请等吃拿卡要行为	党风和作风建设	（1）强化正反两方面教育，提升教育的有效性和针对性，严格执行廉政谈话制度。 （2）开展岗位交流工作，定期交流工作岗位。 （3）加强监督与制约机制控制,加强履职监督检查，防止越权、擅权行为。 （4）严肃工作纪律，畅通举报渠道，接受群众监督

岗位名称	**主设**	风险星级	三星
序号	重点廉洁风险	涉及领域	主要防控措施
1	工程变更、重大变更审核不严，设计变更依据不充分，擅自提高造价，扩大投资规模	生产建设	（1）做实设计前期现场查勘和敏感点处理，做到工程少变更。 （2）提高员工业务素质，培育员工现场处理能力，确保工程初设规模与实际工程量一致，同时避免施工单位虚报变更工程量和扩大工程量。 （3）工程变更必须严格执行工程变更审批（核）手续。 （4）工程变更手续完备后方可实施变更，事后补交的变更单一律作废

续表

岗位名称	**主设**	风险星级	三星
序号	重点廉洁风险	涉及领域	主要防控措施
2	在设计过程中发生产品设备“三指定”行为	生产建设	(1)在每项用户工程的合同、设计文件等审议中将是否有“三指定”问题作为重要内容进行各级审查，严格防止三指定事件发生。 (2)完善健全相关制度机制，提高源头防控能力。 (3)畅通举报渠道，在醒目处公布举报电话，加大对“三指定”行为的查处力度
3	在新产品发布及调研活动中，接受厂家吃请，违规使用不合规的新产品	党风和作风建设	(1)严格落实中央“八项规定”，加强对业务人员的廉政教育。 (2)加强业务人员专业知识学习，提高业务能力水平及自我保护能力
4	收受合作单位礼品礼金、消费卡或接受宴请等吃拿卡要行为	党风和作风建设	(1)强化正反两方面教育，提升教育的有效性和针对性，严格执行廉政谈话制度。 (2)开展岗位交流工作，定期交流工作岗位。 (3)加强监督与制约机制控制,加强履职监督检查，防止越权、擅权行为。 (4)严肃工作纪律，畅通举报渠道，接受群众监督

岗位名称	**设计**	风险星级	三星
序号	重点廉洁风险	涉及领域	主要防控措施
1	工程变更、重大变更审核不严，设计变更依据不充分，擅自提高造价，扩大投资规模	生产建设	(1)做实设计前期现场查勘和敏感点处理，做到工程少变更。 (2)提高员工业务素质，培育员工现场处理能力，确保工程初设规模与实际工程量一致，同时避免施工单位虚报变更工程量和扩大工程量。 (3)工程变更必须严格执行工程变更审批(核)手续。 (4)工程变更手续完备后方可实施变更，事后补交的变更单一律作废

续表

岗位名称	**设计**	风险星级	三星
序号	重点廉洁风险	涉及领域	主要防控措施
2	在设计过程中发生产品设备“三指定”行为	生产建设	（1）在每项用户工程的合同、设计文件等审议中将是否有“三指定”问题作为重要内容进行各级审查，严格防止三指定事件发生。 （2）完善健全相关制度机制，提高源头防控能力。 （3）畅通举报渠道，在醒目处公布举报电话，加大对“三指定”行为的查处力度
3	在新产品发布及调研活动中，接受厂家吃请，违规使用不合规的新产品	党风和作风建设	（1）严格落实中央“八项规定”，加强对业务人员的廉政教育。 （2）加强业务人员专业知识学习，提高业务能力水平及自我保护能力
4	收受合作单位礼品礼金、消费卡或接受宴请等吃拿卡要行为	党风和作风建设	（1）强化正反两方面教育，提升教育的有效性和针对性，严格执行廉政谈话制度。 （2）开展岗位交流工作，定期交流工作岗位。 （3）加强监督与制约机制控制,加强履职监督检查，防止越权、擅权行为。 （4）严肃工作纪律，畅通举报渠道，接受群众监督

6. 舟山市启明电力设备制造有限公司

单位名称	**舟山市启明电力设备制造有限公司**	主要风险领域	党风和作风建设、物资及招投标、财务资产		
风险等级	高	重点岗位组成	五星岗位：**1** 个	四星岗位：**8** 个	三星岗位：**10** 个

岗位名称	**综合管理部主任**	风险星级	四星
序号	重点廉洁风险	涉及领域	主要防控措施
1	违规购置办公用品、广告宣传、印刷品等，实际数量、质量与合同不一致，利用差额私设“小金库”	招标采购	（1）严格遵守财务纪律，管好、用好公私财物，杜绝违反财经纪律事件的出现。 （2）强化监督机制，严控物品“出入关”，确保物品、资金使用有依据、有记录、有校核、有监督。 （3）做好“小金库”专项治理工作，认真开展自查自纠
2	违反薪酬分配和绩效考核制度，擅自更改绩效考核数据或相关人员的工资、奖金金额	人力资源	（1）认真执行劳动工资和劳动保障方面法律、法规及规章制度，根据相关文件精神和上级指示，制定、修改职工工薪管理方案，并组织实施和检查落实情况。 （2）严格执行上级薪酬管理办法，严格落实薪酬计发有依据、有交叉审核、有审批的相关规定
3	差旅、培训等费用报销审核把关不严	财务资产	（1）严格遵守财务纪律，管好、用好公私财物，杜绝违反财经纪律事件的出现。 （2）日常出差报销审核严格把关，员工不得随意报销私人车船票，确保报销费用与实际相符
4	违规使用印章，产生负面影响	党风和作风建设	（1）严格执行印章管理制度，明确印章使用审批流程，确保每次用印均有登记。 （2）常态化开展用印情况抽查，对发现的问题进行清单式销号管理，并对相关责任人严肃考核

岗位名称	**市场经营部主任**	风险星级	五星
序号	重点廉洁风险	涉及领域	主要防控措施
1	向分包商、供应商泄露物资（服务）需求计划等信息	物资及招投标	（1）加强人员数据保密性教育，签订廉洁自律承诺书、保密协议。 （2）加强政治理论学习和廉政警示教育，认真执行廉政谈心谈话和廉政约谈制度。 （3）定期开展自查自纠

续表

岗位名称	**市场经营部主任**	风险星级	五星
序号	重点廉洁风险	涉及领域	主要防控措施
2	招标文件载明的评标标准及细则不够具体量化，设置歧视性或不合理条款，限制或排斥潜在投标人，指定品牌、厂家或地产等	物资及招投标	（1）完善业务流程，建立和健全工作业务管理标准、工作标准和流程标准。 （2）利用招投标上线平台加强对关键环节的监控。 （3）从严查处吃拿卡要行为。 （4）严格审查资质、业绩等否决性条件，对社会化程度高的业务（如生产车辆委托运行、维修、租赁等），加强社会市场化调查，强化项目立项、招标文件的经济性审查
3	合同管理审核把关不严，存在签订不及时、擅自变更合同内容等行为	综合管理	（1）强化合同审核，认真审核合同金额、使用税率、组价依据、结算方法及签订时间等要素，对不符合要求的一律回退修改。 （2）严格执行预算第三方审核和工程合同会签制度。 （3）严格按照工程分包廉政协议书履约
4	收受合作单位、客户礼品礼金、消费卡或接受宴请等吃拿卡要行为	党风和作风建设	（1）强化正反两方面教育，提升教育的有效性和针对性，严格执行廉政谈话制度。 （2）开展岗位交流工作，定期交流工作岗位。 （3）加强监督与制约机制控制,加强履职监督检查，防止越权、擅权行为。 （4）严肃工作纪律，畅通举报渠道，接受群众监督
5	泄露客户用电工程或企业核心市场业务信息，谋取私利	党风和作风建设	（1）加强对外泄露客户个人信息及商业秘密的单位、个人的责任追究。 （2）加强办公保密设备管理，广泛开展保密工作教育，坚决杜绝失泄密事件

岗位名称	**招投标主管**	风险星级	四星
序号	重点廉洁风险	涉及领域	主要防控措施
1	招标文件载明的评标标准及细则不够具体量化，设置歧视性或不合理条款，限制或排斥潜在投标人，指定品牌、厂家或地产等	招标采购	（1）完善业务流程，建立和健全工作业务管理标准、工作标准和流程标准。 （2）利用招投标上线平台加强对关键环节的监控。 （3）从严查处吃拿卡要行为。 （4）严格审查资质、业绩等否决性条件，对社会化程度高的业务（如生产车辆委托运行、维修、租赁等），加强社会市场化调查，强化项目立项、招标文件的经济性审查。 （5）施工承包商根据批准的分包计划，在合格分包商名录中择优选择工程的分包商，施工项目部不得自行招用分包商
2	收受合作单位、客户礼品礼金、消费卡或接受宴请等吃拿卡要行为	党风和作风建设	（1）强化正反两方面教育，提升教育的有效性和针对性，严格执行廉政谈话制度。 （2）开展岗位交流工作，定期交流工作岗位。 （3）加强监督与制约机制控制,加强履职监督检查，防止越权、擅权行为。 （4）严肃工作纪律，畅通举报渠道，接受群众监督
3	供应商资质审核不严，不按规定对供应商履约情况进行考核评价，供应商产品质量、串标围标等问题未及时追责或处理尺度随意性大	物资及招投标招标采购	（1）加大对供应商资质审核的力度，每年组织对供应商进行重新评估。 （2）加强与招标采购和合同执行环节的协同，及时收集供应商产品质量、交货、服务等信息，纳入绩效评价考核，问题严重的要进行合同违约处罚、供应商不良行为处理，加大供应商违约的惩处力度
4	向分包商、供应商泄露物资（服务）需求计划等信息	物资及招投标招标采购	（1）加强人员数据保密性教育，签订廉洁自律承诺书、保密协议。 （2）加强政治理论学习和廉政警示教育，认真执行廉政谈心谈话和廉政约谈制度。 （3）定期开展自查自纠

岗位名称	**计划管理**	风险星级	四星
序号	重点廉洁风险	涉及领域	主要防控措施
1	收受合作单位、客户礼品礼金、消费卡或接受宴请等吃拿卡要行为	党风和作风建设	(1)强化正反两方面教育，提升教育的有效性和针对性，严格执行廉政谈话制度。 (2)开展岗位交流工作，定期交流工作岗位。 (3)加强监督与制约机制控制,加强履职监督检查，防止越权、擅权行为。 (4)严肃工作纪律，畅通举报渠道，接受群众监督
2	擅自调整需求计划，虚报、多报物资需求	招标采购	(1)严格执行物资计划审批流程，杜绝计划外项目、内容。 (2)把综合计划纳入三重一大决策事项范围，并提交公司支委会、总经理办公会议审议研究，增强计划制定严肃性与刚性执行

岗位名称	**市场营销**	风险星级	四星
序号	重点廉洁风险	涉及领域	主要防控措施
1	在市场开拓过程中，对工作中的廉政风险认知不足、与客户接触的关键业务中存在廉洁风险	党风和作风建设	(1)严格遵守公司各项规章制度，加强理论学习，提高道德修养和业务水平。 (2)加强廉政教育，有针对性地开展廉政谈心谈话
2	利用职务便利透露投标价给竞争对手，从中获利	党风和作风建设	(1)组织相关人员签订廉洁自律承诺书、保密协议。 (2)加强相关领域监督检查，严肃追究存在问题的单位和个人
3	收受合作单位、客户礼品礼金、消费卡或接受宴请等吃拿卡要行为	党风和作风建设	(1)强化正反两方面教育，提升教育的有效性和针对性，严格执行廉政谈话制度。 (2)开展岗位交流工作，定期交流工作岗位。 (3)加强监督与制约机制控制,加强履职监督检查，防止越权、擅权行为。 (4)严肃工作纪律，畅通举报渠道，接受群众监督
4	与客户日常接触存在不明账务借贷往来关系	党风和作风建设	(1)推动日常廉政约谈常态化制度化，更加注重市场营销工作人员日常生活工作习惯变化。 (2)定期组织重要关键客户座谈会，确保廉洁从业承诺书全员全面全覆盖

岗位名称	**售后服务中心主任**	风险星级	三星
序号	重点廉洁风险	涉及领域	主要防控措施
1	收受合作单位、客户礼品礼金、消费卡或接受宴请等吃拿卡要行为	党风和作风建设	（1）强化正反两方面教育，提升教育的有效性和针对性，严格执行廉政谈话制度。 （2）开展岗位交流工作，定期交流工作岗位。 （3）加强监督与制约机制控制,加强履职监督检查，防止越权、擅权行为。 （4）严肃工作纪律，畅通举报渠道，接受群众监督
2	工程变更、重大变更不严格履行报批程序，变更审核不严，擅自提高维修价格	生产建设	（1）严格设计变更与现场签证审批流程，加强设计变更与现场签证管理。 （2）设计变更费用应根据变更内容对应概算或预算的计价原则编制，现场签证费用应按合同确定的原则编制。 （3）设计变更与现场签证费用应由相关单位技经人员签署意见并加盖造价专业资格执业章。 （4）工程变更手续完备后方可实施变更，事后补交的变更单一律作废
3	抢修项目材料未能及时归仓，废旧物资管理存在漏洞	物资管理	（1）完善客户服务项目物资领料审批及归仓程序。 （2）健全客户回访机制，加强废旧物资处置审核管理

岗位名称	**售后服务**	风险星级	三星
序号	重点廉洁风险	涉及领域	主要防控措施
1	收受客户礼品礼金、消费卡或接受宴请等吃拿卡要行为	党风和作风建设	（1）强化正反两方面教育，提升教育的有效性和针对性，严格执行廉政谈话制度。 （2）开展岗位交流工作，定期交流工作岗位。 （3）加强监督与制约机制控制,加强履职监督检查，防止越权、擅权行为。 （4）严肃工作纪律，畅通举报渠道，接受群众监督
2	未按服务工单要求开展工作，私自帮助客户开展设备维护，并从中谋取私利	生产建设	（1）严格落实服务工单工作内容考核制度，加强客户电话回访及作业内容确认。 （2）加强售后服务人员安全工作及廉洁从业教育，不定期开展服务工单现场执行情况抽查

续表

岗位名称	**售后服务**	风险星级	三星
序号	重点廉洁风险	涉及领域	主要防控措施
3	抢修项目材料未能及时归仓，废旧物资管理存在漏洞	物资管理	（1）完善客户服务项目物资领料审批及归仓程序。 （2）健全客户回访机制，加强废旧物资处置审核管理

岗位名称	**生产技术部主任**	风险星级	四星
序号	重点廉洁风险	涉及领域	主要防控措施
1	技术图纸审核不严或故意变更元器件，为某些厂家元器件上图，从中收受不正当利益	生产建设	（1）严格遵守公司各项规章制度，加强技术图纸审核把关，严格上图元器件变更流程。 （2）加强廉政教育，有针对性地开展廉政谈心谈话
2	对入库物资的数量、质量把控不严，造成入库物资账卡物不相符或出现产品质量问题	物资管理	严格执行《国家电网公司物资采购合同承办管理办法》《国家电网公司物资仓储配送管理办法》和集团及本单位物资质量管理的有关规定，加强内部过程管控严格物资到货验收等工作，加强监督检查，确保不发生违规违纪问题
3	故意泄露公司技术机密，从中收受不正当利益	党风和作风建设	（1）加强对档案的管理、监督，加强对人员廉政风险教育。 （2）技术文件发放严格按照公司流程
4	安全工器具和消防设施入库、出库环节管理不严	物资管理	（1）加强对所负责安全管理工作的监督、检查、指导、考核。 （2）认真执行相关制度、标准，编制年度安全工器具需求方案并组织落实。 （3）强化过程管理，加强对安全监督工作各阶段审批等关键环节的管控。 （4）入库、验收现场应保证有 2 人及以上在场

岗位名称	**生产技术主管**	风险星级	三星
序号	重点廉洁风险	涉及领域	主要防控措施
1	技术图纸审核不严或故意变更元器件，为某些厂家元器件上图，从中收受不正当利益	生产建设	（1）严格遵守公司各项规章制度，加强技术图纸审核把关，严格上图元器件变更流程。 （2）加强廉政教育，有针对性地开展廉政谈心谈话
2	故意泄露公司技术机密，从中收受不正当利益	党风和作风建设	（1）加强对档案的管理、监督，加强对人员廉政风险教育。 （2）技术文件发放严格按照公司流程
3	安全工器具和消防设施入库、出库环节管理不严	物资管理	（1）加强对所负责安全管理工作的监督、检查、指导、考核。 （2）认真执行相关制度、标准，编制年度安全工器具需求方案并组织落实。 （3）强化过程管理，加强对安全监督工作的各阶段审批等关键环节的管控。 （4）入库、验收现场应保证有 2 人及以上在场

岗位名称	**生产技术部技术员**	风险星级	三星
序号	重点廉洁风险	涉及领域	主要防控措施
1	技术图纸审核不严或故意变更元器件，从中收受不正当利益	生产建设	严格遵守公司各项规章制度，加强技术图纸审核把关，严格上图元器件变更流程
2	收受合作单位、客户礼品礼金、消费卡或接受宴请等吃拿卡要行为	党风和作风建设	（1）强化正反两方面教育，提升教育的有效性和针对性，严格执行廉政谈话制度。 （2）开展岗位交流工作，定期交流工作岗位。 （3）加强监督与制约机制控制,加强履职监督检查，防止越权、擅权行为。 （4）严肃工作纪律，畅通举报渠道，接受群众监督
3	泄露客户用电工程相关信息	党风和作风建设	加强对外泄露客户个人信息及商业秘密的单位、个人的责任追究

岗位名称	**科技档案管理**	风险星级	三星
序号	重点廉洁风险	涉及领域	主要防控措施
1	违规泄露企业及客户工程相关信息，谋取私利	党风和作风建设	加强日常保密教育，对外泄露客户个人信息及商业秘密的单位、个人的责任追究
2	未能妥善保管档案信息，造成重要项目档案失泄密	党风和作风建设	加强公司重要档案保管设施维护，严格落实设备主人制
3	未能严格履行巡察审计等各级各类检查提资要求，或有针对性地进行档案篡改等违规违纪行为	党风和作风建设	健全公司科技档案管理制度，明确提资工作环节程序

岗位名称	**仓库主管**	风险星级	三星
序号	重点廉洁风险	涉及领域	主要防控措施
1	对入库物资的数量、质量把控不严，造成入库物资账卡物不相符或出现产品质量问题	物资管理	严格执行《国家电网公司物资采购合同承办管理办法》《国家电网公司物资仓储配送管理办法》和集团及本单位物资质量管理的有关规定，加强内部过程管控严格物资到货验收等工作，加强监督检查，确保不发生违规违纪问题
2	物资入库、出库环节管理不严	物资管理	（1）严格执行《国家电网公司物资仓储配送管理办法》和本单位仓储配送、盘点管理等制度，严格入库管理，定期检查盘点、监督，确保不发生违规违纪问题。 （2）加强对各类资产新增、转移等全过程的管理与跟踪。 （3）采购需求与入库验收人员不能是同一人，在验收现场应保证有 2 人及以上在场。 （4）完善物资零星采购等管理制度
3	将多余库存物资私设账外小仓库，或利用职权不经请示外借库存物资，从中谋取私利	物资管理	严格执行《国家电网公司物资仓储配送管理办法》和本单位仓储配送、盘点管理等制度，严格办理外借库存物资手续，严格账外物资管理，定期盘点、检查，确保不发生违规违纪问题

岗位名称	**安全监察部主任**	风险星级	四星
序号	重点廉洁风险	涉及领域	主要防控措施
1	收受合作单位礼品礼金、消费卡或接受宴请等吃拿卡要行为	党风和作风建设	(1)强化正反两方面教育，提升教育的有效性和针对性，严格执行廉政谈话制度。 (2)开展岗位交流工作，定期交流工作岗位。 (3)加强监督与制约机制控制，加强履职监督检查，防止越权、擅权行为。 (4)严肃工作纪律，畅通举报渠道，接受群众监督
2	安全稽查工作中查处、考核违章行为或事故调查时，因人情往来影响稽查结果	党风和作风建设	(1)安全稽查中应由2人以上共同进行。 (2)严格按照安全稽查相关管理办法执行，并做好检查验收记录。 (3)建立责任追究制度，发生问题严格落实每个签字人员的责任，并与绩效挂钩
3	安全措施费使用不规范	生产建设	(1)编制安全措施费的月度计划和年度需求总计划。 (2)安全措施费的使用需经支委会讨论研究。 (3)认真学习安全措施费用使用管理办法，严格执行相关规定。 (4)加强对经办人员的提醒与监督，自觉践行廉洁从业各项规定
4	安全工器具和消防设施入库、出库环节管理不严	物资管理	(1)加强对所负责安全管理工作的监督、检查、指导、考核。 (2)认真执行相关制度、标准，编制年度安全工器具需求方案并组织落实。 (3)强化过程管理，加强对安全监督工作的各阶段审批等关键环节的管控。 (4)入库、验收现场应保证有2人及以上在场

岗位名称	**安全监察专职**	风险星级	三星
序号	重点廉洁风险	涉及领域	主要防控措施
1	收受合作单位礼品礼金、消费卡或接受宴请等吃拿卡要行为	党风和作风建设	(1)强化正反两方面教育，提升教育的有效性和针对性，严格执行廉政谈话制度。 (2)开展岗位交流工作，定期交流工作岗位。 (3)加强监督与制约机制控制，加强履职监督检查，防止越权、擅权行为。 (4)严肃工作纪律，畅通举报渠道，接受群众监督

续表

岗位名称	**安全监察专职**	风险星级	三星
序号	重点廉洁风险	涉及领域	主要防控措施
2	安全稽查工作中查处、考核违章行为或事故调查时，因人情往来影响稽查结果	党风和作风建设	（1）安全稽查中应由 2 人以上共同进行。 （2）严格按照安全稽查相关管理办法执行，并做好检查验收记录。 （3）建立责任追究制度，发生问题严格落实每个签字人员的责任，并与绩效挂钩
3	安全工器具和消防设施入库、出库环节管理不严	物资管理	（1）加强对所负责安全管理工作的监督、检查、指导、考核。 （2）认真执行相关制度、标准，编制年度安全工器具需求方案并组织落实。 （3）强化过程管理，加强对安全监督工作的各阶段审批等关键环节的管控。 （4）入库、验收现场应保证有 2 人及以上在场

岗位名称	**车间主任**	风险星级	三星
序号	重点廉洁风险	涉及领域	主要防控措施
1	对车间设备、工器具或原材料管理不严，私自出借，牟取私利	物资管理	（1）加强物资进出库和领用管理，不得私自外借仓库物资、工器具等，因抢修等特殊情况需借用的物资必须有供电所负责人签字同意的借用联系单。 （2）仓库物资应每三个月盘点一次，仓库物资管理员根据盘点情况如实填写盘点表，供电所负责人签字。供电所廉政监督员不定期开展监督检查。 （3）严格根据工作内容，加强工器具领用合理性审核。 （4）完善工器具使用管理，建立工器具使用台账，每日工作结束后，核实工器具归还情况
2	废旧物资及工程余料管控不到位，未应退尽退	生产建设	（1）加强可研阶段对拆除资产的论证，明确拆除清单，在项目实施过程中，项目管理部门组织做好拆除移交等工作。 （2）项目管理部门组织做好对拆除资产的技术鉴定及清点工作，核对资产台账，确保拆旧与回收数量一致。 （3）严格执行《浙江舟山启明电力集团公司废旧物资处置管理办法（试行）》等制度，严格废旧物资管理，定期监督检查，确保不发生违规违纪问题

续表

岗位名称	**车间主任**	风险星级	三星
序号	重点廉洁风险	涉及领域	主要防控措施
3	接受外协人员的宴请送礼，对外协人员管理考核不公平公正	党风和作风建设	（1）强化正反两方面教育，提升教育的有效性和针对性，严格执行廉政谈话制度。 （2）开展岗位交流工作，定期交流工作岗位。 （3）加强监督与制约机制控制，加强履职监督检查，防止越权、擅权行为。 （4）严肃工作纪律，畅通举报渠道，接受群众监督

岗位名称	**质量检验部主任**	风险星级	四星
序号	重点廉洁风险	涉及领域	主要防控措施
1	收受合作单位礼品礼金、消费卡或接受宴请等吃拿卡要行为	党风和作风建设	（1）强化正反两方面教育，提升教育的有效性和针对性，严格执行廉政谈话制度。 （2）开展岗位交流工作，定期交流工作岗位。 （3）加强监督与制约机制控制，加强履职监督检查，防止越权、擅权行为。 （4）严肃工作纪律，畅通举报渠道，接受群众监督
2	对产品质量管理不严，存在监管不到位，牟取不当利益的风险	党风和作风建设	（1）严格遵守公司各项规章制度，加强体系管理和质量考核。 （2）加强廉政教育，有针对性地开展廉政谈心谈话
3	泄露客户工程相关信息	党风和作风建设	加强日常保密教育，对外泄露客户个人信息及商业秘密的单位、个人的责任追究
4	检验工器具私自出借，牟取私利	党风和作风建设	加强相关管理规定的培训和宣贯，增强相关管理人员履职能力和责任意识，严格工器具管理办法执行，做好工器具领用回库记录

岗位名称	**质量检验部技术主管**	风险星级	三星
序号	重点廉洁风险	涉及领域	主要防控措施
1	维修合同管理不严，或有意少收费用，从中收受好处费	生产建设	（1）加强售后、维修合同管理审批。 （2）加强廉政教育，有针对性地开展廉政谈心谈话
2	收受合作单位礼品礼金、消费卡或接受宴请等吃拿卡要行为	党风和作风建设	（1）强化正反两方面教育，提升教育的有效性和针对性，严格执行廉政谈话制度。 （2）开展岗位交流工作，定期交流工作岗位。 （3）加强监督与制约机制控制,加强履职监督检查，防止越权、擅权行为。 （4）严肃工作纪律，畅通举报渠道，接受群众监督
3	检验工器具私自出借，牟取私利	党风和作风建设	加强相关管理规定的培训和宣贯，增强相关管理人员履职能力和责任意识，严格工器具管理办法执行，做好工器具领用回库记录

岗位名称	**质量检验部质检员**	风险星级	三星
序号	重点廉洁风险	涉及领域	主要防控措施
1	收受合作单位礼品礼金、消费卡或接受宴请等吃拿卡要行为	党风和作风建设	（1）强化正反两方面教育，提升教育的有效性和针对性，严格执行廉政谈话制度。 （2）开展岗位交流工作，定期交流工作岗位。 （3）加强监督与制约机制控制,加强履职监督检查，防止越权、擅权行为。 （4）严肃工作纪律，畅通举报渠道，接受群众监督
2	对产品质量管理不严，存在监管不到位，牟取不当利益的风险	党风和作风建设	（1）严格遵守公司各项规章制度，加强体系管理和质量考核。 （2）加强廉政教育，有针对性地开展廉政谈心谈话
3	检验工器具私自出借，牟取私利	党风和作风建设	加强相关管理规定的培训和宣贯，增强相关管理人员履职能力和责任意识，严格工器具管理办法执行，做好工器具领用回库记录

岗位名称	**财务资产部主管**	风险星级	四星
序号	重点廉洁风险	涉及领域	主要防控措施
1	违反决策和审批程序支出预算外资金或超权限批准资金支出	财务资产	(1)严格按照预算批准的付款项目、额度及时间安排资金支出，无、超预算均不得办理对外支付。 (2)未列入预算的资金、确需追加支付，应先履行相关预算调整程序后，方可办理
2	财务收支等重大资金使用监督不到位，造成企业经济损失	财务资产	(1)健全内控制度,加强制度执行力建设，加强制度执行关键环节监控。 (2)完善业务流程，建立和健全工作业务管理标准、工作标准和流程标准
3	差旅、培训等费用报销审核把关不严	财务资产	(1)严格控制培训费用项目类别，培训班预算项目主要包括培训师酬金、培训师食宿费和交通费、教材资料费、实训材料费、杂费等。 (2)坚持按需培训，培训内容应紧密结合专业重点工作，符合公司发展对各类人员知识结构和能力的需求。 (3)严格遵守财务纪律，管好、用好公私财物，杜绝违反财经纪律事件的出现
4	资金收支预测不合理，可能导致资金缺口较大或资金闲置	财务资产	(1)利用大数据平台，合理预测资金收支。 (2)强化资金预算收支偏差考核。 (3)深入学习相关制度规定并严格落实

7. 浙江启明电力集团有限公司物资分公司

单位名称	**浙江启明电力集团有限公司物资分公司**	主要风险领域	招标采购、物资管理		
风险等级	中等	重点岗位组成	五星岗位：**1**个	四星岗位：**6**个	三星岗位：**6**个

岗位名称	**综合办公室主任**	风险星级	四星
序号	重点廉洁风险	涉及领域	主要防控措施
1	违规购置办公用品、广告宣传、印刷品等，实际数量、质量与合同不一致，利用差额私设“小金库”	招标采购	（1）严格遵守财务纪律，管好、用好公私财物，杜绝违反财经纪律事件的出现。 （2）强化监督机制，严控物品“出入关”，确保物品、资金使用有依据、有记录、有校核、有监督。 （3）做好“小金库”专项治理工作，认真开展自查自纠
2	合同管理审核把关不严，存在签订不及时、擅自变更合同内容等行为	综合管理	（1）强化合同审核，认真审核合同金额、使用税率、组价依据、结算方法及签订时间等要素，对不符合要求的一律回退修改。 （2）严格执行预算第三方审核和合同会签等制度，依法依规办理合同签订或变更手续，自觉接受监督，确保不发生违规违纪问题
3	会议、业务接待等三公经费审核把关不严，超标准发生	党风和作风建设	（1）严格执行会议管理办法、接待工作管理等有关制度要求，向各部门、单位明确经费使用标准，做好费用前置审批、报销把关。 （2）认真贯彻落实中央八项规定精神，严格执行公务用车、办公用房等方面制度，依托内部审计、检查团队进行不定期核查
4	差旅、培训等费用报销审核把关不严	财务资产	（1）宣贯学习《国家电网公司员工奖惩规定》，树牢员工规矩意识。 （2）严格日常出差、培训费用审核报销，严禁员工随意报销私人车船票，确保报销费用与实际要相符
5	党团经费、工会经费管理不规范	综合管理	（1）加强党工团活动方案审核，严格执行财务制度，严格把关网上报销流程。 （2）合理设置工作流程，完善监督机制，将监督制约体现于流程之中，用制度管人。 （3）加强对经办人员的提醒与监督，自觉践行廉洁从业各项规定
6	违反薪酬分配和绩效考核制度，擅自更改绩效考核数据或相关人员的工资、奖金金额	人力资源	（1）认真执行劳动工资和劳动保障方面法律、法规及规章制度，根据相关文件精神和上级指示，并组织实施和检查落实情况。 （2）严格执行上级薪酬管理办法，严格落实薪酬计发有依据、有交叉审核、有审批的相关规定

续表

岗位名称	**综合办公室主任**	风险星级	四星
序号	重点廉洁风险	涉及领域	主要防控措施
7	安全措施费使用不规范	生产建设	（1）编制安全措施费的月度计划和年度需求总计划，并经“三重一大”讨论确定。 （2）认真学习安全措施费用使用管理办法，严格执行相关规定。 （3）加强对经办人员提醒与监督，自觉践行廉洁从业各项规定

岗位名称	**经营部主任**	风险星级	五星
序号	重点廉洁风险	涉及领域	主要防控措施
1	服务项目招标采购、执行管控不严，随意篡改原有采购计划	招标采购	（1）切实落实“三重一大”“一岗双责”有关工作要求，不违反规定干预物资采购、项目管理等方面事项。 （2）严格执行招投标有关规定，杜绝应招未招、指定供应商等违反纪律事件发生。 （3）加强法律审核把关，避免出现法律纠纷
2	向分包商、供应商泄露物资需求计划等信息	招标采购	（1）加强人员数据保密性教育，签订廉洁自律承诺书、保密协议。 （2）加强政治理论学习和廉政警示教育，认真执行廉政谈心谈话和廉政约谈制度。 （3）定期开展自查自纠
3	招标采购文件审核把关不严	招标采购	（1）完善业务流程，建立和健全工作业务管理标准、工作标准和流程标准。 （2）严格执行招标物资采购管理制度，加强对关键环节的监控。 （3）严格执行招标文件审查机制，避免出现法律纠纷
4	在组织协调非招标采购活动中，做出有利于供应商决策	招标采购	（1）严格执行非招标采购规定，规范非招标采购流程，加强现场监督，确保采购活动依法合规。 （2）严格执行中标结果审查批准机制，避免出现法律纠纷

续表

岗位名称	**经营部主任**	风险星级	五星
序号	重点廉洁风险	涉及领域	主要防控措施
5	合同管理审核把关不严，存在签订不及时、擅自变更合同内容等行为	综合管理	（1）强化合同审核，认真审核合同金额、使用税率、组价依据、结算方法及签订时间等要素，对不符合要求的一律回退修改。 （2）严格执行预算第三方审核和合同会签等制度，依法依规办理合同签订或变更手续，自觉接受监督，确保不发生违规违纪问题
6	在物资到货验收、质量抽检、货款支付等环节，审核把关不严，敷衍了事	招标采购	（1）物资入库、验收现场应保证有 2 人及以上在场，坚持纪检人员现场监督。 （2）严格执行财务纪律和货款支付的管理制度，加强内部过程审核把关，确保货款支付过程依法合规。 （3）定期接受廉政谈话提醒，自觉践行廉洁从业各项规定
7	供应商库更新不及时，不按规定认定、处理、上报或发布不合格供应商，供应商有关投诉信息不公开，不良行为处置标准不统一	招标采购	（1）严格执行产品质量监督和供应商“黑名单”制度。 （2）对供应商不良行为的处理视其情节轻重和危害程度，在公司招标采购活动中分别给予暂停中标资格 2~6 个月、取消中标资格 1~3 年、永久取消中保资格（“黑名单”）等处理措施

岗位名称	**物资计划管理员**	风险星级	三星
序号	重点廉洁风险	涉及领域	主要防控措施
1	服务项目招标采购、执行管控不严，随意篡改原有采购计划	招标采购	（1）切实落实“三重一大”“一岗双责”有关工作要求，不违反规定干预物资采购、项目管理等方面事项。 （2）严格执行招投标有关规定，杜绝应招未招、指定供应商等违反纪律事件发生。 （3）加强法律审核把关，避免出现法律纠纷
2	向分包商、供应商泄露物资（服务）需求计划等信息	招标采购	（1）加强人员数据保密性教育，签订廉洁自律承诺书、保密协议。 （2）加强政治理论学习和廉政警示教育，认真执行廉政谈心谈话和廉政约谈制度。 （3）定期开展自查自纠

岗位名称	**物资采购管理员**	风险星级	四星
序号	重点廉洁风险	涉及领域	主要防控措施
1	招标采购文件载明的评标标准及细则不够具体量化，或设置倾向性条款，指定品牌、厂家或地产等	招标采购	（1）完善业务流程，建立和健全工作业务管理标准、工作标准和流程标准。 （2）利用招投标上线平台加强对关键环节的监控。 （3）从严查处吃拿卡要行为。 （4）严格执行招标文件审查机制
2	向分包商、供应商泄露物资（服务）需求计划和招标要素等信息	招标采购	（1）加强人员数据保密性教育，签订廉洁自律承诺书、保密协议。 （2）加强政治理论学习和廉政警示教育，认真执行廉政谈心谈话和廉政约谈制度。 （3）定期开展自查自纠
3	在组织协调非招标采购活动中，做出有利于供应商决策	招标采购	（1）严格执行物资招标采购制度和规定，规范采购流程，加强现场监督检查，确保采购过程依法合规。 （2） 严格执行招标采购中标结果审查机制
4	收受投标单位礼品礼金、消费卡或接受宴请等吃拿卡要行为	党风和作风建设	（1）强化正反两方面教育，提升教育的有效性和针对性，严格执行廉政谈话制度。 （2）开展岗位交流工作，定期交流工作岗位。 （3）加强监督与制约机制控制，加强履职监督检查，防止越权、擅权行为。 （4）严肃工作纪律，畅通举报渠道，接受群众监督

岗位名称	**招投标员**	风险星级	四星
序号	重点廉洁风险	涉及领域	主要防控措施
1	招标采购文件载明的评标标准及细则不够具体量化，或设置倾向性条款，指定品牌、厂家或地产等	招标采购	（1）完善业务流程，建立和健全工作业务管理标准、工作标准和流程标准。 （2）利用招投标上线平台加强对关键环节的监控。 （3）从严查处吃拿卡要行为。 （4）严格执行招标文件审查机制

续表

岗位名称	**招投标员**	风险星级	四星
序号	重点廉洁风险	涉及领域	主要防控措施
2	违反有关法律法规，对投标人的串标、陪标等违法行为隐瞒不报，为投标人谋取不正当利益	招标采购	（1）严格执行招标采购制度，加强内部过程管控和现场监督检查，确保招标活动依法合规。 （2）严肃工作纪律，畅通举报渠道，接受群众监督。 （3）加强人员数据保密性教育，加强数据安全责任意识；认真执行廉政谈心谈话和廉政约谈制度，签订廉洁承诺书，以降低岗位廉政风险；加强政治理论学习和廉政警示教育，定期进行自查自纠
3	收受投标单位礼品礼金、消费卡或接受宴请等吃拿卡要行为	党风和作风建设	（1）强化正反两方面教育，提升教育的有效性和针对性，严格执行廉政谈话制度。 （2）开展岗位交流工作，定期交流工作岗位。 （3）加强监督与制约机制控制，加强履职监督检查，防止越权、擅权行为。 （4）严肃工作纪律，畅通举报渠道，接受群众监督

岗位名称	**履约员（合同签订）**	风险星级	三星
序号	重点廉洁风险	涉及领域	主要防控措施
1	在物资采购合同签订的过程中，私自变更采购物资型号、数量、金额	招标采购	（1）严格执行有关合同承办的管理制度和规定，规范合同签订、变更流程，加强监督检查，对不符合要求的一律回退修改，确保采购合同签订过程依法合规。 （2）定期开展自查自纠和内外部审计，发现采购合同变更过程中的相关问题及时整改，确保不发生违规违纪问题
2	未按合同规定设定履约保证金、质量保证金等	招标采购	（1）严格执行有关合同承办的管理制度和规定，加强内部过程管控，严格审核把关和监督检查，确保采购合同签订内容依法合规。 （2）定期开展自查自纠和内外部审计，发现采购合同未设定履约保证金、质量保证金等相关问题及时整改，确保不发生违规违纪问题

续表

岗位名称	**履约员（合同签订）**	风险星级	三星
序号	重点廉洁风险	涉及领域	主要防控措施
3	在签订合同等业务工作过程中，将相关信息透露给供应商	招标采购	（1）严格遵守公司内部奖惩规定，加强内部过程管控，定期开展警示教育、廉政谈话、签订廉洁承诺书，确保不发生违规违纪问题。 （2）开展岗位交流工作，定期交流工作岗位。 （3）严肃工作纪律，畅通举报渠道，接受群众监督

岗位名称	**履约员（合同履行）**	风险星级	四星
序号	重点廉洁风险	涉及领域	主要防控措施
1	与供应商串通验收，需求数量与实际交货数量不一致，或接收不合格产品	招标采购	（1）严格执行物资到货验收的有关规定，严格验收流程，加强现场监督检查，确保到货物资质量、数量符合采购文件要求。 （2）严格执行仓储配送的有关规定，定期盘点检查，确保不发生违规违纪问题
2	不随机抽检，告知供应商指定用于送检的物资	招标采购	（1）严格执行物资质量抽检的有关规定，严格物资质量抽检，加强现场廉政监督，确保质量抽检工作公平公正。 （2）加强抽检工作的计划性和程序性，严肃工作纪律性，畅通举报渠道，接受群众监督
3	未按合同条款约定，利用职务之便给供应商提前支付货款或返还物资质量保证金	招标采购	（1）严格执行货款支付的有关规定，严格审核把关，加强监督检查，确保本单位货款和质保金的支付过程依法合规。 （2）定期开展自查自纠和内外部审计，发现问题及时纠正
4	收受供应商礼品礼金、消费卡或接受宴请等吃拿卡要行为	党风和作风建设	（1）强化正反两方面教育，提升教育的有效性和针对性，严格执行廉政谈话制度。 （2）开展岗位交流工作，定期交流工作岗位。 （3）加强监督与制约机制控制，加强履职监督检查，防止越权、擅权行为。 （4）严肃工作纪律，畅通举报渠道，接受群众监督

岗位名称	**电商平台管理员**	风险星级	三星
序号	重点廉洁风险	涉及领域	主要防控措施
1	电商化请购刻意指定供应商	招标采购	（1）严格执行省公司《关于全面推广集体企业物资电商化采购工作的指导意见》等制度，加强内部过程管控，规范电商采购流程，加强现场监督，确保电商化采购过程依法合规。 （2）定期开展自查自纠和内外部审计，发现问题及时纠正
2	向供应商泄露物资需求计划等信息	招标采购	（1）加强人员数据保密性教育，签订廉洁自律承诺书、保密协议。 （2）加强政治理论学习和廉政警示教育，认真执行廉政谈心谈话和廉政约谈制度。 （3）定期开展自查自纠

岗位名称	**仓储部主任**	风险星级	四星
序号	重点廉洁风险	涉及领域	主要防控措施
1	物资采购、入库、出库环节管理不严	物资管理	（1）采购需求与入库验收人员不能是同一人，在验收现场应保证有 2 人及以上在场。 （2）定期盘点检查和内外部审计，确保库存物资账卡物相符。 （3）健全物资进出验收管理制度
2	办理退料时把关不严，将不合格物资退回仓库	物资管理	（1）严格执行仓储配送管理的有关规定，严格办理退料手续，并保证有 2 人及以上在场。 （2）定期盘点检查和内外部审计，发现问题及时纠正。 （3）健全施工退料管理制度
3	将多余库存物资私设账外小仓库，或利用职权不经请示外借库存物资，从中谋取私利	物资管理	（1）严格执行物资仓储配送和盘点的有关规定，严格办理工程物资借用手续，严格账外物资管理，定期盘点、检查，确保物资借用手续依法合规。 （2）定期上报处置库存积压物资，并定期开展自查自纠和内外部审计，发现问题及时纠正

续表

岗位名称	**仓储部主任**	风险星级	四星
序号	重点廉洁风险	涉及领域	主要防控措施
4	私自处理、出售废旧物资，导致国有资产流失	物资管理	（1）严格执行废旧物资处置的有关规定，定期盘点检查，确保库存废旧物资账卡物一致。 （2）强化正反两方面教育，定期开展廉政谈话和岗位交流。 （3）加强监督与制约机制控制，加强履职监督检查，防止越权、擅权行为。 （4）严肃工作纪律，畅通举报渠道，接受群众监督
5	在参与“三防”库房维护、租赁谈判、验收等工作中，把关不严，放宽标准，使企业利益受损	招标采购	（1）严格执行上级租赁、业务分包的有关规定，加强过程管控和现场监督检查，严格审核把关，确保上述工作依法合规。 （2）加强对所辖工程验收管理工作的监督、检查、指导、考核。 （3）强化施工过程管理，加强对隐蔽工程及施工各阶段验收等关键环节的质量管控。 （4）严格执行工程施工质量验收及评定规程及验评项目划分表的规定，开展施工三级自检、监理初检、工程阶段验收等质量控制工作

岗位名称	**仓储部技术顾问**	风险星级	四星
序号	重点廉洁风险	涉及领域	主要防控措施
1	协助仓储管理，对物资采购、入库、出库环节管理不严	物资管理	（1）采购需求与入库验收人员不能是同一人，在验收现场应保证有 2 人及以上在场。 （2）定期盘点检查和内外部审计，确保库存物资账卡物相符。 （3）健全物资进出验收管理制度
2	协助办理退料时，把关不严，将不合格物资退回仓库	物资管理	（1）严格执行仓储配送管理的有关规定，严格办理退料手续，并保证有 2 人及以上在场。 （2）定期盘点检查和内外部审计，发现问题及时纠正。 （3）健全施工退料管理制度

续表

岗位名称	**仓储部技术顾问**	风险星级	四星
序号	重点廉洁风险	涉及领域	主要防控措施
3	协助仓储管理，将多余库存物资私设账外小仓库，或利用职权不经请示外借库存物资，从中谋取私利	物资管理	（1）严格执行物资仓储配送和盘点的有关规定，严格办理工程物资借用手续，严格账外物资管理，定期盘点、检查，确保物资借用手续依法合规。 （2）定期上报处置库存积压物资，并定期开展自查自纠和内外部审计，发现问题及时纠正
4	协助废旧物资，私自处理、出售废旧物资，导致国有资产流失	物资管理	（1）严格执行废旧物资处置的有关规定，定期盘点检查，确保库存废旧物资账卡物一致。 （2）强化正反两方面教育，定期开展廉政谈话和岗位交流。 （3）加强监督与制约机制控制,加强履职监督检查，防止越权、擅权行为。 （4）严肃工作纪律，畅通举报渠道，接受群众监督
5	在参与“三防”库房维护、租赁谈判、验收等工作中，把关不严，放宽标准，使企业利益受损	招标采购	（1）严格执行上级租赁、业务分包的有关规定,加强过程管控和监督检查,严格审核把关,确保上述工作依法合规。 （2）加强对所辖工程验收管理工作的监督、检查、指导、考核。 （3）强化施工过程管理,加强对隐蔽工程及施工各阶段验收等关键环节的质量管控。 （4）严格执行工程施工质量验收及评定规程及验评项目划分表的规定，开展施工三级自检、监理初检、工程阶段验收等质量控制工作

岗位名称	**材料会计员**	风险星级	三星
序号	重点廉洁风险	涉及领域	主要防控措施
1	对原始凭证审核不严格，致使原始凭证不真实、不合法	物资管理	（1）严格执行物资仓储配送和会计核算的有关规定，加强对原始凭证的审核把关，定期检查监督，确保会计凭证真实、合法。 （2）定期开展自查自纠和内外部审计，发现问题及时纠正。 （3）规范装订保存原始凭证，不得以任何理由销毁原始凭证

续表

岗位名称	**材料会计员**	风险星级	三星
序号	重点廉洁风险	涉及领域	主要防控措施
2	记账不规范，出现报表数据不准确	物资管理	（1）严格执行物资仓储配送管理和会计核算的有关规定，加强对相关报表的审核把关，定期检查监督，确保会计报表依法合规。 （2）定期开展自查自纠和内外部审计，发现问题及时纠正

岗位名称	**仓储保管员**	风险星级	三星
序号	重点廉洁风险	涉及领域	主要防控措施
1	对出入库物资的数量、质量把控不严，造成入库物资账卡物不相符或接收不合格产品	物资管理	（1）采购需求与入库验收人员不能是同一人，在验收现场应保证有 2 人及以上在场。 （2）定期盘点检查和内外部审计，确保库存物资账卡物相符。 （3）健全物资进出验收和物资质量管理制度
2	办理退料时，不认真检查，把不合格物资退回仓库	物资管理	（1）严格执行仓储配送管理的有关规定，严格办理退料手续，并保证有 2 人及以上在场。 （2）定期盘点检查和内外部审计，发现问题及时纠正。 （3）遵守施工退料管理制度
3	将多余库存物资私设账外小仓库，或利用职权不经请示外借库存物资	物资管理	（1）严格执行物资仓储配送和盘点的有关规定，确保物资借用和退料过程依法合规，严格账外物资管理，定期盘点、检查。 （2）定期上报处置库存积压物资，并定期开展自查自纠和内外部审计，发现问题及时纠正
4	工作责任心缺失，造成库存物资遗失或损坏	物资管理	（1）严格执行物资仓储配送管理规定，定期盘点检查，确保不发生违规违纪问题。 （2）宣贯学习《国家电网公司员工奖惩规定》，树牢员工规矩意识。 （3）强化正反两方面教育，提升教育的有效性和针对性，严格执行廉政谈话制度

岗位名称	**废旧物资管理员**	风险星级	三星
序号	重点廉洁风险	涉及领域	主要防控措施
1	废旧物资管控不到位，造成应收未收	物资管理	（1）严格执行废旧物资处置的有关规定，规范回收处置流程，严格办理实物移交、接收双方签字手续。 （2）完善设备实物台账，定期盘点检查，发现问题及时纠正
2	工作责任心缺失，造成库存废旧物资账卡物不一致，或部分遗失、损坏	物资管理	（1）严格执行废旧物资处置的有关规定，定期盘点检查，确保库存废旧物资账卡物一致。 （2）宣贯学习《国家电网公司员工奖惩规定》，树牢员工规矩意识。 （3）强化正反两方面教育，提升教育的有效性和针对性，严格执行廉政谈话制度
3	私自处理、出售库存废旧物资，导致国有资产流失	物资管理	（1）严格执行废旧物资处置的有关规定，定期盘点检查，确保库存废旧物资账卡物一致。 （2）强化正反两方面教育，定期开展廉政谈话和岗位交流。 （3）加强监督与制约机制控制,加强履职监督检查，防止越权、擅权行为。 （4）严肃工作纪律，畅通举报渠道，接受群众监督

8. 浙江启明电力集团有限公司综合服务分公司

单位名称	**浙江启明电力集团有限公司综合服务分公司**	主要风险领域	招标采购、生产建设、干部人事、党风和作风建设		
风险等级	高	重点岗位组成	五星岗位：**0** 个	四星岗位：**4** 个	三星岗位：**5** 个

岗位名称	**综合办公室 主任、副主任**	风险星级	三星
序号	重点廉洁风险	涉及领域	主要防控措施
1	违规购置办公用品、广告宣传、印刷品等，实际数量、质量与合同不一致，利用差额私设“小金库”	招标采购	(1)严格遵守财务纪律，管好、用好公私财物，杜绝违反财经纪律事件的出现。 (2)强化监督机制，严控物品“出入关”，确保物品、资金使用有依据、有记录、有校核、有监督。 (3)做好“小金库”专项治理工作，认真开展自查自纠
2	违反薪酬分配和绩效考核制度，擅自更改绩效考核数据或相关人员的工资、奖金金额	人力资源	(1)认真执行劳动工资和劳动保障方面法律、法规及规章制度，根据相关文件精神和上级指示，制定、修改职工工薪管理方案，并组织实施和检查落实情况。 (2)严格执行上级薪酬管理办法，严格落实薪酬计发有依据、有交叉审核、有审批的相关规定
3	差旅、培训等费用报销审核把关不严	财务资产	(1)严格遵守财务纪律，管好、用好公私财物，杜绝违反财经纪律事件的出现。 (2)日常出差报销审核严格把关，员工不得随意报销私人车船票，确保报销费用与实际相符
4	物资采购、报废等工作审核把关不严	物资管理	(1)加强对各类资产新增、转移和报废等全过程的管理与跟踪。 (2)完善资产需求管理制度，设备采购需求由班组提出、科室确定，分管领导审核。 (3)采购需求与入库验收人员不能是同一人，在验收现场应保证有 2 人及以上在场。 (4)按照规定办理本单位废旧物资报废申请并办理报废手续，在进行退役、退出物资的技术鉴定时不得弄虚作假，按照规定做好废旧物资拆除、回收、集中、现场管理和移交工作。 (5)严格执行物资计划审批流程，杜绝计划外项目、内容。 (6)建立设备实物台账、设备卡片、资产卡片的对应关系，开展废旧物资定期检查，并按时留底相关处理资料

续表

岗位名称	**综合办公室 主任、副主任**	风险星级	三星
序号	重点廉洁风险	涉及领域	主要防控措施
5	党团经费、工会经费管理不规范	综合管理	（1）加强党工团活动方案审核，严格执行财务制度，严格把关网上报销流程。 （2）合理设置工作流程，完善监督机制，将监督制约体现于流程之中，用制度管人。 （3）加强对经办人员的提醒与监督，自觉践行廉洁从业各项规定
6	收受合作单位礼品礼金、消费卡或接受宴请等吃拿卡要行为	党风和作风建设	（1）强化正反两方面教育，提升教育的有效性和针对性，严格执行廉政谈话制度。 （2）开展岗位交流工作，定期交流工作岗位。 （3）加强监督与制约机制控制,加强履职监督检查，防止越权、擅权行为。 （4）严肃工作纪律，畅通举报渠道，接受群众监督
7	违规使用印章，产生负面影响	党风和作风建设	（1）严格执行印章管理制度，明确印章使用审批流程，确保每次用印均有登记。 （2）常态化开展用印情况抽查，对发现的问题进行清单式销号管理，并对相关责任人严肃考核
8	考勤制度执行不严格	干部人事	（1）严格实行考勤制度，对加班、值班、日常考勤等情况进行公示，定期抽查核实各部门考勤资料的完整性和真实性。 （2）自觉接受员工监督，对于员工反映的问题应及时答复

岗位名称	**物业一部主任、副主任**	风险星级	三星
序号	重点廉洁风险	涉及领域	主要防控措施
1	向分包商、供应商泄露物资（服务）需求计划等信息	招标采购	（1）加强人员数据保密性教育，签订廉洁自律承诺书、保密协议。 （2）加强政治理论学习和廉政警示教育，认真执行廉政谈心谈话和廉政约谈制度。 （3）定期开展自查自纠

岗位名称	**物业一部主任、副主任**	风险星级	三星
序号	重点廉洁风险	涉及领域	主要防控措施
2	招标文件载明的评标标准及细则不够具体量化，或设置倾向性条款，指定品牌、厂家或地产等	招标采购	（1）完善业务流程，建立和健全工作业务管理标准、工作标准和流程标准。 （2）利用招投标上线平台加强对关键环节的监控。 （3）按规定从严查处吃拿卡要行为。 （4）严格审查资质、业绩等否决性条件，对社会化程度高的业务（如生产车辆委托运行、维修、租赁等），加强社会市场化调查，强化项目立项、招标文件的经济性审查
3	收受合作单位礼品礼金、消费卡或接受宴请等吃拿卡要行为	党风和作风建设	（1）强化正反两方面教育，提升教育的有效性和针对性，严格执行廉政谈话制度。 （2）开展岗位交流工作，定期交流工作岗位。 （3）加强监督与制约机制控制,加强履职监督检查，防止越权、擅权行为。 （4）严肃工作纪律，畅通举报渠道，接受群众监督
4	验收管理不规范，规避工程缺陷，降低验收标准	生产建设	（1）加强对所辖工程验收管理工作的监督、检查、指导、考核。 （2）认真执行国家电网有限公司质量制度、标准，编制年度基建质量管理工作策划方案并组织落实。 （3）强化施工过程管理，加强对隐蔽工程及施工各阶段验收等关键环节的质量管控
5	维修拆旧物资管理不到位	物资管理	（1）完善维修拆旧物资管理流程，加强对维修工作人员的现场监督，确保拆旧物资全部回收到位。 （2）明确拆旧物资资产归属，拆除完成即办理拆旧物资移交手续，并作为维修工单的必要内容。 （3）定期开展拆旧物资相关流程资料监督检查工作
6	物业设施设备零星维修管理不规范	综合管理	（1）完善物业零星维修管理流程，加强对维修过程的现场监督和验收，确保维修质量达标。 （2）设施设备维修前后状态要通过照片、视频等方式留档对比，清晰记录所更换配件的型号等关键信息和参数，并作为费用结算的依据。 （3）对更换的具有回收价值的配件一律回收入库并规范办理相关手续后统一处置

岗位名称	**物业二部副主任**	风险星级	四星
序号	重点廉洁风险	涉及领域	主要防控措施
1	向分包商、供应商泄露物资（服务）需求计划等信息	招标采购	（1）加强人员数据保密性教育，签订廉洁自律承诺书、保密协议。 （2）加强政治理论学习和廉政警示教育，认真执行廉政谈心谈话和廉政约谈制度。 （3）定期开展自查自纠
2	招标文件载明的评标标准及细则不够具体量化，或设置倾向性条款，指定品牌、厂家或地产等	招标采购	（1）完善业务流程，建立和健全工作业务管理标准、工作标准和流程标准。 （2）利用招投标上线平台加强对关键环节的监控。 （3）按规定从严查处吃拿卡要行为。 （4）严格审查资质、业绩等否决性条件，对社会化程度高的业务（如房屋维修、物业设施设备维护等），加强社会市场化调查，强化项目立项、招标文件的经济性审查
3	收受合作单位礼品礼金、消费卡或接受宴请等吃拿卡要行为	党风和作风建设	（1）强化正反两方面教育，提升教育的有效性和针对性，严格执行廉政谈话制度。 （2）开展岗位交流工作，定期交流工作岗位。 （3）加强监督与制约机制控制,加强履职监督检查，防止越权、擅权行为。 （4）严肃工作纪律，畅通举报渠道，接受群众监督
4	验收管理不规范，规避工程缺陷，降低验收标准	生产建设	（1）加强对所辖工程验收管理工作的监督、检查、指导、考核。 （2）认真执行国家电网有限公司质量制度、标准，编制年度基建质量管理工作策划方案并组织落实。 （3）强化施工过程管理，加强对隐蔽工程及施工各阶段验收等关键环节的质量管控
5	维修拆旧物资管理不到位	物资管理	（1）完善维修拆旧物资管理流程，加强对维修工作人员的现场监督，确保拆旧物资全部回收到位。 （2）明确拆旧物资资产归属，拆除完成即办理拆旧物资移交手续，并作为维修工单的必要内容。 （3）定期开展拆旧物资相关流程资料监督检查工作

续表

岗位名称	**物业二部副主任**	风险星级	四星
序号	重点廉洁风险	涉及领域	主要防控措施
6	物业设施设备零星维修管理不规范	综合管理	（1）完善物业零星维修管理流程，加强对维修过程的现场监督和验收，确保维修质量达标。 （2）设施设备维修前后状态要通过照片、视频等方式留档对比，清晰记录所更换配件的型号等关键信息和参数，并作为费用结算的依据。 （3）对更换的具有回收价值的配件一律回收入库并规范办理相关手续后统一处置

岗位名称	**后勤服务部主任**	风险星级	四星
序号	重点廉洁风险	涉及领域	主要防控措施
1	向分包商、供应商泄露物资（服务）需求计划等信息	招标采购	（1）加强人员数据保密性教育，签订廉洁自律承诺书、保密协议。 （2）加强政治理论学习和廉政警示教育，认真执行廉政谈心谈话和廉政约谈制度。 （3）定期开展自查自纠
2	招标文件载明的评标标准及细则不够具体量化，或设置倾向性条款，指定品牌、厂家或地产等	招标采购	（1）完善业务流程，建立和健全工作业务管理标准、工作标准和流程标准。 （2）利用招投标上线平台加强对关键环节的监控。 （3）从严查处吃拿卡要行为。 （4）严格审查资质、业绩等否决性条件，对社会化程度高的业务（如食堂设备维护等），加强社会市场化调查，强化项目立项、招标文件的经济性审查
3	收受合作单位礼品礼金、消费卡或接受宴请等吃拿卡要行为	党风和作风建设	（1）强化正反两方面教育，提升教育的有效性和针对性，严格执行廉政谈话制度。 （2）开展岗位交流工作，定期交流工作岗位。 （3）加强监督与制约机制控制,加强履职监督检查，防止越权、擅权行为。 （4）严肃工作纪律，畅通举报渠道，接受群众监督

续表

岗位名称	**后勤服务部主任**	风险星级	四星
序号	重点廉洁风险	涉及领域	主要防控措施
4	在食品采购中对费用控制不严，不按规定审批、使用	招标采购	（1）定期开展廉洁从业教育活动，督促各级食堂管理人员、食材采购人员开展廉洁从业的学习。 （2）严格贯彻落实公司食堂管理相关规定，加强流程管理，对食品采购流程、价格进行严格把关。 （3）对供应商进行合格供货评价。 （4）成立原材料询价小组，开展协同监督项目，定期或根据实际需求对采购食品进行检查
5	对嵊泗海景综服分公司物资采购等业务管理不到位	招标采购	（1）严格按照集团公司及综服公司招标及物资采购相关管理办法要求审核相关资料。 （2）完善海景综服公司内控合规管理机制，规范经营流程，定期组织相关专家对酒店经营资料台账进行合规性自查自纠

岗位名称	**后勤服务部副主任**	风险星级	四星
序号	重点廉洁风险	涉及领域	主要防控措施
1	向分包商、供应商泄露物资（服务）需求计划等信息	招标采购	（1）加强人员数据保密性教育，签订廉洁自律承诺书、保密协议。 （2）加强政治理论学习和廉政警示教育，认真执行廉政谈心谈话和廉政约谈制度。 （3）定期开展自查自纠
2	招标文件载明的评标标准及细则不够具体量化，或设置倾向性条款，指定品牌、厂家或地产等	招标采购	（1）完善业务流程，建立和健全工作业务管理标准、工作标准和流程标准。 （2）利用招投标上线平台加强对关键环节的监控。 （3）从严查处吃拿卡要行为。 （4）严格审查资质、业绩等否决性条件，对社会化程度高的业务（如食堂设备维护等），加强社会市场化调查，强化项目立项、招标文件的经济性审查

续表

岗位名称	**后勤服务部副主任**	风险星级	四星
序号	重点廉洁风险	涉及领域	主要防控措施
3	收受合作单位礼品礼金、消费卡或接受宴请等吃拿卡要行为	党风和作风建设	（1）强化正反两方面教育，提升教育的有效性和针对性，严格执行廉政谈话制度。 （2）开展岗位交流工作，定期交流工作岗位。 （3）加强监督与制约机制控制，加强履职监督检查，防止越权、擅权行为。 （4）严肃工作纪律，畅通举报渠道，接受群众监督
4	在食品采购中对费用控制不严，不按规定审批、使用	招标采购	（1）定期开展廉洁从业教育活动，督促各级食堂管理人员、食材采购人员开展廉洁从业的学习。 （2）严格贯彻落实公司食堂管理相关规定，加强流程管理，对食品采购流程、价格进行严格把关。 （3）对供应商进行合格供货评价。 （4）成立原材料询价小组，开展协同监督项目，定期或根据实际需求对采购食品进行检查

岗位名称	**工程质监部主任**	风险星级	四星
序号	重点廉洁风险	涉及领域	主要防控措施
1	随意降低工程质量，纵容施工单位偷工减料，搞“节约分成”	生产建设	（1）加强对所辖工程验收管理工作的监督、检查、指导、考核。 （2）强化施工过程管理，加强对隐蔽工程及施工各阶段验收等关键环节的质量管控。 （3）严格执行工程施工质量验收及评定规程及验评项目划分表的规定，开展施工三级自检、监理初检、工程阶段验收等质量控制工作
2	工程监理不到位，规避工程缺陷、降低验收标准	生产建设	（1）加强对所辖工程验收管理工作的监督、检查、指导、考核。 （2）强化施工过程管理，加强对隐蔽工程及施工各阶段验收等关键环节的质量管控。 （3）严格执行工程施工质量验收及评定规程及验评项目划分表的规定，开展施工三级自检、监理初检、工程阶段验收等质量控制工作

续表

岗位名称	**工程质监部主任**	风险星级	四星
序号	重点廉洁风险	涉及领域	主要防控措施
3	向分包商、供应商泄露物资（服务）需求计划等信息	招标采购	（1）加强人员数据保密性教育，签订廉洁自律承诺书、保密协议。 （2）加强政治理论学习和廉政警示教育，认真执行廉政谈心谈话和廉政约谈制度。 （3）定期开展自查自纠
4	工器具、施工设备私自出借，牟取私利	物资管理	（1）加强工器具领用审核，严格根据工作内容，加强工器具领用合理性审核。 （2）完善工器具使用管理，建立工器具使用台账，每日工作结束后，核实工器具归还情况
5	工程变更、重大变更不严格履行报批程序，变更审核不严，擅自提高造价，扩大投资规模	生产建设	（1）严格设计变更与现场签证审批流程，加强设计变更与现场签证管理。 （2）设计变更费用应根据变更内容对应概算或预算的计价原则编制，现场签证费用应按合同确定的原则编制。 （3）设计变更与现场签证费用应由相关单位技经人员签署意见并加盖造价专业资格执业章。 （4）做实设计前期现场查勘和政策处理，做到工程少变更。 （5）提高员工业务素质，培育员工设计审图能力，确保工程初设规模与实际工程量吻合，同时避免外施单位虚报变更工程和扩大工程量。 （6）工程变更手续完备后方可实施变更，事后补交的变更单一律作废
6	收受合作单位礼品礼金、消费卡或接受宴请等吃拿卡要行为	党风和作风建设	（1）强化正反两方面教育，提升教育的有效性和针对性，严格执行廉政谈话制度。 （2）开展岗位交流工作，定期交流工作岗位。 （3）加强监督与制约机制控制,加强履职监督检查，防止越权、擅权行为。 （4）严肃工作纪律，畅通举报渠道，接受群众监督
7	分包商管理、考核和退出机制执行不到位，在督察考核时不公正、不严格	生产建设	（1）加强对工程管理相关人员的日常管理，对工程项目检查的同时，听取廉洁从业和行风建设的工作情况汇报，并提出工作要求。 （2）严格执行安全生产监督管理制度。 （3）加强现场安全稽查力度，按规定处理违章作业行为。 （4）建立重复性违章档案，对重复性违章加大处罚力度

岗位名称	**安全质量部主任**	风险星级	三星
序号	重点廉洁风险	涉及领域	主要防控措施
1	安全稽查工作中查处、考核违章行为或事故调查时，因人情往来影响稽查结果	党风和作风建设	（1）安全稽查中应由 2 人以上共同进行。 （2）严格按照安全稽查相关管理办法执行，并做好检查验收记录。 （3）建立责任追究制度，发生问题严格落实每个签字人员的责任，并与绩效挂钩
2	收受合作单位礼品礼金、消费卡或接受宴请等吃拿卡要行为	党风和作风建设	（1）强化正反两方面教育，提升教育的有效性和针对性，严格执行廉政谈话制度。 （2）开展岗位交流工作，定期交流工作岗位。 （3）加强监督与制约机制控制,加强履职监督检查，防止越权、擅权行为。 （4）严肃工作纪律，畅通举报渠道，接受群众监督
3	分包商管理、考核和退出机制执行不到位，在督察考核时不公正、不严格	生产建设	（1）严格执行安全生产监督管理制度。 （2）加强现场安全稽查力度，按规定处理违章作业行为。 （3）建立重复性违章档案，对重复性违章加大处罚力度
4	假借反违章稽查，故意扰乱正常作业进程，牟取私利	生产建设	（1）实行各类安全稽查痕迹化管理和安全事件问责制度，严肃查处利用职务之便扰乱正常作业，设卡寻租行为。 （2）加强安全稽查人员廉洁教育、警示教育
5	安全措施费使用不规范	生产建设	（1）编制安全措施费的月度计划和年度需求总计划。 （2）安全措施费的使用需经经理办公会议讨论研究。 （3）认真学习安全措施费用使用管理办法，严格执行相关规定。 （4）加强对经办人员的提醒与监督，自觉践行廉洁从业各项规定

9. 浙江启明电力集团有限公司启明交通运输分公司

单位名称	**浙江启明电力集团有限公司启明交通运输分公司**	主要风险领域	生产建设、招标采购、党风和作风建设	
风险等级	中	重点岗位组成	五星岗位：**3** 个	四星岗位：**4** 个	三星岗位：**7** 个

岗位名称	**经理助理、运管部主任**	风险星级	四星
序号	重点廉洁风险	涉及领域	主要防控措施
1	工作中可能存在对相关流程中廉政风险认识不足，产生麻痹思想的风险	党风和作风建设	加强思想政治学习，有计划学习《关于新形势下党内政治生活的若干准则》《中国共产党纪律处分条例》等制度和规定，提升廉洁意识、筑牢思想防线
2	车辆（船舶）燃油管理缺乏制度控制，可能存在使用漏洞	生产建设	（1）规范油耗管理考核标准，强化项目过程监督。 （2）针对本专业存在的廉政风险，加强制度建设，强化审核流程，提高源头防控能力
3	在车辆（船舶）招标文件载明的评标标准及细则不够具体量化，设置歧视性或不合理条款，限制或排斥潜在投标人，指定品牌、厂家或地产等	招标采购	（1）完善业务流程，建立和健全工作业务管理标准、工作标准和流程标准。 （2）推广应用公司统一车辆管理平台，利用招投标上线平台加强对关键环节的监控。 （3）从严查处吃拿卡要行为。 （4）严格审查资质、业绩等否决性条件，对社会化程度高的业务（如生产车辆委托运行、维修、租赁等），加强社会市场化调查，强化项目立项、招标文件的经济性审查
4	在车辆（船舶）维修管理中，监督管控不到位，导致结算失真	生产建设	（1）规范维修项目标准，强化维修过程监督。 （2）车辆（船舶）维修管理结算应至少 2 人进行，相互监督
5	公务用车管理不严，存在“公车私用、私车公养、违规入禁”，不按车辆管理流程办理出车手续等情况	生产建设	（1）严格执行《浙江舟山启明电力集团公司车辆管理办法》，按照集中管理、统一调度的原则，严格公务用车和生产用车使用界限，规范派车审批流程，严格执行带工单出行，严禁将企业用车配备到个人或部门，严禁未经审批出车、违规停放、违规接送领导上下班、公车私用等。

续表

岗位名称	**经理助理、运管部主任**	风险星级	四星
序号	重点廉洁风险	涉及领域	主要防控措施
5	公务用车管理不严，存在“公车私用、私车公养、违规入禁”，不按车辆管理流程办理出车手续等情况	生产建设	（2）加强车辆信息化管控。推广应用公司统一车辆管理平台，实现公务用车购置、租赁、运行、费用、处置、监督管理全过程规范管理，严禁私自拆除或拔下车载终端设备，加强运行维护，确保在线监控，强化台账数据维护，及时更新车辆信息。 （3）加强使用情况抽查和费用审批监督

岗位名称	**办公室主任**	风险星级	四星
序号	重点廉洁风险	涉及领域	主要防控措施
1	违反薪酬分配和绩效考核制度，擅自更改绩效考核数据或相关人员的工资、奖金金额	人力资源	（1）认真执行劳动工资和劳动保障方面法律、法规及规章制度，根据相关文件精神和上级指示，制定、修改职工工薪管理方案，并组织实施和检查落实情况。 （2）严格执行上级薪酬管理办法，严格落实薪酬计发有依据、有交叉审核、有审批的相关规定
2	差旅、培训等费用报销审核把关不严	财务资产	（1）严格遵守财务纪律，管好、用好公私财物，杜绝违反财经纪律事件的出现。 （2）日常出差报销审核严格把关，员工不得随意报销私人车船票，确保报销费用与实际相符
3	党团经费、工会经费管理不规范	综合管理	（1）加强党工团活动方案审核，严格执行财务制度，严格把关网上报销流程。 （2）合理设置工作流程，完善监督机制，将监督制约体现于流程之中，用制度管人。 （3）加强对经办人员的提醒与监督，自觉践行廉洁从业各项规定
4	违规使用印章，产生负面影响	党风和作风建设	（1）严格执行印章管理制度，明确印章使用审批流程，确保每次用印均有登记。 （2）常态化开展用印情况抽查，对发现的问题进行清单式销号管理，并对相关责任人严肃考核

续表

岗位名称	**办公室主任**	风险星级	四星
序号	重点廉洁风险	涉及领域	主要防控措施
5	工作中可能存在对相关流程中廉政风险认识不足，产生麻痹思想的风险	党风和作风建设	加强思想政治学习，有计划学习《关于新形势下党内政治生活的若干准则》《中国共产党纪律处分条例》等制度和规定，提升廉洁意识、筑牢思想防线
6	在后勤管理和接待工作中，可能存在把关不严，出现超标准接待风险	其他领域（市场营销、科研项目等）	建立明确相关接待标准，加强审核、审批制度。严格按照“八项规定”及公司“三公”消费等相关管理办法和制度执行

岗位名称	**安监部主任**	风险星级	三星
序号	重点廉洁风险	涉及领域	主要防控措施
1	工作中可能存在对相关流程中廉政风险认识不足，产生麻痹思想的风险	党风和作风建设	加强思想政治学习，有计划学习《关于新形势下党内政治生活的若干准则》《中国共产党纪律处分条例》等制度和规定，提升廉洁意识、筑牢思想防线
2	安全措施费使用不规范	生产建设	（1）编制安全措施费的月度计划和年度需求总计划。 （2）安全措施费的使用需经支委会讨论研究。 （3）认真学习安全措施费用使用管理办法，严格执行相关规定。 （4）加强对经办人员的提醒与监督，自觉践行廉洁从业各项规定
3	安全工器具和消防设施入库、出库环节管理不严	物资管理	（1）加强对所负责安全管理工作的监督、检查、指导、考核。 （2）认真执行相关制度、标准，编制年度安全工器具需求方案并组织落实。 （3）强化过程管理，加强对安全监督工作的各阶段审批等关键环节的管控。 （4）采购、入库、验收现场应保证有 2 人及以上在场
4	安全稽查工作中查处、考核违章行为或事故调查时，因人情往来影响稽查结果，放松对工程项目廉政安全监管	生产建设	（1）安全稽查中应由 2 人以上共同进行。 （2）严格按照安全稽查相关管理办法执行，并做好检查验收记录。 （3）建立责任追究制度，发生问题严格落实每个签字人员的责任，并与绩效挂钩。 （4）加强廉政谈话制度执行，提升安全质量把控标准

续表

岗位名称	**安监部主任**	风险星级	三星
序号	重点廉洁风险	涉及领域	主要防控措施
5	工作中可能存在利用职权，放松对工程项目廉政安全监管	生产建设	加强廉政谈话制度执行，提升安全质量把控标准

岗位名称	**汽修厂厂长**	风险星级	四星
序号	重点廉洁风险	涉及领域	主要防控措施
1	工作中可能存在对相关流程中廉政风险认识不足，产生麻痹思想的风险	党风和作风建设	加强思想政治学习，有计划学习《关于新形势下党内政治生活的若干准则》《中国共产党纪律处分条例》等制度和规定，提升廉洁意识、筑牢思想防线
2	在汽配件采购过程中，审核把关不严，以次充好	招标采购	（1）规范汽配件采购流程，加强质量审核检查。 （2）加强对经办人员的提醒与监督，自觉践行廉洁从业各项规定
3	工作中可能存在利用职权之便对外修车辆审核不严，费用结算失真；或在业务交往中接受各种宴请以及消费娱乐活动的风险	生产建设	（1）加强车辆外修制度执行，多部门共同参与外修车辆费用结算、验收。 （2）建立责任追究制度，发生问题，严格落实负责人员的责任，并且与绩效挂钩
4	收受合作单位、客户礼品礼金、消费卡或接受宴请等吃拿卡要行为	党风和作风建设	（1）强化正反两方面教育，提升教育的有效性和针对性，严格执行廉政谈话制度。 （2）开展岗位交流工作，定期交流工作岗位。 （3）加强监督与制约机制控制,加强履职监督检查，防止越权、擅权行为。 （4）严肃工作纪律，畅通举报渠道，接受群众监督
5	废旧物资及工程余料管控不到位，未应退尽退	其他领域（市场营销、科研项目等）	（1）组织做好对拆除资产清点工作，核对资产台账，确保拆旧与回收数量一致。 （2）严格执行《浙江舟山启明电力集团公司废旧物资处置管理办法（试行）》等制度，严格废旧物资管理，定期监督检查，确保不发生违规违纪问题
6	对内部车辆维修中，可能存在结算价格把控弹性过大的风险	营销服务	规范车辆维修收费标准，强化结算审核流程

岗位名称	**运管部副主任**	风险星级	三星
序号	重点廉洁风险	涉及领域	主要防控措施
1	工作中可能存在对相关流程中廉政风险认识不足，产生麻痹思想的风险	党风和作风建设	加强思想政治学习，有计划学习《关于新形势下党内政治生活的若干准则》《中国共产党纪律处分条例》等制度和规定，提升廉洁意识、筑牢思想防线
2	在车辆（船舶）维修管理中，监督管控不到位，导致结算失真	生产建设	（1）规范维修项目标准，强化维修过程监督。 （2）车辆（船舶）维修管理结算应至少 2 人进行，相互监督
3	公务用车管理不严，存在“公车私用、私车公养、违规入禁”，用职权之便对客户单位的用车审批存在“卡关”，不按车辆管理流程办理出车手续等情况，存在利以谋取好处的廉政风险	党风和作风建设	（1）严格执行《浙江舟山启明电力集团公司车辆管理办法》，按照集中管理、统一调度的原则，严格公务用车和生产用车使用界限，规范派车审批流程，严格执行带工单出行，严禁将企业用车配备到个人或部门，严禁未经审批出车、违规停放、违规接送领导上下班、公车私用等。 （2）加强车辆信息化管控。推广应用公司统一车辆管理平台，实现公务用车购置、租赁、运行、费用、处置、监督管理全过程规范管理，严禁私自拆除或拔下车载终端设备，加强运行维护，确保在线监控，强化台账数据维护，及时更新车辆信息。 （3）加强使用情况抽查和费用审批监督
4	车辆（船舶）燃油管理缺乏制度控制，可能存在使用漏洞	生产建设	（1）规范油耗管理考核标准，强化项目过程监督。 （2）针对本专业存在的廉政风险，加强制度建设，强化审核流程，提高源头防控能力

岗位名称	**汽修厂副厂长**	风险星级	三星
序号	重点廉洁风险	涉及领域	主要防控措施
1	工作中可能存在对相关流程中廉政风险认识不足，产生麻痹思想的风险	党风和作风建设	加强思想政治学习，有计划学习《关于新形势下党内政治生活的若干准则》《中国共产党纪律处分条例》等制度和规定，提升廉洁意识、筑牢思想防线
2	在汽配件采购过程中，审核把关不严，以次充好	招标采购	（1）规范汽配件采购流程，加强质量审核检查。 （2）加强对经办人员的提醒与监督，自觉践行廉洁从业各项规定

续表

岗位名称	**汽修厂副厂长**	风险星级	三星
序号	重点廉洁风险	涉及领域	主要防控措施
3	在车辆（船舶）维修管理中，监督管控不到位，导致结算失真	生产建设	规范车辆维修收费标准，强化结算审核流程
4	收受合作单位、客户礼品礼金、消费卡或接受宴请等吃拿卡要行为	党风和作风建设	（1）强化正反两方面教育，提升教育的有效性和针对性，严格执行廉政谈话制度。 （2）开展岗位交流工作，定期交流工作岗位。 （3）加强监督与制约机制控制,加强履职监督检查，防止越权、擅权行为。 （4）严肃工作纪律，畅通举报渠道，接受群众监督
5	对内部车辆维修中，可能存在结算价格把控弹性过大的风险	营销服务	规范车辆维修收费标准，强化结算审核流程
6	废旧物资及工程余料管控不到位，未应退尽退	生产建设	（1）组织做好对拆除资产清点工作，核对资产台账，确保拆旧与回收数量一致。 （2）严格执行《浙江舟山启明电力集团公司废旧物资处置管理办法（试行）》等制度，严格废旧物资管理，定期监督检查，确保不发生违规违纪问题

岗位名称	**运管部机务**	风险星级	三星
序号	重点廉洁风险	涉及领域	主要防控措施
1	向分包商、供应商泄露物资（服务）需求计划等信息	招标采购	（1）加强人员数据保密性教育，签订廉洁自律承诺书、保密协议。 （2）加强政治理论学习和廉政警示教育，认真执行廉政谈心谈话和廉政约谈制度。 （3）定期开展自查自纠

续表

岗位名称	**运管部机务**	风险星级	三星
序号	重点廉洁风险	涉及领域	主要防控措施
2	在车辆（船舶）招标文件载明的评标标准及细则不够具体量化，设置歧视性或不合理条款，限制或排斥潜在投标人，指定品牌、厂家或地产等	招标采购	（1）完善业务流程，建立和健全工作业务管理标准、工作标准和流程标准。 （2）推广应用公司统一车辆管理平台，利用招投标上线平台加强对关键环节的监控。 （3）从严查处吃拿卡要行为。 （4）严格审查资质、业绩等否决性条件，对社会化程度高的业务（如生产车辆委托运行、维修、租赁等），加强社会市场化调查，强化项目立项、招标文件的经济性审查
3	在新车交接环节中，可能存在检查不力的风险	生产建设	（1）针对本专业存在的廉政风险，加强制度建设，强化审核流程，提高源头防控能力。 （2）加强思想政治学习，有计划学习《关于新形势下党内政治生活的若干准则》《中国共产党纪律处分条例》等制度和规定，提升廉洁意识、筑牢思想防线
4	工作中可能存在公司车辆、船舶维修过程控制及费用支付审核不严的风险	财务资产	拓展廉政从业教育形式，加强教育的有效性和针对性

岗位名称	**汽修厂业务组组长**	风险星级	三星
序号	重点廉洁风险	涉及领域	主要防控措施
1	工作中可能存在对相关流程中廉政风险认识不足，产生麻痹思想的风险	党风和作风建设	加强思想政治学习，有计划学习《关于新形势下党内政治生活的若干准则》《中国共产党纪律处分条例》等制度和规定，提升廉洁意识、筑牢思想防线
2	负责比较重要的零配件审批，同时负责一般配件的计划审核把关不严，超标准发生	党风和作风建设	（1）严格执行网、省公司会议管理、接待工作管理等有关制度要求，严格履行相关审核、审批手续，加强费用管控，确保规范。 （2）认真贯彻落实中央八项规定精神，严格执行公务用车、办公用房、因公出国（境）等方面制度，防范"四风"问题发生
3	审核落实调度提交需追加的维修项目、配件供应、工期调整等工作时管控不严，擅自调整工期	招标采购	（1）建立车辆维修、配件供应、工期调整等项目全流程管控机制，把控项目实施具体情况和建设效果。 （2）加强车辆维修项目前期申报的审核把关，严格审批制度

岗位名称	**汽修厂业务组组长**	风险星级	三星
序号	重点廉洁风险	涉及领域	主要防控措施
4	收受合作单位、客户礼品礼金、消费卡或接受宴请等吃拿卡要行为	党风和作风建设	（1）强化正反两方面教育，提升教育的有效性和针对性，严格执行廉政谈话制度。 （2）开展岗位交流工作，定期交流工作岗位。 （3）加强监督与制约机制控制,加强履职监督检查，防止越权、擅权行为。 （4）严肃工作纪律，畅通举报渠道，接受群众监督
5	可能存在外来车辆维修价格把控弹性过大的风险	营销服务	规范车辆维修收费标准，强化结算审核流程

岗位名称	**汽修厂物资组副组长**	风险星级	三星
序号	重点廉洁风险	涉及领域	主要防控措施
1	工作中可能存在对相关流程中廉政风险认识不足，产生麻痹思想的风险	党风和作风建设	加强思想政治学习，有计划学习《关于新形势下党内政治生活的若干准则》《中国共产党纪律处分条例》等制度和规定，提升廉洁意识、筑牢思想防线
2	对入库物资的数量、质量把控不严，造成入库物资账卡物不相符或出现产品质量问题	招标采购	严格执行《国家电网公司物资采购合同承办管理办法》《国家电网公司物资仓储配送管理办法》和集团及本单位物资质量管理的有关规定，加强内部过程管控严格物资到货验收等工作，加强监督检查，确保不发生违规违纪问题
3	向分包商、供应商泄露物资（服务）需求计划等信息	招标采购	（1）加强人员数据保密性教育，签订廉洁自律承诺书、保密协议。 （2）加强政治理论学习和廉政警示教育，认真执行廉政谈心谈话和廉政约谈制度。 （3）定期开展自查自纠
4	物资采购、入库、出库环节管理不严	物资管理	（1）严格执行《国家电网公司物资仓储配送管理办法》和本单位仓储配送、盘点管理等制度，严格入库管理，定期检查盘点、监督，确保不发生违规违纪问题。 （2）加强对各类资产新增、转移等全过程的管理与跟踪。 （3）采购需求与入库验收人员不能是同一人，在验收现场应保证有 2 人及以上在场。 （4）完善物资零星采购等管理制度
5	工作中可能存在废旧物资处置未按规定执行的风险	生产建设	建立废旧物资处置制度，规范废旧物资处理流程

岗位名称	**汽修厂计划采购员**	风险星级	四星
序号	重点廉洁风险	涉及领域	主要防控措施
1	物资采购、报废等工作审核把关不严	招标采购物资管理	（1）加强对各类资产新增、转移和报废等全过程的管理与跟踪。 （2）完善资产需求管理制度，设备采购需求由班组提出、科室确定，分管领导审核。 （3）采购需求与入库验收人员不能是同一人，在验收现场应保证有 2 人及以上在场。 （4）按照规定办理本单位废旧物资报废申请并办理报废手续，在进行退役、退出物资的技术鉴定时不得弄虚作假，按照规定做好废旧物资拆除、回收、集中、现场管理和移交工作。 （5）严格执行物资计划审批流程，杜绝计划外项目、内容。 （6）建立设备实物台账、设备卡片、资产卡片的对应关系，开展废旧物资定期检查，并按时留底相关处理资料
2	向分包商、供应商泄露物资（服务）需求计划等信息	招标采购	（1）加强人员数据保密性教育，签订廉洁自律承诺书、保密协议。 （2）加强政治理论学习和廉政警示教育，认真执行廉政谈心谈话和廉政约谈制度。 （3）定期开展自查自纠
3	物资采购、入库、出库环节管理不严	物资管理	（1）严格执行《国家电网公司物资仓储配送管理办法》和本单位仓储配送、盘点管理等制度，严格入库管理，定期检查盘点、监督，确保不发生违规违纪问题。 （2）加强对各类资产新增、转移等全过程的管理与跟踪。 （3）采购需求与入库验收人员不能是同一人，在验收现场应保证有 2 人及以上在场。 （4）完善物资零星采购等管理制度
4	收受合作单位礼品礼金、消费卡或接受宴请等吃拿卡要行为	党风和作风建设	（1）强化正反两方面教育，提升教育的有效性和针对性，严格执行廉政谈话制度。 （2）开展岗位交流工作，定期交流工作岗位。 （3）加强监督与制约机制控制,加强履职监督检查，防止越权、擅权行为。 （4）严肃工作纪律，畅通举报渠道，接受群众监督
5	工作中可能存在废旧物资处置未按规定执行的风险	生产建设	建立废旧物资处置制度，规范废旧物资处理流程

岗位名称	**车（船）队长**	风险星级	三星
序号	重点廉洁风险	涉及领域	主要防控措施
1	在车辆(船舶)维修管理中，监督管控不到位，导致结算失真	生产建设	（1）规范维修项目标准，强化维修过程监督。 （2）车辆（船舶）维修管理结算应至少 2 人进行，相互监督
2	公务用车管理不严，存在“公车私用、私车公养、违规入禁”，不按车辆管理流程办理出车手续等情况	党风和作风建设	（1）严格执行《浙江舟山启明电力集团公司车辆管理办法》，按照集中管理、统一调度的原则，严格公务用车和生产用车使用界限，规范派车审批流程，严格执行带工单出行，严禁将企业用车配备到个人或部门，严禁未经审批出车、违规停放、违规接送领导上下班、公车私用等。 （2）加强车辆信息化管控。推广应用公司统一车辆管理平台，实现公务用车购置、租赁、运行、费用、 处置、监督管理全过程规范管理，严禁私自拆除或拔下车载终端设备，加强运行维护，确保在线监控，强化台账数据维护，及时更新车辆信息。 （3）加强使用情况抽查和费用审批监督
3	收受合作单位礼品礼金、消费卡或接受宴请等吃拿卡要行为	党风和作风建设	（1）强化正反两方面教育，提升教育的有效性和针对性，严格执行廉政谈话制度。 （2）开展岗位交流工作，定期交流工作岗位。 （3）加强监督与制约机制控制，加强履职监督检查，防止越权、擅权行为。 （4）严肃工作纪律，畅通举报渠道，接受群众监督

10. 浙江启明电力集团有限公司启明监理分公司

单位名称	**浙江启明电力集团有限公司启明监理分公司**	主要风险领域	招标采购、党风和作风建设、生产建设		
风险等级	中	重点岗位组成	五星岗位：**0** 个	四星岗位：**2** 个	三星岗位：**5** 个

岗位名称	**办公室主任**	风险星级	四星
序号	重点廉洁风险	涉及领域	主要防控措施
1	会议、业务接待等三公经费审核把关不严，超标准发生	党风和作风建设	（1）开展廉洁从业教育和廉洁文化进“班组”活动，督促办公室定期组织廉洁从业行风建设的学习和教育，经常性开展廉政谈心和提醒。 （2）严格遵守市公司、集团公司、监理公司的会议管理制度《关于进一步加强监理分公司会议管理的通知》（舟启监理〔2018〕23 号）
2	合同签订不及时、擅自变更合同内容，或与中标人/中选人订立背离合同实质性内容的协议	招标采购	（1）严格执行合同、财务、招投标管理办法，合同洽谈必须 2 人以上做到互相监督。严格执行合同会签等合同管理制度。加强专业知识学习，提高管理人员业务能力水平；规范工作职责和岗位纪律，加强岗位责任制；加强预算，严格资金运作管理，自觉接受审计。 （2）严格遵守公司合同管理等各项规章制度，承揽系统内输变电工程严格执行招投标管理办法，系统外的输变电工程监理取费标准执行电网工程概预算编制规定的监理取费规定，配网工程承揽严格执行公司合同洽谈与规定。对于工程发包，劳务等业务外包严格落实招投标制度；项目部房屋租赁由公司办公室统一在工程现场就近安排旅馆住宿或依托系统内的电力安装公司。系统内租房租车严格执行相关规定
3	违规使用印章，产生负面影响	党风和作风建设	（1）严格执行印章管理制度，加强信访、保密管理，制定印章管理制度确保不发生负面影响事件。 （2）开展问题排查治理，对发现的问题进行清单式销号管理
4	违规购置办公用品、广告宣传、印刷品等，实际数量、质量与合同不一致，利用差额私设小金库	招标采购	（1）办公用品和安全工器具等设备物资采购原则上委托启明物资采购或走超市化平台。 （2）严格执行集团公司、监理公司物资采购管理办法，进一步强调指定供应商的需经经理办公会议讨论后上报集团审批，再委托采购。 （3）严格执行财务制度，严格把关网上报销流程。 （4）合理设置工作流程，完善监督机制，将监督制约体现于流程之中，用制度管人。 （5）加强反腐倡廉教育和遵章守纪教育，提高拒腐防变意识和能力，自觉践行廉洁从业各项规定

岗位名称	**经营管理**	风险星级	三星
序号	重点廉洁风险	涉及领域	主要防控措施
1	合同签订不及时、擅自变更合同内容，或与中标人/中选人订立背离合同实质性内容的协议	招标采购	（1）开展廉洁从业教育和廉洁文化进“班组”活动，督促办公室定期组织廉洁从业行风建设的学习和教育，经常性开展廉政谈心和提醒。 （2）严格遵守公司合同管理等各项规章制度，承揽系统内输变电工程严格执行招投标管理办法，系统外的输变电工程监理取费标准执行电网工程概预算编制规定的监理取费规定，配网工程承揽严格执行公司合同洽谈与规定。对于工程发包，劳务等业务外包严格落实招投标制度
2	差旅、培训等费用报销审核把关不严	财务资产	（1）做好审核把关工作，加强员工出差审批，加强各类出差发票校核，抓典型以儆效尤。 （2）严格执行财务制度，严格把关网上报销流程。 （3）合理设置工作流程，完善监督机制，将监督制约体现于流程之中，用制度管人
3	向供应商泄露物资（服务）需求计划等信息	招标采购	（1）严格执行合同、财务、招投标管理办法，合同洽谈必须 2 人以上做到互相监督。严格执行合同会签等合同管理制度。 （2）加强专业知识学习，提高管理人员业务能力水平；规范工作职责和岗位纪律，加强岗位责任制；加强预算，严格资金运作管理，自觉接受审计

岗位名称	**工程部主任**	风险星级	四星
序号	重点廉洁风险	涉及领域	主要防控措施
1	未按照规定开展见证取样，编制虚假记录	生产建设	（1）认真贯彻执行公司有关廉政建设和监理行风建设的各项规章制度。 （2）经常性地开展廉洁文化进班组活动，针对性地开展谈心谈话活动。 （3）严格贯彻落实公司《工程设计变更与现场签证实施细则》相关规定，变更工程量由监理项目部核实，组价审核及支撑性材料审核由公司造价组负责，并根据单项签证的金额分层级管理

续表

岗位名称	**工程部主任**	风险星级	四星
序号	重点廉洁风险	涉及领域	主要防控措施
2	变更签证管理不规范，工程量、单价审核不严，对施工单位多报、虚报计量不予核减	生产建设	(1)认真贯彻执行公司有关廉政建设和监理行风建设的各项规章制度。 (2)经常性地开展廉洁文化进班组活动，针对性地开展谈心谈话活动。 (3)严格贯彻落实公司《工程设计变更与现场签证实施细则》相关规定，变更工程量由监理项目部核实，组价审核及支撑性材料审核由公司造价组负责，并根据单项签证的金额分层级管理。 (4)党支部不定期抽查造价组签证的完结资料，加强对监理人员造价管理的监督管理，对与施工单位串报工程量的社会用工监理人员清除出场，严重时追究法律责任。对直签或全民员工视造成的后果进行处分。 (5)对索赔事件的单价和数量审查采取多方会审制度，依托审计等第三方全程跟踪制度
3	随意降低工程质量，纵容施工单位偷工减料，搞“节约分成”	生产建设	(1)认真贯彻执行公司有关廉政建设和监理行风建设的各项规章制度。 (2)经常性地开展廉洁文化进班组活动，针对性地开展谈心谈话活动。 (3)验收环节引入公司纪检纪检人员进行监督
4	验收环节不到位，规避工程缺陷、降低验收标准	生产建设	(1)认真贯彻执行公司有关廉政建设和监理行风建设的各项规章制度。 (2)经常性地开展廉洁文化进班组活动，针对性地开展谈心谈话活动。 (3)验收环节引入公司纪检纪检人员进行监督

岗位名称	**工程部副主任**	风险星级	三星
序号	重点廉洁风险	涉及领域	主要防控措施
1	未按照规定开展见证取样，编制虚假记录	生产建设	（1）认真贯彻执行公司有关廉政建设和监理行风建设的各项规章制度。 （2）经常性地开展廉洁文化进班组活动，针对性地开展谈心谈话活动。 （3）严格贯彻落实公司《工程设计变更与现场签证实施细则》相关规定，变更工程量由监理项目部核实，组价审核及支撑性材料审核由公司造价组负责，并根据单项签证的金额分层级管理
2	变更签证管理不规范，工程量、单价审核不严，对施工单位多报、虚报计量不予核减	生产建设	（1）认真贯彻执行公司有关廉政建设和监理行风建设的各项规章制度。 （2）经常性地开展廉洁文化进班组活动，针对性地开展谈心谈话活动。 （3）严格贯彻落实公司《工程设计变更与现场签证实施细则》相关规定，变更工程量由监理项目部核实，组价审核及支撑性材料审核由公司造价组负责，并根据单项签证的金额分层级管理。 （4）党支部不定期抽查造价组签证的完结资料，加强对监理人员造价管理的监督管理，对与施工单位串报工程量的社会用工监理人员清除出场，严重时追究法律责任。对直签或全民员工视造成的后果进行处分。 （5）对索赔事件的单价和数量审查采取多方会审制度，依托审计等第三方全程跟踪制度
3	验收环节不到位，规避工程缺陷、降低验收标准	生产建设	（1）认真贯彻执行公司有关廉政建设和监理行风建设的各项规章制度。 （2）经常性地开展廉洁文化进班组活动，针对性地开展谈心谈话活动。 （3）验收环节引入公司纪检纪检人员进行监督

岗位名称	**项目总监**	风险星级	三星
序号	重点廉洁风险	涉及领域	主要防控措施
1	未按规定对分包进程审查，纵容施工单位进行违法转包或违法分包，介绍与自己有利益（利害）关系的分包队伍	生产建设	（1）认真贯彻执行公司有关廉政建设和监理行风建设的各项规章制度。 （2）加强对项目部及所管辖人员的日常管理，对工程项目检查的同时，听取廉洁从业和行风建设的工作情况汇报，并提出工作要求。 （3）加强对员工监理行风建设的阶段性考核，及时开展对苗头性事件的调查，并提出处理建议。 （4）认真贯彻执行公司有关廉政建设和监理行风建设的各项规章制度，工程开工前签订监理项目部行风建设责任书，明确监理项目部及总监、专监的廉政建设要求。 （5）及时开展对苗头性事件的调查，并提出处理建议。 （6）严格落实绩效考核制度，对弄虚作假的个人进行通报和考核。 （7）组织内部人员形成多人抽查和决策机制，加强考核和约束
2	未按照规定开展见证取样，编制虚假记录	生产建设	（1）认真贯彻执行公司有关廉政建设和监理行风建设的各项规章制度。 （2）加强对项目部及所管辖人员的日常管理，对工程项目检查的同时，听取廉洁从业和行风建设的工作情况汇报，并提出工作要求。 （3）加强对员工监理行风建设的阶段性考核，及时开展对苗头性事件的调查，并提出处理建议。 （4）认真贯彻执行公司有关廉政建设和监理行风建设的各项规章制度，工程开工前签订监理项目部行风建设责任书，明确监理项目部及总监、专监的廉政建设要求。 （5）及时开展对苗头性事件的调查，并提出处理建议。 （6）严格落实绩效考核制度，对弄虚作假的个人进行通报和考核。 （7）执行监理初检制度和措施，辅助于照片和现场执法仪等影视信息。 （8）组织内部人员形成多人抽查和决策机制，加强考核和约束。 （9）结合监理行为稽查机制，参与现场监理记录和监理日志检查，对存在的问题进行分析，提出考核意见，必要时并追究管理的连带责任

续表

岗位名称	**项目总监**	风险星级	三星
序号	重点廉洁风险	涉及领域	主要防控措施
3	变更签证管理不规范，工程量、单价审核不严，对施工单位多报、虚报计量不予核减	生产建设	（1）认真贯彻执行公司有关廉政建设和监理行风建设的各项规章制度。 （2）加强对项目部及所管辖人员的日常管理，对工程项目检查的同时，听取廉洁从业和行风建设的工作情况汇报，并提出工作要求。 （3）加强对员工监理行风建设的阶段性考核，及时开展对苗头性事件的调查，并提出处理建议。 （4）认真贯彻执行公司有关廉政建设和监理行风建设的各项规章制度，工程开工前签订监理项目部行风建设责任书，明确监理项目部及总监、专监的廉政建设要求。 （5）及时开展对苗头性事件的调查，并提出处理建议。 （6）严格落实绩效考核制度，对弄虚作假的个人进行通报和考核。 （7）严格贯彻落实公司《工程设计变更与现场签证实施细则》相关规定，变更工程量由监理项目部核实，组价审核及支撑性材料审核由公司造价组负责，并根据单项签证的金额分层级管理。 （8）对索赔事件的单价和数量审查采取多方会审制度，依托审计等第三方全程跟踪制度
4	随意降低工程质量，纵容施工单位偷工减料，搞“节约分成”	生产建设	（1）认真贯彻执行公司有关廉政建设和监理行风建设的各项规章制度。 （2）经常性地开展廉洁文化进班组活动，针对性地开展谈心谈话活动。 （3）验收环节引入公司纪检纪检人员进行监督
5	验收环节不到位，规避工程缺陷、降低验收标准	生产建设	（1）认真贯彻执行公司有关廉政建设和监理行风建设的各项规章制度。 （2）加强对项目部及所管辖人员的日常管理，对工程项目检查的同时，听取廉洁从业和行风建设的工作情况汇报，并提出工作要求。 （3）加强对员工监理行风建设的阶段性考核，及时开展对苗头性事件的调查，并提出处理建议。

续表

岗位名称	**项目总监**	风险星级	三星
序号	重点廉洁风险	涉及领域	主要防控措施
5	验收环节不到位，规避工程缺陷、降低验收标准	生产建设	（4）认真贯彻执行公司有关廉政建设和监理行风建设的各项规章制度，工程开工前签订监理项目部行风建设责任书，明确监理项目部及总监、专监的廉政建设要求。 （5）及时开展对苗头性事件的调查，并提出处理建议。 （6）严格落实绩效考核制度，对弄虚作假的个人进行通报和考核。 （7）执行监理初检制度和措施，辅助于照片和现场执法仪等影视信息。 （8）组织内部人员形成多人抽查和决策机制，加强考核和约束。 （9）结合监理行为稽查机制，参与现场监理记录和监理日志检查，对存在的问题进行分析，提出考核意见，必要时并追究管理的连带责任

岗位名称	**监理工程师**	风险星级	三星
序号	重点廉洁风险	涉及领域	主要防控措施
1	未按规定对分包进程审查，纵容施工单位进行违法转包或违法分包；介绍与自己有利益（利害）关系的分包队伍	生产建设	（1）认真贯彻执行公司有关廉政建设和监理行风建设的各项规章制度，工程开工前签订监理项目部行风建设责任书，明确监理项目部及总监、专监的廉政建设要求。 （2）经常性地开展廉洁文化进“项目部”活动，针对性地开展谈心谈话活动。 （3）严格贯彻落实公司《工程设计变更与现场签证实施细则》相关规定，变更工程量由监理项目部核实，组价审核及支撑性材料审核由公司造价组负责，并根据单项签证的金额分层级管理。 （4）开展廉洁从业教育活动，督促项目部监理过程组织一次廉洁从业行风建设的学习和教育

续表

岗位名称	**监理工程师**	风险星级	三星
序号	重点廉洁风险	涉及领域	主要防控措施
2	对材料把关不严，使不合格材料应用于工程；与材料供应商或施工单位串通改动检测数据，隐瞒材料质量问题	生产建设	（1）认真贯彻执行公司有关廉政建设和监理行风建设的各项规章制度，工程开工前签订监理项目部行风建设责任书，明确监理项目部及总监、专监的廉政建设要求。 （2）经常性地开展廉洁文化进“项目部”活动，针对性地开展谈心谈话活动。 （3）严格贯彻落实公司《工程设计变更与现场签证实施细则》相关规定，变更工程量由监理项目部核实，组价审核及支撑性材料审核由公司造价组负责，并根据单项签证的金额分层级管理。 （4）开展廉洁从业教育活动，督促项目部监理过程组织一次廉洁从业行风建设的学习和教育
3	未按照规定开展见证取样，编制虚假记录	生产建设	（1）认真贯彻执行公司有关廉政建设和监理行风建设的各项规章制度。 （2）加强对项目部及所管辖人员的日常管理，对工程项目检查的同时，听取廉洁从业和行风建设的工作情况汇报，并提出工作要求。 （3）加强对员工监理行风建设的阶段性考核，及时开展对苗头性事件的调查，并提出处理建议。 （4）认真贯彻执行公司有关廉政建设和监理行风建设的各项规章制度，工程开工前签订监理项目部行风建设责任书，明确监理项目部及总监、专监的廉政建设要求。 （5）及时开展对苗头性事件的调查，并提出处理建议。 （6）严格落实绩效考核制度，对弄虚作假的个人进行通报和考核。 （7）执行监理初检制度和措施，辅助于照片和现场执法仪等影视信息。 （8）组织内部人员形成多人抽查和决策机制，加强考核和约束

续表

岗位名称	**监理工程师**	风险星级	三星
序号	重点廉洁风险	涉及领域	主要防控措施
4	变更签证管理不规范，工程量、单价审核不严，对施工单位多报、虚报计量不予核减	生产建设	（1）认真贯彻执行公司有关廉政建设和监理行风建设的各项规章制度。 （2）加强对项目部及所管辖人员的日常管理，对工程项目检查的同时，听取廉洁从业和行风建设的工作情况汇报，并提出工作要求。 （3）加强对员工监理行风建设的阶段性考核，及时开展对苗头性事件的调查，并提出处理建议。 （4）认真贯彻执行公司有关廉政建设和监理行风建设的各项规章制度，工程开工前签订监理项目部行风建设责任书，明确监理项目部及总监、专监的廉政建设要求。 （5）及时开展对苗头性事件的调查，并提出处理建议。 （6）严格落实绩效考核制度，对弄虚作假的个人进行通报和考核。 （7）严格贯彻落实公司《工程设计变更与现场签证实施细则》相关规定，变更工程量由监理项目部核实，组价审核及支撑性材料审核由公司造价组负责，并根据单项签证的金额分层级管理。 （8）对索赔事件的单价和数量审查采取多方会审制度，依托审计等第三方全程跟踪制度
5	验收环节不到位，规避工程缺陷、降低验收标准	生产建设	（1）认真贯彻执行公司有关廉政建设和监理行风建设的各项规章制度。 （2）加强对项目部及所管辖人员的日常管理，对工程项目检查的同时，听取廉洁从业和行风建设的工作情况汇报，并提出工作要求。 （3）加强对员工监理行风建设的阶段性考核，及时开展对苗头性事件的调查，并提出处理建议。 （4）认真贯彻执行公司有关廉政建设和监理行风建设的各项规章制度，工程开工前签订监理项目部行风建设责任书，明确监理项目部及总监、专监的廉政建设要求。 （5）及时开展对苗头性事件的调查，并提出处理建议。 （6）严格落实绩效考核制度，对弄虚作假的个人进行通报和考核。 （7）执行监理初检制度和措施，辅助于照片和现场执法仪等影视信息。 （8）组织内部人员形成多人抽查和决策机制，加强考核和约束

岗位名称	**安质部主任**	风险星级	三星
序号	重点廉洁风险	涉及领域	主要防控措施
1	对监督检查出现的问题不够重视，发现隐患不登记、不查处产生不良影响，造成安全质量事故	生产建设	（1）加强思想政治学习，有计划学习《关于新形势下党内政治生活的若干准则》《中国共产党纪律处分条例》等制度和规定，提升廉洁意识、筑牢思想防线。 （2）完善业务流程，建立和健全工作业务管理标准、工作标准和流程标准。 （3）加强廉政谈话制度执行，每年不少于一次。 （4）加强安全制度建设，及时总结发现制度运行中存在的问题，不定期对制度落实情况进行检查，及时纠正执行过程中发现的问题。 （5）全面履行一岗双责，加强内部管理，强化互相监督
2	监督检查不到位，造成违章作业行为长期得不到纠正	生产建设	（1）加强思想政治学习，有计划学习《关于新形势下党内政治生活的若干准则》《中国共产党纪律处分条例》等制度和规定，提升廉洁意识、筑牢思想防线。 （2）完善业务流程，建立和健全工作业务管理标准、工作标准和流程标准。 （3）加强廉政谈话制度执行，每年不少于一次。 （4）加强安全制度建设，及时总结发现制度运行中存在的问题，不定期对制度落实情况进行检查，及时纠正执行过程中发现的问题。 （5）全面履行一岗双责，加强内部管理，强化互相监督
3	安全措施费审批、使用把关不严	生产建设	（1）认真贯彻执行公司有关廉政建设和工程管理各项规章制度。 （2）定期开展廉洁从业教育活动，督促工程管理人员开展廉洁从业的学习
4	对相关法律、规章制度执行不到位，导致违法违规现象得不到有效治理	生产建设	（1）加强思想政治学习，有计划学习《关于新形势下党内政治生活的若干准则》《中国共产党纪律处分条例》等制度和规定，提升廉洁意识、筑牢思想防线。 （2）完善业务流程，建立和健全工作业务管理标准、工作标准和流程标准。 （3）加强廉政谈话制度执行，每年不少于一次。 （4）加强安全制度建设，及时总结发现制度运行中存在的问题，不定期对制度落实情况进行检查，及时纠正执行过程中发现的问题。 （5）全面履行一岗双责，加强内部管理，强化互相监督

编 写 依 据

［1］《中国共产党纪律处分条例》

［2］《关于新形势下党内政治生活的若干准则》

［3］《国家电网有限公司廉洁风险防控工作手册》

［4］《中共国家电网公司党组关于构建“不能腐”体制机制的实施意见》

［5］《国家电网公司廉政风险防控工作细则》

［6］《国家电网公司廉政风险防控工作评价办法》

［7］《关于新形势下深化廉洁风险防控机制建设的意见》

［8］《国家电网公司落实中央八项规定精神监督检查指导书》

［9］《国家电网有限公司形式主义、官僚主义表现形式和定性量纪参考指引》

［10］《电网企业经营投资风险防控手册》